utb 2294

Eine Arbeitsgemeinschaft der Verlage

Brill | Schöningh – Fink · Paderborn
Brill | Vandenhoeck & Ruprecht · Göttingen – Böhlau · Wien · Köln
Verlag Barbara Budrich · Opladen · Toronto
facultas · Wien
Haupt Verlag · Bern
Verlag Julius Klinkhardt · Bad Heilbrunn
Mohr Siebeck · Tübingen
Narr Francke Attempto Verlag – expert verlag · Tübingen
Psychiatrie Verlag · Köln
Ernst Reinhardt Verlag · München
transcript Verlag · Bielefeld
Verlag Eugen Ulmer · Stuttgart
UVK Verlag · München
Waxmann · Münster · New York
wbv Publikation · Bielefeld
Wochenschau Verlag · Frankfurt am Main

Cecilia A. Essau

Depression bei Kindern und Jugendlichen

Psychologisches Grundlagenwissen

Mit 21 Abbildungen, 41 Tabellen und 139 Übungsfragen

3. Auflage

Ernst Reinhardt Verlag München

Prof. Dr. *Cecilia A. Essau,* Professorin für Entwicklungspsychopathologie an der Roehampton University, London. Von der Autorin im Ernst Reinhardt Verlag außerdem lieferbar:

Essau: Angst bei Kindern und Jugendlichen. utb M
ISBN 978-3-8252-5953-2

Hinweis: Soweit in diesem Werk eine Dosierung, Applikation oder Behandlungsweise erwähnt wird, darf der Leser zwar darauf vertrauen, dass die Autoren große Sorgfalt darauf verwandt haben, dass diese Angabe dem Wissensstand bei Fertigstellung des Werkes entspricht. Für Angaben über Dosierungsanweisungen und Applikationsformen oder sonstige Behandlungsempfehlungen kann vom Verlag jedoch keine Gewähr übernommen werden. – Die Wiedergabe von Gebrauchsnamen, Handelsnamen, Warenbezeichnungen usw. in diesem Werk berechtigt auch ohne besondere Kennzeichnungen nicht zu der Annahme, dass solche Namen im Sinne der Warenzeichen- und Markenschutz-Gesetzgebung als frei zu betrachten wären und daher von jedermann benutzt werden dürften.

Bibliografische Information der Deutschen Nationalbibliothek

Die Deutsche Nationalbibliothek verzeichnet diese Publikation in der Deutschen Nationalbibliografie; detaillierte bibliografische Daten sind im Internet über <http://dnb.d-nb.de> abrufbar.

UTB-Band-Nr.: 2294
ISBN 978-3-8252-5965-5 (Print)
ISBN 978-3-8385-5965-0 (PDF-E-Book)
ISBN 978-3-8463-5965-5 (EPUB)
3. Auflage

© 2023 by Ernst Reinhardt, GmbH & Co KG, Verlag, München

Dieses Werk, einschließlich aller seiner Teile, ist urheberrechtlich geschützt. Jede Verwertung außerhalb der engen Grenzen des Urheberrechtsgesetzes ist ohne schriftliche Zustimmung der Ernst Reinhardt GmbH & Co KG, München, unzulässig und strafbar. Das gilt insbesondere für Vervielfältigungen, Übersetzungen in andere Sprachen, Mikroverfilmungen und für die Einspeicherung und Verarbeitung in elektronischen Systemen. Der Verlag Ernst Reinhardt GmbH & Co KG behält sich eine Nutzung seiner Inhalte für Text- und Data-Mining i.S.v. § 44b UrhG ausdrücklich vor.

Printed in EU
Covermotiv: © istock.com/ipolonina
Einbandgestaltung: siegel konzeption | gestaltung, Stuttgart

Ernst Reinhardt Verlag, Kemnatenstr. 46, D-80639 München
Net: www.reinhardt-verlag.de E-Mail: info@reinhardt-verlag.de

Inhalt

Vorwort und Danksagung zur 1. Auflage ... 9
Einleitung ... 11

I Merkmale der Depression ... 15

1 Beschreibung und Klassifikation depressiver Störungen ... 17
1.1 Depressive Störungen ... 20
1.1.1 Major Depression ... 20
1.1.2 Dysthyme Störung ... 23
1.2 Bipolare Störungen ... 24
1.3 Andere affektive Störungen im DSM-IV ... 28
1.4 Übungsfragen zum 1. Kapitel ... 29

2 Erhebungsmethoden und Diagnostik ... 30
2.1 Diagnostische Interviewschemata ... 30
2.2 Selbstbeurteilungs-Fragebögen ... 36
2.3 Ratings von Bezugspersonen ... 38
2.4 Verhaltensbeobachtung ... 38
2.5 Familienevaluation ... 40
2.6 Maße für mit Depression zusammenhängende Konstrukte ... 41
2.7 Psychosoziale Beeinträchtigung ... 42
2.8 Übungsfragen zum 2. Kapitel ... 45

3 Epidemiologie ... 46
3.1 Häufigkeiten von Depression ... 47
3.2 Depression und Geschlecht ... 55
3.3 Depression und Alter ... 59
3.4 Depression und Pubertät ... 61
3.5 Übungsfragen zum 3. Kapitel ... 64

4 Komorbidität ... 65
4.1 Komorbidität depressiver Störungen ... 65
4.2 Alter bei Störungsbeginn und zeitliche Abfolge der Störungen ... 68
4.2.1 Zeitliche Abfolge depressiver Störungen ... 69
4.2.2 Zeitliche Abfolge von Depression und Angst ... 69
4.3 Mögliche Erklärungen für Komorbidität ... 71
4.4 Klinische Auswirkungen von Komorbidität ... 73
4.5 Übungsfragen zum 4. Kapitel ... 78

5	**Psychosoziale Beeinträchtigung und Inanspruchnahme von Gesundheitsdiensten der psychosozialen Versorgung**	79
5.1	Inanspruchnahme von Gesundheitsdiensten bei Depression	82
5.2	Übungsfragen zum 5. Kapitel	87
6	**Verlauf**	**88**
6.1	Studien zur Untersuchung des Verlaufs depressiver Störungen ..	88
6.1.1	Klinische Studien	88
6.1.2	Hochrisiko-Studien	92
6.1.3	Epidemiologische Studien	92
6.2	Dauer der depressiven Episoden	94
6.3	Raten und Prädiktoren von Genesung	96
6.4	Rückfallraten und -prädiktoren	99
6.5	„Switch Rates" von Depression zur Bipolaren Störung	100
6.6	Übungsfragen zum 6. Kapitel	101
II	**Theorien und Risikofaktoren**	**103**
7	**Entstehungsmodelle von Depression**	**105**
7.1	Kognitiv-behaviorale Modelle	105
7.1.1	Die Kognitive Theorie von Beck	105
7.1.2	Das Modell der gelernten Hilflosigkeit	106
7.1.3	Problemlösungsmodelle	108
7.1.4	Das zweidimensionale Kontrollmodell	109
7.1.5	Das assoziative Netzwerk-Modell von Bower	110
7.1.6	Die Differentielle-Aufmerksamkeits-Hypothese von Teasdale ...	111
7.1.7	Rehms Selbstkontrollmodell der Depression	112
7.1.8	Das „Competency-Based-Model"	113
7.1.9	Verstärker-Verlust-Modell der Depression	113
7.2	Psychoanalytische bzw. psychodynamische Modelle	114
7.3	Multifaktorielle Modelle	116
7.3.1	Das Integrative Modell	116
7.3.2	Das multifaktorielle Modell	118
7.4	Übungsfragen zum 7. Kapitel	120
8	**Familiäre Faktoren**	**121**
8.1	Mechanismen zur Erklärung der familiären Häufung von Depression	122
8.2	Studien mit depressiven Eltern	124
8.3	Studien mit Kindern depressiver Eltern	127
8.4	Beobachtungsstudien und Depression	129
8.5	Familiäre Interaktion	133
8.6	Übungsfragen zum 8. Kapitel	136

9	**Kognitive Faktoren**	137
9.1	Kognitionen bei depressiven Jugendlichen	138
9.2	Kognitive Faktoren und der Verlauf von Depression	144
9.3	Übungsfragen zum 9. Kapitel	146
10	**Lebensereignisse und Bewältigungsstrategien**	147
10.1	Lebensereignisse und der Verlauf von Depression	152
10.2	Mechanismen und Prozesse	152
10.3	Übungsfragen zum 10. Kapitel	157
III	**Prävention und Intervention**	159
11	**Psychologische Prävention und Intervention**	161
11.1	Kognitive Verhaltenstherapie	161
11.1.1	Der „Adolescent Coping with Depression Course" (CWD-A)	164
11.1.2	Das „Primary and Secondary Control Enhancement Training Program" (PASCET)	169
11.1.3	Das „Problem Solving for Life Program"	174
11.2	Präventionsprogramme für Kinder mit hohem Risiko	178
11.2.1	„Lust An Realistischer Sicht & Leichtigkeit Im Sozialen Alltag" (LARS & LISA)	178
11.2.2	Das „New Beginnings Program"	179
11.2.3	Das Präventionsprogramm für Kinder depressiver Eltern	182
11.3	Psychoanalytische bzw. psychodynamische Ansätze	184
11.3.1	Spieltherapie	184
11.4	Familientherapie	185
11.4.1	Die „Family Therapy for Depressed Adolescents"	185
11.4.2	Interpersonale Psychotherapie	186
11.4.3	Die „Interpersonal Family Therapy"	187
11.5	Effektivität der psychologischen Interventionen bei Jugendlichen	189
11.6	Übungsfragen zum 11. Kapitel	195
12	**Psychopharmaka**	197
Glossar		199
Literatur		205
Sachverzeichnis		223

*In liebendem
Andenken an meine Eltern*

*Essau Indit († 9.5.1992)
Runyan Megat († 26.5.1992)*

Vorwort und Danksagung zur 1. Auflage

Die ersten systematischen Studien depressiver Störungen bei Kindern und Jugendlichen wurden in den späten 70er und frühen 80er Jahren durchgeführt. Zuvor wurde Depression bei Kindern und Jugendlichen in der Literatur als nicht existent, larviert oder durch Symptome charakterisiert beschrieben, die sich deutlich von den Symptomen depressiver Erwachsener unterscheiden. Daneben gab es das Konzept depressiver Ausdrucksformen von Kindern wie beispielsweise aggressives Verhalten, Hyperaktivität und Delinquenz, ebenso wie psychosomatische und hypochondrische Störungen.

Trotz dieser frühen Annahmen wurde zunehmend anerkannt, dass Kinder und Jugendliche die grundlegenden Merkmale von Depression zeigen, die auch Erwachsene aufweisen. Dieser Standpunktwechsel spiegelt sich im Gebrauch derselben Kriterien für depressive Störungen sowohl für Erwachsene als auch für Kinder seit der Einführung des DSM-III wider. Seitdem stieg die Anzahl von Studien über depressive Störungen in dieser Altersgruppe sprunghaft an. Daher ist das Ziel dieses Buches, einen umfassenden Überblick über den derzeitigen Forschungsstand im Hinblick auf depressive Störungen bei Kindern und Jugendlichen zu geben, der sowohl wissenschaftlich (z. B. Prävalenz- und Komorbiditätsraten, Risiko- und Schutzfaktoren depressiver Störungen) als auch klinisch (z. B. Prävention und psychologische Intervention) relevant ist.

Das Buch ist in drei Teile gegliedert. Der erste Teil beinhaltet eine Einführung in das Gebiet depressiver Störungen, einschließlich Klassifikation, Erhebungsstrategien, Epidemiologie, psychosoziale Beeinträchtigung und Verlauf. Der zweite Teil besteht aus vier Kapiteln und gibt einen umfassenden Überblick über die neuesten empirischen Befunde im Zusammenhang mit verschiedenen Theorien und Risikofaktoren depressiver Störungen. Im dritten Teil werden zahlreiche Präventionsstrategien und psychologische Interventionen für Kinder und Jugendliche dargestellt.

Einige Teile dieses Buches stützen sich auf meine Habilitationsschrift, die ich während meiner Tätigkeit an der Universität Bremen vorlegte. Ich möchte Herrn Prof. Dr. Franz Petermann, Lehrstuhlinhaber für Klinische Psychologie der Universität Bremen, für seine Unterstützung danken. Ich danke auch meinen zahlreichen Kollegen in unterschiedlichen Einrichtungen auf der ganzen Welt für ihre anregenden Ideen, kritischen Kommentare und dafür, dass sie mir in den verschiedenen Stadien dieses Buchprojektes das notwendige Material zur Verfügung gestellt haben: Prof. Dr. Peter M. Lewinsohn (Oregon Research Institute, USA), Prof. John R. Weisz (University of California at Los Angeles, USA), Prof. Dr. Ian Gotlib (Stanford University, USA) und Prof. Dr. Susan H. Spence (University of Queensland, Australien). Ebenfalls gilt mein Dank Dipl.-Psych. Fumiyo Aihara und Dipl.-Psych. Friederike Schönhöfer, die dafür sorgten, dass uns immer die neueste Literatur über Depression zur Verfügung stand.

Meine Freundin und Assistentin, Dipl.-Psych. Judith Conradt, ermutigte mich in jeder Phase meines Vorhabens und trug durch ihre Geduld und Hilfe zum Entstehen dieser Arbeit entscheidend bei. Schließlich möchte ich meiner Familie in Malaysia und Kanada für ihre unaufhörliche emotionale Unterstützung danken. Meinem Mann und meiner Tochter danke ich dafür, dass sie meine Abwesenheit während vieler Tage und Nächte, die ich an meinem PC verbrachte, geduldig ertrugen.

Münster, im September 2001   *Cecilia A. Essau*

Einleitung

Bis vor ungefähr drei Jahrzehnten war man davon überzeugt, dass Depression bei Kindern und Jugendlichen nicht existiert oder nur sehr selten auftritt. Wenn sie überhaupt existiert, nahm man an, dass es sich dabei um vorübergehende Erfahrungen handelt, die mit dem normalen Entwicklungsprozess zusammenhängen. Die Annahme, dass Kinder keine Depression im klinischen Sinn entwickeln könnten, wurde von psychodynamischen Theoretikern wie Rochlin (1959) und Rie (1966) gestützt. Sie argumentierten, dass Depression ein „Überich-Phänomen" sei, das Kindern fehle. So verneinen diese Theoretiker die Existenz von Depression in dieser Altersgruppe vollständig. Eine andere Gruppe von Autoren vertrat die Auffassung, dass es Depression bei Kindern zwar gäbe, jedoch die Hauptmerkmale, die bei depressiven Erwachsenen aufträten, bei Kindern nicht vorlägen (Cytryn/McKnew 1972). Im Rahmen dieser Position wurde argumentiert, dass sich Depression in einer Vielzahl von Verhaltensweisen ausdrücke, die ein „depressives Äquivalent" oder eine „larvierte Depression" darstellen (Toolan 1962). Daher hielt man Depression bei Kindern für ein Phänomen, das von verschiedenen Symptomen von Verhaltensstörungen wie Schuleschwänzen und Wutausbrüchen verdeckt wird bzw. sich darin widerspiegelt. Durch Studien von Kovacs und Beck (1977) und Lefkowitz und Burton (1978) wurden der psychodynamische Ansatz und das Konzept der „larvierten Depression" infrage gestellt.

In den 70er Jahren war eine kleine Anzahl bedeutender Klinik- und Forschungsberichte erschienen, die die Wichtigkeit betonten, Depression bei jungen Menschen zu untersuchen. Im Jahre 1970 publizierten Poznanski und Zrull einen herausragenden Artikel, in dem sie klinische Fälle darstellten, die ambulant behandelt wurden. Bei diesen Jugendlichen umfassten die primären Symptome von Depression: Traurigkeit, niedergeschlagene Erscheinung, Rückzug, Gefühle von Zurückweisung, negatives Selbstbild und geringes Selbstwertgefühl. Ebenfalls zu dieser Zeit erschienen die ersten Berichte über den Einsatz von Antidepressiva, die für die Therapie Erwachsener entwickelt wurden, in der Depressionstherapie bei Kindern. Überarbeitete Kriterien für Erwachsene wurden zuerst von Weinberg und Kollegen (1973) auf Kinder übertragen, kurz nachdem die Kriterien für Erwachsene von Feighner publiziert worden waren. Ihren Studien zufolge waren viele depressive Kinder in der Lage, Fragen hinsichtlich ihrer Stimmung und ihres Verhaltens zu beantworten; und sie wiesen eine ähnliche Psychopathologie wie Erwachsene auf, was eine Anwendung derselben Klassifikationssysteme auf Kinder, Jugendliche und Erwachsene erlaubte.

In den frühen 80er Jahren wurde damit begonnen, die Gangbarkeit einzelner Konzepte von Depression bei Kindern zu testen. Christ und seine Kollegen (1981) untersuchten das Konzept der larvierten Depression unter Auswertung der Klinikakten von über 10.000 psychiatrisch behandelten Kindern und Jugendlichen. Die Autoren fanden heraus, dass Kinder und Jugendliche mit der Diagnose einer depressiven Störung eine größere Anzahl gleichzeitiger Depressionssymptome aufwiesen, wohingegen larvierte Merkmale bei depressiven Kindern und Jugendlichen im Vergleich mit Altersgenossen mit anderen psychischen Störungen seltener auftraten. Diese und andere Autoren (Cytryn/Mc Knew 1972; Kandel/Davies 1982; Poznanski/Zrull 1970) vertraten nun die Position, dass Depression in der Kindheit sehr wohl auftritt, und zwar mit einem klinischen Bild, das dem von Erwachsenen in weiten Teilen entspricht.

Im Jahre 1980 veröffentlichte die American Psychiatric Association die dritte Fassung des Diagnostischen und Statistischen Manuals Psychischer Störungen (DSM-III, American Psychiatric Association [APA] 1980). Obwohl noch immer darüber debattiert wird, ob dieselben Kriterien für Depression über die gesamte Altersspanne verwendet werden sollten, bestätigen die empirischen Ergebnisse die im DSM vertretene Position. In den letzten 20 Jahren verstärkte sich zunehmend der Trend, Depression bei Kindern, Jugendlichen und Erwachsenen als ähnlich zu betrachten (Kovacs/Beck 1977; Puig-Antich 1982). Diese Haltung wurde durch verschiedene weitere Ergebnisse bekräftigt:

- ähnliche Symptomcluster bei Erwachsenen und bei Kindern (Carlson/Kashani 1988);
- hohe Raten depressiver Störungen bei Verwandten depressiver Kinder sowie erhöhte Vulnerabilität für depressive Störungen bei Kindern depressiver Eltern (Beardslee et al. 1996);
- biochemische Vorgänge, die bei Erwachsenen eine Depression kennzeichnen, wie beispielsweise Dexamethasonsupression, wurden ebenfalls bei den meisten depressiven Kindern festgestellt (Puig-Antich et al. 1984).

Seit der Einführung des DSM-III wurde Untersuchungen von Depression bei Jugendlichen große Aufmerksamkeit zuteil. Dieses Interesse wurde durch neuere Erkenntnisse über Depression bei Erwachsenen verstärkt, in denen sich Folgendes zeigte (Essau et al. 1999):

- Depression beginnt meist im Jugendalter und tritt vermehrt in der jüngeren Generation auf. Zum Beispiel konnten Lewinsohn et al. (1993) in einem Vergleich von Jugendlichen, die zwischen 1968 und 1971 geboren waren, mit Jugendlichen, die zwischen 1972 und 1974 geboren waren, einen Kohorteneffekt feststellen. So hatten z. B. 7.2 % der Jugendlichen der jüngeren Geburtskohorte im Alter von 14 Jahren eine depressive Episode erlebt, während es in der älteren Geburtskohorte lediglich 4.5 % waren;
- Eine depressive Episode in frühen Jahren erhöht das Risiko zukünftiger Depressionen sowie anderer psychischer Störungen während des Jugendalters (Lewinsohn et al. 1999, 2000; Kovacs et al. 1984; Orvaschel et al. 1995) sowie zu späteren Lebenszeiten in beträchtlichem Ausmaß (Harrington et al. 1990; Lewinsohn et al. 1998a);
- Depressive Störungen mit frühem Beginn tendieren zu Chronizität und gehen mit langfristiger psychosozialer Beeinträchtigung im Erwachsenenalter einher (Regier et al. 1984; Wittchen et al. 1991; Wittchen/Essau 1993a, b). Versucht man, die Belastungen durch Depression in wirtschaftlichen Begriffen auszudrücken, so zeigt ein Bericht von Rice und Miller (1998), dass diese Störungen die kostenaufwändigsten aller psychischen Störungen in den Vereinigten Staaten sind. Im Jahre 1990 betrugen die gesamten, durch Depression verursachten Kosten (d.h. Ausgaben für gesundheitliche Versorgung sowie Produktivitätseinbußen bzw. -verlust) 30.4 Milliarden US-Dollar.

I Merkmale der Depression

1 Beschreibung und Klassifikation depressiver Störungen

David, 14 Jahre, sagt „Manchmal wünsche ich mir, vom Dach zu sprin- **Fallbeschreibung**
gen oder mich irgendwie anders selbst zu verletzen." In den letzten drei Monaten hat er sich mehr und mehr zurückgezogen, und seine Gefühle von Traurigkeit, Wertlosigkeit und Selbsthass machen ihm Angst. Seine Lehrer beschreiben David als „einen Einzelgänger, sehr besorgt und unglücklich". Er war immer ein guter Schüler, aber jetzt hat er Schwierigkeiten, sich zu konzentrieren, schreibt schlechte Arbeiten und ist völlig unmotiviert. Es fällt ihm schwer zu schlafen, ihm fehlt der Appetit und häufig klagt er über Kopf- und Bauchschmerzen. An den meisten Tagen bleibt er in seinem Zimmer und tut nichts. Wenn seine Mutter ihn bittet, etwas zu tun, wird er extrem wütend. Sie sagt, er ist meist reizbar und „schlecht gelaunt".

Vielleicht kennen Sie ein Kind, das die meiste Zeit über unglücklich wirkt, für nichts Begeisterung aufbringen kann, schlecht gelaunt ist oder schlimmstenfalls das Leben als nicht lebenswert empfindet. Dieses Kind könnte eine depressive Störung haben, bei der eine Stimmungsstörung das zentrale Merkmal ist. Kinder mit einer depressiven Störung leiden unter extremem, anhaltendem und exzessivem Unglücklichsein. Wie David sind diese Kinder dysphorisch oder erleben längere Phasen von Traurigkeit. Sie haben wenig Spaß an Dingen, die sie tun, und verlieren das Interesse an fast allen Aktivitäten. Viele depressive Kinder bringen diese Gefühle von Traurigkeit und Interessensverlust zum Ausdruck. Manche jedoch geben an, überhaupt nicht traurig zu sein. Bei ihnen drückt sich die Depression eher als reizbare Stimmung aus. Andere beschreiben sie als schlecht gelaunt, reizbar oder leicht aufgebracht. Es ist nicht einfach, mit diesen Kindern zusammen zu sein, denn jede Kleinigkeit kann sie zum Explodieren bringen.

Depression – verstanden als niedergedrückte Stimmung, die als Reaktion auf unangenehme Erfahrungen, Enttäuschungen oder Erschütterungen vorkommt – ist ein Bestandteil der allgemeinen Erfahrung jedes Menschen. Eine solche Stimmung dauert einige Augenblicke, Stunden oder auch Tage, führt jedoch im Normalfall nicht zu schwerwiegenden Beeinträchtigungen. Die meisten Menschen würden sagen, dass solche Perioden schnell vorübergehen, und sie erwarten von sich

18 Merkmale der Depression

Tab. 1.1 Klassifikation von Depression in ICD-10 und DSM-IV

ICD-10	DSM-IV
F32. Depressive Episode F32.0 leicht F32.1 mittel F32.2 schwer ohne psychotische Symptome F32.3 schwer mit psychotischen Symptomen F32.8 sonstige depressive Episoden F32.9 nicht näher bezeichnete depressive Episode	296.2x Major Depression, einzelne Episode • leicht • mittel • schwer ohne psychotische Symptome • schwer mit psychotischen Symptomen • teilremittiert • vollremittiert • unspezifisch
F33. Rezidivierende depressive Episode F33.0 gegenwärtig leicht F33.1 gegenwärtig mittel F33.2 gegenwärtig schwer ohne psychotische Symptome F33.3 gegenwärtig schwer mit psychotischen Symptomen F33.4 gegenwärtig remittiert F33.8 sonstige rezidivierende depressive Störungen F33.9 nicht näher bezeichnete rezidivierende depressive Störung	296.3x Major Depression, rezidivierende Episoden • leicht • mittel • schwer ohne psychotische Symptome • schwer mit psychotischen Symptomen • teilremittiert • vollremittiert • unspezifisch
F34. Anhaltende affektive Störung F34.0 Zyklothymia F34.1 Dysthymia F34.8 sonstige anhaltende affektive Störungen F34.9 nicht näher bezeichnete anhaltende affektive Störung	300.4 Dysthyme Störung
F38. Andere depressive Störungen F38.0 sonstige einzelne affektive Störungen F38.1 sonstige rezidivierende affektive Störungen F38.8 sonstige affektive Störungen F39. Nicht näher bezeichnete affektive Störung	311 Nicht näher bezeichnete depressive Störung

selbst und anderen, dass sie mit Aktivität, Anstrengung und Willenskraft durchgestanden werden.

Im Gegensatz zum normalen Phänomen der niedergedrückten Stimmung ist die klinische Depression (depressive Störung) dadurch gekennzeichnet, dass sie weder mit Anstrengung noch mit Willenskraft kontrolliert werden kann, wobei eine Reihe von Symptomen über einen längeren Zeitraum stabil bleiben und die Funktionstüchtigkeit des Betroffenen beeinträchtigen bzw. völlig lahmlegen. Die klinischen Merkmale einer Depression lassen sich in vier breite Kategorien einteilen:

klinische Depression

Stimmung (Affekt): traurig, niedergedrückt, unglücklich, leer, besorgt, reizbar.

Kognition: Verlust von Interesse, Konzentrationsschwierigkeiten, geringes Selbstwertgefühl, negative Gedanken, Unentschlossenheit, Schuldgefühle, Suizidgedanken.

Verhalten: psychomotorische Verlangsamung oder Erregung, Weinen, sozialer Rückzug, Abhängigkeit, Suizid.

Somatisch (körperlich): Schlafstörungen (Schlaflosigkeit oder vermehrtes Schlafbedürfnis), Müdigkeit, verminderter oder gesteigerter Appetit, Gewichtsverlust oder -zunahme, Schmerzen, Störungen des Verdauungstraktes, Libidoabnahme.

Die Klassifikationssysteme, die am häufigsten zur Diagnose depressiver Störungen herangezogen werden, sind das DSM sowie die Internationale Klassifikation Psychischer Störungen (ICD; Dilling et al. 1995; World Health Organization, 1993; Tab. 1.1). Diese operationalisierten diagnostischen Kriterien markieren einen bedeutenden Fortschritt bei der Entwicklung des derzeitigen Konzeptes depressiver Störungen bei Kindern. Anders als die früheren Versionen stimmen das DSM-IV und die ICD-10 zu 90 % in der Kategorisierung der Störungen überein (Essau et al. 1997a). Wie Tab. 1.1 zeigt, weisen DSM-IV und ICD-10 viele Gemeinsamkeiten auf. Beide beschreiben eine niedergedrückte Stimmung, depressive Kognitionen und Suizidgedanken als zentrale Symptome einer depressiven Episode. In beiden Systemen wird zwischen primär affektiven Störungen und anderen Zustandsbildern unterschieden, bei denen affektive Symptome als Sekundärmerkmale auftreten. Innerhalb der primären affektiven Störungen wird eine Unterscheidung zwischen unipolaren und bipolaren sowie schwereren episodisch auftretenden und leichteren, aber chronisch verlaufenden Störungen getroffen (d.h. Dysthymie und Zyklothymie). Jedoch bestehen weiterhin Unterschiede hinsichtlich der Definition der depressiven Störungen, ihrer psychosozialen Konsequenzen und des Gebrauchs multiaxialer Systeme.

DSM-IV und ICD-10

In diesem Kapitel sollen die diagnostischen Kriterien von depressiven Störungen auf der Grundlage des DSM-IV kurz dargestellt werden, da die meisten bisherigen Studien auf dem DSM-III, DSM-III-R und DSM-IV basieren.

1.1 Depressive Störungen

Im DSM-IV (APA 1994) sind depressive Störungen durch das Vorliegen einer depressiven Stimmung zusammen mit einer Reihe zusätzlicher Symptome charakterisiert, die zeitlich andauern und eine Beeinträchtigung in verschiedenen Funktionsbereichen darstellen. Unter depressive Störungen fallen Major Depression, die dysthyme Störung und die nicht näher bezeichnete depressive Störung.

Während prinzipiell alle depressiven Störungen bei Erwachsenen auch in der Kindheit und Jugend diagnostiziert werden können, wurden für Kinder und Jugendliche trotzdem die Kriterien geringfügig geändert. Dabei wurde bei der Diagnose der Major Depression „depressive Verstimmung" gegen „Reizbarkeit" ausgetauscht. Diese Anpassung trägt der Tatsache Rechnung, dass sich die Belastung depressiver Jugendlicher häufig als Reizbarkeit äußert, und dass diese Jugendlichen möglicherweise keine subjektiv negative Gefühlslage zum Ausdruck bringen. Eine weitere Modifikation besteht darin, dass „Gewichtsverlust" gegen „Ausbleiben der erwarteten Gewichtszunahme" ausgetauscht wurde. Die Diagnose der dysthymen Störung bei Jugendlichen ist dann erfüllt, wenn die Symptome über einen Zeitraum von einem Jahr anhalten (im Gegensatz zu zwei Jahren bei Erwachsenen).

1.1.1 Major Depression

depressive Episode   Die Major Depression ist durch eine oder mehrere depressive Episoden gekennzeichnet. Bei der Episode einer Major Depression muss über mindestens zwei Wochen an fast allen Tagen eines der beiden folgenden Kernsymptome festzustellen sein: (a) depressive Verstimmung (bei Kindern und Jugendlichen auch „reizbare Verstimmung"); (b) deutlich vermindertes Interesse oder Freude an allen oder fast allen Aktivitäten. Darüber hinaus müssen mindestens vier zusätzliche Symptome aus folgender Kriterienliste vorliegen: (c) deutlicher Gewichtsverlust oder deutliche Gewichtszunahme bzw. verminderter oder gesteigerter Appetit (bei Kindern ist das Ausbleiben der zu erwartenden Gewichtszunahme symptomatisch); (d) Schlaflosigkeit oder vermehrter Schlaf; (e) psychomotorische Unruhe oder Verlangsamung; (f) Müdigkeit oder Energieverlust; (g) Gefühle von Wertlosigkeit oder übermäßige bzw. unangemessene Schuldgefühle; (h) verminderte Denk- und Konzentrationsfähigkeit oder verringerte Entscheidungsfähigkeit und (i) wiederkehrende Gedanken an den Tod, wiederholte Suizidvorstellungen ohne genauen Plan, tatsächlicher Suizidversuch oder die genaue Planung eines Suizids.

Die Episode muss mit klinischem Leiden oder psychosozialen oder beruflichen bzw. schulischen Beeinträchtigungen einhergehen. Die Diagnose einer Major Depression darf nicht gestellt werden, wenn die Symptome (a) die Kriterien einer gemischten Episode erfüllen; (b) auf die direkte körperliche Wirkung einer Substanz oder eines medizinischen Krankheitsfaktors zurückgehen; (c) besser durch eine einfache Trauerreaktion erklärt werden können; und wenn (d) die Episoden durch eine schizoaffektive Störung besser zu erklären sind oder sie durch eine Schizophrenie, eine schizophreniforme Störung, eine wahnhafte Störung oder eine nicht näher bezeichnete psychotische Störung überlagert sind.

Die Major Depression kann als Einzelepisode oder rezidivierend auftreten. Abhängig von der Anzahl der Symptome, der Symptomstärke und dem Grad der Beeinträchtigung und Belastung können Episoden einer Major Depression als leicht, mittel und schwer klassifiziert werden: **Symptomanzahl und Symptomstärke**

Leichte Episoden sind charakterisiert durch das Vorliegen von fünf oder sechs depressiven Symptomen, die leichte Beeinträchtigung in beruflichen Funktionsbereichen, bei gewöhnlichen sozialen Aktivitäten oder in zwischenmenschlichen Beziehungen verursachen;

Mittlere Episoden sind gekennzeichnet durch das Vorliegen von Symptomen, deren Schweregrad oder Funktionsbeeinträchtigung zwischen leicht und schwer liegen;

Eine schwere Episode ohne psychotische Züge liegt vor, wenn die Anzahl der Symptome die für die Diagnosestellung notwendige Symptomanzahl überschreitet und Arbeit, soziale Aktivitäten und zwischenmenschliche Beziehungen deutlich beeinträchtigt sind;

Eine schwere Episode mit psychotischen Zügen ist dann zu diagnostizieren, wenn Wahnvorstellungen oder Halluzinationen vorliegen, die mit depressiven Inhalten wie persönliche Schuld und Todeswahn übereinstimmen (d. h. stimmungskongruente psychotische Züge) oder die keine Verbindung zu depressiven Inhalten haben wie Verfolgungswahn oder Gedankeneingebung (d. h. stimmungsinkongruente psychotische Züge).

Wenn die depressive Episode diese Schweregrad-Kriterien nicht erfüllt, wird sie als in völliger oder teilweiser Remission beschrieben. Völlige Remission bedeutet die Abwesenheit signifikanter Symptome einer **Remission**

Major Depression während der vorausgegangenen zwei Monate. Bei einer Teilremission sind die Kriterien nicht voll erfüllt, oder die Hauptsymptome einer Episode von Major Depression halten weniger als zwei Monate an. Eine Episode von Major Depression kann als chronisch, mit katatonen Merkmalen, mit melancholischen Merkmalen, mit atypischen Merkmalen und mit postpartalem Beginn spezifiziert werden:

Eine Episode von Major Depression ist als **chronisch** zu bezeichnen, wenn sie mindestens zwei Jahre andauert;

Katatone Merkmale zeichnen sich aus durch ausgeprägte psychomotorische Störungen, die beinhalten: motorische Unbeweglichkeit (Katalepsie); übermäßige motorische Aktivität, die ziellos und nicht durch externe Reize beeinflusst zu sein scheint; extremer Negativismus (offensichtlich grundloser Widerstand gegen alle Aufforderungen oder Einnahme einer rigiden Körperhaltung mit Widerstand gegen äußere Bewegungsversuche) oder Mutismus; bizarre Willkürbewegungen, unangemessene oder sonderbare Haltung, stereotype Bewegungen oder auffälliges Grimassieren. Echolalie (d. h. sinnlose Wiederholung von Worten oder Sätzen, die jemand anderes gesprochen hat), Echopraxie (d. h. Imitation der Bewegungen einer anderen Person);

Melancholische Merkmale sind charakterisiert durch den Verlust von Interesse oder Freude an allen oder fast allen Aktivitäten oder das Fehlen von Reaktionen auf normalerweise als angenehm empfundene Reize. Die niedergedrückte Stimmung bleibt bestehen, selbst wenn sich etwas Erfreuliches ereignet. Zusätzlich müssen mindestens drei der folgenden Symptome vorliegen: besondere Qualität der depressiven Verstimmung (d. h. sie wird als deutlich verschieden von der Trauer über den Verlust einer geliebten Person empfunden), Morgentief, Früherwachen, psychomotorische Hemmung oder Erregung, deutliche Appetitlosigkeit und Gewichtsverlust, übermäßige oder unangemessene Schuldgefühle;

Atypische Merkmale zeichnen sich aus durch das Vorliegen von affektiver Reagibilität (d. h. Aufhellbarkeit der Stimmung durch tatsächliche oder erwartete positive Ereignisse) während der vorhergehenden Wochen zusammen mit mindestens zwei der folgenden Symptome: gesteigerter Appetit oder Gewichtszunahme, Hypersomnie (d. h. ausgedehnter Nachtschlaf oder Schlaf tagsüber), bleierne Schwere in Armen oder Beinen, pathologische Überempfindlichkeit gegenüber Zurückweisungen;

Depressionen mit postpartalem Beginn setzen innerhalb von vier Wochen nach der Geburt eines Kindes ein und können psychotische Merkmale miteinschließen, wie z. B. den Wahn, dass das Neugeborene vom Teufel besessen sei oder dass es ein schreckliches Schicksal erwartet. Es können Suizidideen auftreten, zwanghafte Gedanken hinsichtlich Gewaltanwendung gegenüber dem Kind, Schlaflosigkeit, spontane Weinkrämpfe (nach der als „Wochenbettempfindlichkeit" bekannten Phase drei bis sieben Tage nach der Geburt), Panikattacken und Desinteresse am Neugeborenen.

Zahlreiche andere Spezifizierungen wurden im DSM-IV eingeführt: (a) Zusatzkodierungen des Langzeitverlaufs: mit bzw. ohne Vollremission im Intervall. „Mit Vollremission im Intervall" bedeutet eine volle Remission zwischen den letzten beiden Phasen affektiver Störungen. Die Zusatzcodierung „ohne Vollremission im Intervall" trifft zu, wenn keine vollständige Remission zwischen den letzten beiden Phasen affektiver Störung stattgefunden hat. (b) Die Zusatzcodierung mit saisonalem Muster bezieht sich auf Beginn und Remission einer depressiven Störung zu spezifischen Zeiten des Jahres. Die depressiven Episoden beginnen im Allgemeinen im Herbst oder Winter und remittieren im Frühling; dieses Muster muss in den vergangenen zwei Jahren aufgetreten sein.

1.1.2 Dysthyme Störung

Bei der Dysthymen Störung handelt es sich um eine chronische, aber weniger schwere Form der depressiven Störungen. Sie ist durch eine chronisch depressive Verstimmung (bei Kindern und Jugendlichen auch reizbare Verstimmung) über die meiste Zeit des Tages und an mehr als der Hälfte der Tage über mindestens zwei Jahre (bei Kindern und Jugendlichen ein Jahr) hinweg gekennzeichnet. Während der depressiven Verstimmung müssen mindestens zwei der folgenden Symptome vorliegen: Appetitlosigkeit oder gesteigertes Bedürfnis zu essen, Schlaflosigkeit oder übermäßiges Schlafbedürfnis, Energiemangel oder Erschöpfung, geringes Selbstwertgefühl, Konzentrationsstörung oder Entscheidungserschwernis und das Gefühl der Hoffnungslosigkeit.

chronische Form der depressiven Störungen

In der betreffenden Zeitperiode (ein bzw. zwei Jahre) darf es keinen Zeitraum von mehr als zwei Monaten ohne die beschriebenen Symptome geben. Auch bei dieser Störungsform müssen für die Vergabe der Diagnose Beeinträchtigungen in psychosozialen Funktionsbereichen oder ein klinisch bedeutsamer Leidensdruck vorliegen. Die Dysthyme Störung kann einen frühen Beginn haben (d.h. die Symptome einer Dysthymen Störung treten vor dem Alter von 21 Jahren erstmalig auf), einen späten Beginn (d.h. die Symptome treten nach dem Alter von 21 Jahren erstmalig auf), und sie kann atypische Merkmale haben.

Die Diagnose darf nicht gestellt werden, wenn (a) in dem Zeitraum eine Episode einer Major Depression bestanden hat, d.h. dass das Störungsbild besser durch eine chronische oder teilremittierte Major Depression erklärt werden kann; (b) zu einem Zeitpunkt eine manische, eine gemischte oder eine hypomane Episode vorhanden war, und die Kriterien für eine zyklothyme Störung erfüllt waren; (c) die Störung

24 Merkmale der Depression

ausschließlich im Verlauf einer chronischen psychotischen Störung wie Schizophrenie oder wahnhafte Störung aufgetreten ist und (d) die Symptome auf die direkte Wirkung einer Substanz oder eines medizinischen Krankheitsfaktors zurückgehen.

1.2 Bipolare Störungen

manische Episode

Die Bipolaren Störungen sind in Bipolar I, Bipolar II, Zyklothyme Störung und nicht näher bezeichnete Bipolare Störung unterteilt (DSM-IV; APA 1994; Tab. 1.2). Die **Bipolar I Störung** ist gekennzeichnet durch das Vorliegen von mindestens einer manischen oder gemischten Episode (DSM-IV; APA 1994). Bei den betroffenen Personen ist oft mindestens eine Episode von Major Depression aufgetreten. Eine Manische Episode wird beschrieben als eine erkennbare Periode unnormaler und durchgehend gehobener, expansiver oder reizbarer Stimmung, die mindestens eine Woche lang fortbesteht. Zusätzlich müssen drei von sieben folgenden Symptomen vorliegen (vier, wenn das Hauptsymptom Gereiztheit ist): Größenwahn, vermindertes Schlafbedürfnis, erhöhte Gesprächigkeit, Ideenflucht, Ablenkbarkeit, vermehrte zielgerichtete Aktivität und ein übermäßiges Engagement in angenehme Aktivitäten mit einem hohen Potenzial schmerzhafter Konsequenzen. Eine gemischte Episode zeichnet sich aus durch eine Periode von mindestens einer Woche, in der die Kriterien der manischen Episode sowie die Kriterien einer Episode von Major Depression fast täglich erfüllt sind. Die diagnostischen Kriterien der Bipolar I Störung sind nicht erfüllt, wenn die Symptome auf eine substanzinduzierte affektive Störung oder auf eine affektive Störung aufgrund eines körperlichen Zustandes zurückzuführen sind. Die Episoden sind von einer schizoaffektiven Störung zu unterscheiden und überlagern keine Schizophrenie, schizophreniforme Störung, einen Wahn oder eine nicht näher bezeichnete psychotische Störung.

hypomanische Episode

Die **Bipolar II Störung** ist durch das Auftreten einer oder mehrerer Episoden von Major Depression gekennzeichnet, die von mindestens einer hypomanischen Episode begleitet wird (DSM-IV; APA 1994). Eine hypomanische Episode ist definiert als ein Zeitraum gehobener, expansiver oder reizbarer Stimmung, die mindestens vier Tage lang anhält. Mindestens drei der folgenden Symptome treten in diesem Zeitraum auf: erhöhtes Selbstwertgefühl, vermindertes Schlafbedürfnis, Rededrang, Ideenflucht, Ablenkbarkeit, vermehrte zielgerichtete Aktivität und ein übermäßiges Engagement in angenehme Aktivitäten mit einem

Tab. 1.2 Klassifikation Bipolarer Störungen nach DSM-IV und ICD-10 (nach APA 1994)

ICD-10	DSM-IV
F30 Manische Episode F31 Bipolare affektive Störung	296 Bipolar I Störung 296.89 Bipolar II Störung
F34.0 Zyklothymia	301.13 Zyklothyme Störung
F31.9 Nicht näher bezeichnete Bipolare affektive Störung	296.80 Nicht näher bezeichnete Bipolare Störung

hohen Potenzial für schmerzhafte Konsequenzen. Obwohl die affektive Störung von anderen bemerkt wird, ist die Episode im Gegensatz zur Bipolar I Störung nicht stark genug, um eine ausgeprägte Beeinträchtigung im sozialen und beruflichen Bereich zu verursachen oder um einen Krankenhausaufenthalt erforderlich zu machen. Die Bipolar II Störung wird nicht diagnostiziert, wenn eine manische oder eine gemischte Episode vorliegt. Episoden einer substanzinduzierten affektiven Störung oder einer affektiven Störung aufgrund eines körperlichen Zustandes fallen nicht unter die Diagnose einer Bipolar II Störung.

Die **Zyklothyme Störung** ist eine chronische, fluktuierende affektive Störung, die zahlreiche Episoden mit depressiven oder hypomanischen Symptomen umfasst und die bei Kindern und Jugendlichen während eines Jahres, bei Erwachsenen über einen Zeitraum von zwei Jahren auftreten (DSM-IV; APA 1994). Jedoch sind Anzahl, Schweregrad, Durchgängigkeit und Dauer der hypomanischen Symptome nicht ausreichend, um die Kriterien einer Manischen Episode vollständig zu erfüllen. Die Zyklothyme Störung wird nicht diagnostiziert, wenn die Stimmungsschwankungen durch eine schizoaffektive Störung bedingt sind oder von einer anderen psychischen Störung überlagert werden. Die Störung darf keine Folge direkter physiologischer Wirkungen einer Substanz oder eines körperlichen Zustandes sein. Die Symptome verursachen bedeutsame Beeinträchtigungen in wichtigen Funktionsbereichen wie Arbeit und soziale Kontakte.

Stimmungsschwankungen

Die Häufigkeit depressiver Symptome

Angesichts der traditionellen Auffassung, dass die Symptome depressiver Jugendlicher sich von denen Erwachsener unterscheiden (z. B. larvierte Depression), ist es angezeigt zu untersuchen, welche depressiven Symptome von Jugendlichen berichtet werden. Im „Oregon Adolescent Depression Project" (OADP; Lewinsohn et al. 1998a) war das häufigste Depressionssymptom nach dem DSM-III-R bei Jugendlichen mit einer Major Depression eine niedergedrückte Stimmung – sie wurde von 97.7 % der betroffenen Jugendlichen berichtet. Die zweithäufigsten Symptome waren Denkschwierigkeiten (81.8 %), Schlafprobleme (88.6 %) und Gewichts- bzw. Appetitstörungen (79.5 %). Im Allgemeinen war die Rangfolge depressiver Symptome bei Jugendlichen mit diagnostizierter Depression und Jugendlichen mit lediglich depressiver Symptomatik sehr ähnlich. Die durchschnittliche Anzahl von Symptomen bei Jugendlichen mit Major Depression betrug 6.9.

Neuere Analysen der Bremer Jugendstudie zeigten sehr ähnliche Ergebnisse (Essau 2000). Das heißt, zusätzlich zur niedergedrückten Stimmung waren die häufigsten Symptome, die von Jugendlichen mit einer DSM-IV-Diagnose der Depression berichtet wurden, Denk- oder Konzentrationsstörungen und Schlafprobleme. So ist dieses Symptommuster dem von depressiven Erwachsenen in Stichproben der Allgemeinbevölkerung sehr ähnlich.

Phänomenologie und Alter

Obwohl darüber zurzeit Konsens besteht, dass die DSM-Kriterien mit geringfügigen Veränderungen auf Jugendliche anwendbar sind, ist es doch wichtig, die Frage zu stellen, ob Alter und Geschlecht einige Manifestationen von Depression verändern (Cicchetti 1984). Lewinsohn und Mitarbeiter (1998a) berichteten, dass Suizidgedanken und suizidales Verhalten bei Jugendlichen häufiger auftreten, während Müdigkeit, Appetit- und Gewichtsveränderungen, Reizbarkeit, das Gefühl von Wertlosigkeit, psychomotorische Verlangsamung und Konzentrationsschwäche häufiger bei Erwachsenen anzutreffen sind. Friedman und Mitarbeiter (1982) fanden wenig Unterschiede im Hinblick auf die jeweiligen Symptome bei Subtypen von Depression, als sie die Häufigkeit von Depression bei 26 Jugendlichen und 27 jungen erwachsenen Patienten eines Krankenhauses verglichen. Es gab nur ein Symptom, bei dem sich die beiden Stichproben signifikant unterschieden: Die Jugendlichen berichteten signifikant weniger Selbstmitleid.

Im OADP (Lewinsohn et al. 1998) stimmten die Muster depressiver Symptome bei depressiven Jugendlichen weitgehend mit denen überein, die Erwachsene in der Studie vom „Epidemiologic Catchment Area Program" (ECA) berichteten. Im Vergleich mit Erwachsenen berichteten depressive Jugendliche mehr Gefühle von Wertlosigkeit und Schuld, allerdings weniger Gewichts- und Appetitveränderungen und Todes- oder Suizidgedanken.

Phänomenologie in klinischen Stichproben und Stichproben der Allgemeinbevölkerung

Da viele Kinder und Jugendliche der Allgemeinbevölkerung mit Major Depression unbehandelt bleiben (Essau 2000; Lewinsohn et al. 1998a), stellen Stichproben, die sich aus Personen in Behandlung zusammensetzen, möglicherweise eine Gruppe dar, deren Symptomatik besonders schwer und daher vielleicht nicht repräsentativ für das typische depressive Kind oder den typischen depressiven Jugendlichen ist. Daher ist es wichtig, die Phänomenologie depressiver

Jugendlicher, die in Stichproben der Allgemeinbevölkerung als „Fall" diagnostiziert wurden, mit der depressiver Jugendlicher in klinischen Settings zu vergleichen. Zu diesem Zweck verglichen Lewinsohn et al. (1998a) die Prävalenz depressiver Symptome ihrer OADP-Stichprobe mit Daten aus Studien mit Jugendlichen, die sich in Behandlung befinden (siehe Tabelle).

Mit einigen wenigen Ausnahmen glichen die Muster depressiver Symptome bei den Jugendlichen der Allgemeinbevölkerung in ihrer Phänomenologie den Symptommustern der klinisch behandelten Jugendlichen mit Major Depression. Jugendliche in klinischen Settings berichteten jedoch mehr Gedanken an den Tod oder an Suizid als Jugendliche der OADP-Stichprobe mit Teilnehmern aus der Allgemeinbevölkerung. In dieser Stichprobe traten Gewichts- und Appetitstörungen häufiger auf als bei klinischen Fällen. Es zeigten sich geringfügige Geschlechtsunterschiede hinsichtlich des Musters depressiver Symptome bei den depressiven Fällen, aber nicht bei den nichtdepressiven Jugendlichen. Im Vergleich mit depressiven Jungen wiesen depressive Mädchen signifikant höhere Scores in den Bereichen Gewichts- und Appetitstörungen (77 % vs. 58.5 %) auf und berichteten häufiger Gefühle von Wertlosigkeit/Schuld (82.5 % vs. 67.5 %). Lewinsohn und Mitarbeiter (eingereicht) fanden keine systematischen Unterschiede zwischen der Auftretenshäufigkeit spezifischer Symptome bei Personen, die mehrere depressive Episoden hatten, im Vergleich mit Personen, die nur einmal eine solche Episode hatten. Jedoch bestand bei wiederholt auftretenden Episoden die Tendenz zu einer Symptomzunahme.

Tabelle: Vergleich depressiver Symptome der OADP-Stichprobe mit Daten aus Studien mit Jugendlichen in Behandlung (nach Lewinsohn 1998a)

Symptome	OADP (%)	Prävalenz (-mittelwert), 6 Studien	Range, 6 Studien (%)
Niedergedrückte Stimmung	98	94	88–100
Schlafstörung/	89	64	57–74
Verminderte Denkfähigkeit	82	81	70–92
Gewichts-/Appetitstörung	80	51	36–68
Anhedonia	77	82	70–100
Wertlosigkeitsgefühle	71	65	56–92
Psychomotorische Hemmung	68	44	18–70
Energieverlust	68	65	30–92
Todesgedanken, Suizidversuch	55	73	49–92

Kasten 1.1 Phänomenologie der Depression

1.3 Andere affektive Störungen im DSM-IV

Die **Affektive Störung aufgrund eines körperlichen Zustandes** ist eine anhaltende Störung des Affekts, die auf direkte physiologische Wirkungen eines körperlichen Zustandes zurückzuführen ist. Diese Wirkungen sind anhand der Krankengeschichte, körperlicher Untersuchungen oder anhand von Laborergebnissen zu erklären (DSM-IV; APA 1994). Die Störung kann eine niedergedrückte Stimmung oder merklich verringertes Interesse oder Freude oder auch eine gehobene, expansive oder reizbare Stimmung umfassen. Sie ist nicht auf eine andere psychische Störung zurückzuführen und tritt nicht ausschließlich während eines Deliriums auf. Die Störung ruft eine ausgeprägte Beeinträchtigung im sozialen oder beruflichen Bereich oder auf anderen Funktionsgebieten hervor.

Die **Substanzinduzierte Affektive Störung** ist eine deutlich wahrnehmbare, anhaltende Störung, die auf die unmittelbare physiologische Auswirkung einer Substanz zurückzuführen ist (DSM-IV; APA 1994). Die Symptome entwickeln sich während oder innerhalb eines Monates der Intoxikation mit einer Substanz oder ihres Entzugs. Die Diagnose wird nicht gestellt, wenn die Störung auf einer affektiven Störung beruht, die nicht substanzinduziert ist, oder lediglich während eines Deliriums auftritt. Die Symptome verursachen deutliche Beeinträchtigungen im sozialen oder beruflichen Bereich oder in anderen wichtigen Funktionsgebieten.

1.4 Übungsfragen zum 1. Kapitel

1. Welche Ansicht vertraten viele psychoanalytisch orientierte Theoretiker im Hinblick auf Depression bei Kindern und Jugendlichen?
2. Was bedeutet „larvierte Depression"?
3. Seit wann wird Depression bei Kindern und Jugendlichen verstärkt wissenschaftlich untersucht?
4. Was führte zu der Feststellung, dass auch Kinder depressiv werden können?
5. Wie lauten die vier Hauptmerkmale einer klinischen Depression?
6. Wie heißen die zwei Klassifikationssysteme, nach denen eine Depression diagnostiziert werden kann?
7. Wie viele Arten von Depression gibt es nach dem DSM-IV?
8. Was sind die Merkmale der Major Depression?
9. Wie unterscheiden sich die diagnostischen Kriterien der Major Depression bei Kindern von den Kriterien für Erwachsene?
10. Was sind die Merkmale der Dysthymen Störung?
11. Worin unterscheiden sich die Kriterien für Dysthymie bei Kindern und Erwachsenen?
12. Was sind die Hauptmerkmale der Bipolaren Störung?
13. Was sind die Hauptmerkmale einer Depression mit katatonen Merkmalen?
14. Was sind die Hauptmerkmale einer Depression mit melancholischen Merkmalen?

2 Erhebungsmethoden und Diagnostik

Erfassung

Will man Depression bei Jugendlichen untersuchen, sind altersangemessene Erhebungsinstrumente mit guten psychometrischen Eigenschaften erforderlich, um Symptome, ihre Dauer, ihren Schweregrad und ihr erstmaliges Auftreten zu erfassen. Gute Erhebungsinstrumente sind ebenfalls wichtig für die Erfassung psychosozialer Probleme, die mit Depression einhergehen, sowie zur Evaluation des Behandlungserfolgs. Eine weitere Funktion der Erhebungsinstrumente ist das „Screening", mit Hilfe dessen die Population einer Studie schnell, ökonomisch und valide in wahrscheinlich „gesunde" und wahrscheinlich „kranke" Gruppen unterteilt werden kann.

Zur Erfassung von Depression bei Jugendlichen wurden im Allgemeinen strukturierte diagnostische Interviews, Selbstbeurteilungs-Fragebögen und Rating-Skalen eingesetzt. Aufgrund der zahlreichen Facetten von Dysfunktionen, die mit Depression bei Jugendlichen zusammenhängen, beinhaltet dieses Kapitel auch verschiedene Instrumente zur Erfassung von Konstrukten, die damit verbunden sind (z.B. kognitive Funktionen, soziale Kompetenz), sowie zur Erfassung von psychosozialer Beeinträchtigung. Die Einbeziehung der psychosozialen Beeinträchtigung ist von Bedeutung, da die Erfassung der Symptome oft einer gewissen Willkür unterliegt. Es fehlt noch immer ein „goldener Standard", anhand dessen Daten aus verschiedenen Quellen validiert und die Unterschiede zwischen diesen Quellen gehandhabt werden können.

2.1 Diagnostische Interviewschemata

Die Entwicklung differenzierterer Taxonomien psychischer Störungen und expliziter diagnostischer Kriterien erforderte und führte folglich auch zu einer eher standardisierten Herangehensweise zur Erfassung psychiatrischer Symptome (Essau et al. 1997b; Tab. 2.1). In diagnostischen Interviews werden spezifische Symptom- und Prüffragen eingesetzt, detaillierte Codierungsregeln und diagnostische Algorithmen. In jeder diagnostischen Kategorie werden Fragen formuliert, um die

Symptome der Störung, ihre Dauer und Ausschlusskriterien zu evaluieren. Alle diagnostischen Interviews beinhalten Listen von Zielverhalten, Symptomen und Richtlinien für die Durchführung von Interviews sowie die Aufzeichnung der Antworten und erlauben eine direkte Ableitung von Diagnosen (Essau et al. 1997b). Jedoch können das zu erfassende Zielverhalten und die Diagnose, der zeitliche Rahmen und der Strukturiertheitsgrad des Interviews bei den einzelnen Interviews sehr unterschiedlich sein. Interviews unterscheiden sich ebenfalls hinsichtlich ihres zugrunde liegenden Systems und der Fachkenntnisse, die zu ihrer Durchführung nötig sind.

Es gibt zwei Arten strukturierter Interviews: hochstrukturierte und halbstrukturierte. In hochstrukturierten Interviews sind der exakte Wortlaut und die Abfolge der Fragen vorgegeben, es bestehen genaue Regeln für die Aufzeichnung und das Rating der Antworten. Ihre hochstrukturierte Form verlangt kein klinisches Urteil, daher können solche Interviews von in der Anwendung des Instrumentes intensiv geschulten Laieninterviewern durchgeführt werden. Solche Interviews wurden vorwiegend für die Anwendung in groß angelegten epidemiologischen Studien konzipiert. Halbstrukturierte Interviews enthalten flexiblere Richtlinien zur Durchführung des Interviews, die gewährleisten sollen, dass die Themen konsistent abgefragt und die Information aufgezeichnet wird. Sie wurden in erster Linie für die Anwendung durch geschulte Kliniker konzipiert, die im klinischen Setting tätig sind. Da jedoch das Interview von jedem Kliniker etwas anders durchgeführt wird, ist hierbei sehr auf die Reliabilität zu achten. Einige Beispiele für diagnostische Interviewschemata sind: das „Diagnostic Interview Schedule for Children" (DISC; Costello et al. 1985), das „Diagnostic Interview for Children and Adolescents" (DICA; Herjanic/Reich 1982), das „Kiddie-Schedule for Affective Disorders and Schizophrenia" (K-SADS; Puig-Antich/Chambers 1978), das „Interview Schedule for Children" (ISC; Kovacs 1985), das „Child Assessment Schedule" (CAS; Hodges 1994) und das „Child and Adolescent Psychiatric Assessment" (CAPA; Angold et al. 1995).

hoch- und halbstrukturierte diagnostische Interviews

Bei der Wahl des Interviewschemas ist es wichtig, die Ziele der Studie und die verfügbaren Ressourcen zu spezifizieren. Zusätzlich ist es hilfreich, folgende Aspekte im Auge zu behalten: die Altersspanne der Stichprobe, das für die Durchführung der Interviews verfügbare Personal sowie den zeitlichen Rahmen der Interviews. Diagnostische Interviews sollen umfassend sein und eine Diagnosestellung gewährleisten (Bird/Gould 1995). Sie sollen im Hinblick auf Länge und Schwierigkeit durchführbar sowie kostengünstig und idealerweise mit

32 Merkmale der Depression

Tab. 2.1 Diagnostische Interviewschemata für Kinder und Jugendliche (aus Essau et al. 1997b)

Diagnostische Interview-Schemata	Diagnostisches System	Strukturiertheitsgrad	Informant	Zeitlicher Rahmen	Interviewer	Schulungsdauer
Diagnostic Interview Schedule for Children (DISC; Costello et al. 1985)	DSM-III, DSM-III-R	Hochstrukturiert	Kind, Eltern, Lehrer	6 Monate	Laieninterviewer, Kliniker	3–4 Wochen
Diagnostic Interview for Children and Adolescents (DICA-R; Herjanic/Reich 1982)	DSM-III-R	Hochstrukturiert	Kind, Eltern	Interviewzeitpunkt, Lebenszeit	Laieninterviewer, Kliniker	1 Woche 3 Wochen
Kiddie-Schedule for Affective disorders and Schizophrenia (K-SADS; Puig-Antich/Chambers 1978)	DSM-III, DSM-III-R	Halbstrukturiert	Kind, Eltern	Lebenszeit	Kliniker	1–2 Wochen
Interview Schedule for Children (ISC; Kovacs 1985)	DSM-III	Halbstrukturiert	Kind, Eltern	Interviewzeitpunkt	Kliniker	„Sehr intensiv"
Child Assessment Schedule (CAS; Hodges 1982)	DSM-III, DSM-III-R	Halbstrukturiert	Kind, Eltern	12 Monate	Laieninterviewer, Kliniker	5–10 Tage
Child and Adolescent Psychiatric Assessment (CAPA; Angold et al. 1995)	DSM-III-R, ICD-10	Halbstrukturiert	Kind, Eltern	3 Monate	Laieninterviewer, Kliniker	1 Monat

Jetzt komme ich zu einem anderen Thema und frage dich über Gefühle, die Kinder manchmal haben. Anfangen möchte ich mit Fragen über Niedergeschlagenheit und Traurigkeit.

1. Gab es in den letzten sechs Monaten eine Zeit, in der du sehr traurig warst?
   wenn ja,   0   1   2   9
   A. Wenn du dich so traurig fühlst, hält das fast den ganzen Tag an?   0   1   2   9
   B. War die Zeitspanne, in der du dich sehr oft traurig gefühlt hast, ein Jahr lang?
   wenn ja,   0   2   9
   C. War das fast die ganze Zeit so?
   wenn ja,   0   2   9
   D. War die Zeitspanne, in der du dich fast die ganze Zeit sehr traurig gefühlt hast, zwei Jahre lang?   0   2   9
   E. Denke jetzt bitte nur an die letzten sechs Monate. Gab es da eine Zeit, in der du fast jeden Tag sehr traurig warst?
   wenn ja,   0   2   9
   F. Ging das zwei Wochen oder länger so?   0   2   9

2. Gab es in den letzten sechs Monaten eine Zeit, in der du nörglerisch, gereizt oder oft schlecht gelaunt warst, so dass dich sogar Kleinigkeiten verrückt gemacht haben?
   wenn ja,   0   1   2   9
   A. Als du so schlecht gelaunt warst, war das die meiste Zeit des Tages so?   0   1   2   9
   B. War das ein Jahr lang, dass du so häufig so schlecht gelaunt warst?
   wenn ja,   0   2   9
   C. War das die meiste Zeit über so?
   wenn ja,   0   2   9
   D. Warst du zwei Jahre lang die meiste Zeit über so schlecht gelaunt?   0   2   9
   E. Denke jetzt bitte nur an die letzten sechs Monate. Gab es da eine Zeit, in der du fast jeden Tag schlecht gelaunt warst?
   wenn ja,   0   2   9
   F. Ging das zwei Wochen oder länger so?   0   2   9

Kasten 2.1 Beispiele der Depressionssektion des Strukturierten Klinischen Interviews für Kinder und Jugendliche (Hautzinger et al. 1992), 0 = nein, 1 = manchmal, 2 = ja, 9 = weiß nicht

Algorithmen ausgestattet sein, die eine computergestützte Auswertung ermöglichen.

In strukturierten Interviews wird versucht, die Unterschiedlichkeit der Informationen durch Spezifizierung von Items zu reduzieren. Es werden Items definiert und Anweisungen für das Rating hinsichtlich Vorliegen und Schweregrad der Items gegeben. Jedoch können strukturierte Interviews zeitaufwändig sein. Wie Piacentini et al. (1993) zeigen, dauert die Durchführung des DISC im Durchschnitt 90 Minuten. Angesichts der Aufmerksamkeitsspanne von Kindern und Jugendlichen muss die Frage gestellt werden, in welchem Maße die Kinder sich auf die Fragen konzentrieren können und wie reliabel ihre Antworten sind. Des Weiteren ist fraglich, inwieweit die Jugendlichen sich an den Zeitpunkt erinnern können, zu dem ein Symptom erstmalig aufgetreten ist. In der Studie von Angold et al. (1996) waren die Jugendlichen nicht in der Lage, verlässlich Angaben über den Beginn einer Symptomatik zu machen, wenn dieser mehr als drei Monate zurücklag. Ungefähr 31 % der Probanden berichteten in einem Interview, ihre depressive Stimmung habe länger als ein Jahr angehalten, in einem weiteren Interview gaben sie an, sie habe weniger als ein Jahr gedauert. Die übrigen Teilnehmer (69 %) gaben in beiden Interviews denselben Zeitraum an. Eine derart geringe Reliabilität könnte zur Folge haben, dass die depressive Stimmung in einem Interview der Major Depression zugerechnet wird, im zweiten hingegen nicht. Ein Problem der meisten strukturierten Interviews sind die Eingangsfragen (z. B. K-SADS und DICA-R), die zu Informationsverlust führen. Das heißt, wenn die Frage nach den Hauptsymptomen mit „Nein" beantwortet wird, wird nach keinem Nebensymptom mehr gefragt, sondern sofort zur nächsten diagnostischen Kategorie gesprungen.

Informationsquelle Um sich ein umfassendes und genaues Bild der psychosozialen Probleme des Jugendlichen zu verschaffen, ist es vorteilhaft, Daten aus verschiedenen Quellen heranzuziehen. Unglücklicherweise ist die Übereinstimmung der Informanten hinsichtlich der Häufigkeit und des Schweregrades von Depression bei Kindern und Jugendlichen gering (Angold et al. 1987). In der OADP beispielsweise stimmten Eltern und Jugendliche im Hinblick auf Major Depression und Dysthymie nur wenig überein (Cantwell et al. 1997). Die von den Eltern berichtete Rate für die Dysthyme Störung (4.6 %) lag höher als die von den Jugendlichen berichtete (3.6 %). Im Gegensatz dazu berichteten Jugendliche (19.2 %) signifikant höhere Raten von Major Depression als ihre Eltern (9.3 %). Das Ausmaß an Übereinstimmung zwischen Eltern und Jugendlichen war unabhängig von Geschlecht, dem Alter des Jugendlichen, dem Alter bei Störungsbeginn, der Ausbildung der Eltern und dem Schweregrad der Störung (Cantwell et al. 1997). Die Gründe für diese geringe Übereinstimmung sind unklar, es ist jedoch möglich, einige Hypothesen zu formulieren. Zuerst einmal haben die Jugendlichen zwar die kognitive Reife und Einsicht, um die Fragen hinsichtlich ihrer Gedanken und Gefühle zu beantworten, jedoch geben sie möglicherweise keine Auskunft über suizidale Gedanken und Impulse. Die Sorge um die Darstellung der eigenen Person und die Beurteilung durch andere gehören zu den häufigsten Ängsten des Jugendalters, daher ist es wichtig, sich den anderen auf sozial erwünschte Weise darzustellen. Zweitens haben Eltern und Jugendliche möglicherweise unterschiedliche Vorstellungen davon, was ein „problematisches" Verhalten ist. Drittens könnte es sein, dass die Eltern nicht alle Probleme und Situationen kennen, in denen diese Probleme auftreten, insbesondere wenn es sich um internalisierende Probleme handelt.

Eine weitere Herausforderung besteht darin, zu entscheiden, welche Informationen erfragt werden sollen und wie sie zu kombinieren sind. Verschiedene Autoren haben unterschiedliche Ansichten darüber, wie die Informationen zu nutzen sind. So empfahlen beispielsweise Angold et al. (1987), die Berichte der Kinder zur Überprüfung der Genauigkeit der Elternberichte heranzuziehen. Im Gegensatz dazu empfahlen Puig-Antich und Gittelman (1982) ein umgekehrtes Vorgehen.

Da die Symptome einer Depression unspezifisch sind, ist es wichtig, Erkrankungen mit organischen Ursachen auszuschließen. Es müssen daher organische wie auch psychiatrische Störungen beim Vorliegen depressiver Symptome in Betracht gezogen werden. Ausgeschlossen werden sollten mögliche andere Ursachen einer Depression:

Differentialdiagnose der Major Depression

- Vitaminmangel (B 12, A, B 6)
- das Vorliegen einer komorbiden psychischen Störung (z.B. Anpassungsstörung mit depressiver Stimmung, generalisierte Angststörung, Somatisierungsstörung, Posttraumatische Belastungsstörung)
- Reaktion auf einen Verlust, ein Trauma oder Gewalt (z.B. Trauerreaktion, Misshandlung)
- Körperliche Erkrankung (z.B. endokrine oder kardiovaskuläre Störungen)
- Nebenwirkungen von Medikamenten (z.B. kardiovaskuläre Medikation, Sedativa, Hypnotika)
- Entzugserscheinungen (z.B. bei Amphetamin- oder Kokainabhängigkeit)

2.2 Selbstbeurteilungs-Fragebögen

Die Tatsache, dass viele depressive Symptome subjektive Gefühle und Selbstwahrnehmungen widerspiegeln, betont die Bedeutung des Einsatzes von Selbstbeurteilungs-Fragebögen (Tab. 2.2). Die Erhebung verdeckter Prozesse (z. B. Selbstwertgefühl, Empfindungen von Depression, Schuld, Hoffnungslosigkeit und Suizidgedanken) und schwer zu beobachtender somatischer Symptome (z. B. Schlaflosigkeit, Appetitverlust) stellen für Kliniker und Forscher eine Herausforderung dar (Reynolds 1994).

Fragebögen

Fragebögen haben gewisse Vorteile bei der Erhebung von Symptomen depressiver Störungen. Je nach Wortlaut der Fragen können sie

Tab. 2.2 Beispiele von Selbstbeurteilungs-Fragebögen zur Erfassung von Depression bei Jugendlichen

Instrumente/ Autoren	Altersgruppe	Anzahl Items	Spezielle Merkmale
„Depression Self-Rating Scale" (Birleson 1981)	7–14 Jahre	18	Items umfassen affektive, kognitive und behaviorale Symptome von Depression
„Center for Epidemiological Studies Depression Scale" (Radloff 1991)	6–17 Jahre	20	Items beziehen sich auf Freunde und Eltern
„Reynolds Adolescent Depression Scale" (Reynolds 1987)	12–18 Jahre	30	DSM-III Symptome für Major Depression und Dysthyme Störung
„Children's Depression Inventory" (Kovacs 1992)	7–17 Jahre	27	Items umfassen affektive, kognitive und behaviorale Symptome von Depression
„Mood and Feelings Questionnaire" (Angold et al. 1987)	8–18 Jahre	32	Deckt die Symptombereiche im DSM-III-R und andere Items wie Einsamkeit und das Gefühl, ungeliebt zu sein, ab.
Depressionstest für Kinder (Rossmann 1993)	8–13 Jahre	55	3 Skalen: Dysphorie/Selbstwert, agitiertes Verhalten, Müdigkeit/autonome Reaktionen

Depressions-Inventar für Kinder und Jugendliche (Stiensmeier-Pelster et al. 1991)

1. Ich habe mich selten mies gefühlt. ☐
   Ich habe mich öfter mies gefühlt. ☐
   Ich habe mich die ganze Zeit mies gefühlt. ☐

2. Bei mir wird nie etwas klappen. ☐
   Ich bin unsicher, ob alles klappt, was ich mir vornehme. ☐
   Wenn ich mir etwas vornehme, klappt es meistens. ☐

3. Das meiste, was ich mache, gelingt gut. ☐
   Ich mache vieles falsch. ☐
   Ich mache alles falsch. ☐

DTK-Fragebogen (Rossmann 1993)

1 Bist du morgens meistens gut ausgeschlafen?   ja/nein
2 Macht dir die Schule Spaß?   ja/nein
44 Hast du oft das Gefühl, eine Strafe zu verdienen?   ja/nein

Kasten 2.2
Einige Beispielitems zur Erfassung von Symptomen der Depression

oft von Laien erhoben werden, die ein Minimum an Spezialtraining oder klinischer Erfahrung haben. Fragebögen können eingesetzt werden, um das Vorliegen und den Schweregrad depressiver Symptome zu messen und auch, um Veränderungen während der Behandlung zu erfassen. Sie können schnell und kostengünstig einer großen Gruppe von Personen vorgelegt werden und als Screening dienen, um diejenigen herauszufiltern, die professionelle Hilfe brauchen. Sie können auch zur Früherkennung von Depression eingesetzt werden. Allerdings kann soziale Erwünschtheit das Antwortverhalten beeinflussen. Das Ausmaß sozialer Erwünschtheit kann je nach Item und nach Proband variieren.

Einige Beispiele von Selbstbeurteilungs-Fragebögen zur Erfassung von Depression sind: die „Reynolds Child Depression Scale" (Reynolds 1989), die "Depression Self-Rating Scale" (Birleson 1981), das „Children's Depression Inventory" (Kovacs 1992), die „Children's Depression Scale" (Lang/Tisher 1978), die „Center for Epidemiological Studies-Depression Scale" (Radloff 1991), die „Children's Depression Adjective Checklists" (Eddy/Lubin 1988), die „Reynolds Adolescent Depression Scale" (Reynolds 1987)und das „Mood and Feelings Questionnaire" (Angold et al. 1987). Zusätzlich gibt es eine Reihe von Selbstbeurteilungs-Fragebögen, die die Symptome von verschiedenen psychischen Störungen einschließlich Depression messen: der „Youth Self Report" (YSR; Achenbach 1991b), die „Symptom-Checklist-90-Revised" (SCL-90-R; Derogatis 1977) und die „Revised Ontario Child Health Study Scales" (Boyle et al. 1993).

Bei der Auswahl der „angemessensten" Selbstbeurteilungs-Fragebögen zur Erfassung von Depression sind folgende Punkte zu berücksichtigen: die Erfordernisse der Studie im Hinblick auf die Untersuchung der Symptomatik und die zur Verfügung stehende Zeit; die Vergleichbarkeit der Ergebnisse mit den Ergebnissen anderer Studien; die Schnittpunkte, an denen depressive von nicht depressiven Personen unterschieden werden. Reynolds (1994) erkannte die Bedeutung von Selbstbeurteilungsmaßen und betonte die Notwendigkeit, dass solche Maße psychometrisch angemessen sein müssen, um behandlungsbedürftige Personen zu identifizieren und bei der Erfassung des Behandlungsergebnisses von Nutzen zu sein.

2.3 Ratings von Bezugspersonen

Fremdbeurteilungsskalen

Die Selbstbeurteilung von Kindern ist ein wichtiger Bestandteil des Erhebungsprozesses – die Beurteilung durch Bezugspersonen (z.B. Eltern und Lehrer) ist ebenfalls von Bedeutung. Elternratings können dazu beitragen, Symptome zu identifizieren, die von den Kindern nicht erwähnt werden. Da für gewöhnlich die Eltern entscheiden, ob die Kinder professionelle Hilfe benötigen, ist ihre Wahrnehmung des Schweregrades der Probleme besonders wichtig. Beispiele für Fremdbeurteilungsskalen sind die „Child Behavior Checklist" (Achenbach 1991a), die „Missouri Child Behavior Checklist" (Sines et al. 1969), das „Peer Nomination Inventory of Depression" (Lefkowitz/Tesiny 1980) und das „Behavior Assessment System for Children" (Reynolds/Kamphaus 1992).

2.4 Verhaltensbeobachtung

Obwohl einige depressive Symptome (z.B. eingeschränkte soziale Interaktion und trauriger Gesichtsausdruck) offen und beobachtbar sind, kommen Instrumente zur Beobachtung bei depressiven Kindern und Jugendlichen selten zur Anwendung. Eine Verhaltensbeobachtung kann in der natürlichen Umgebung durchgeführt werden oder in analogen Settings. In der natürlichen Umgebung wird das Verhalten zu Hause, im Klassenzimmer oder auf dem Spielplatz direkt beobachtet. In analogen Situationen wird das Verhalten der Kinder direkt in strukturierten Settings beobachtet, in denen ein Zielverhalten erreicht werden soll. Analoge Beobachtung erlaubt den Vergleich des Verhaltens eines Kindes mit dem Verhalten von Kindern in unterschiedlichen Referenzgruppen im selben Setting und unter denselben Bedingungen. So kann die Umgebung zusammen mit situativen Faktoren kontrolliert bzw. können Schwankungen so gering wie möglich gehalten werden.

Die Hauptaufzeichnungstechniken der Verhaltensbeobachtung umfassen (a) die Häufigkeitsaufzeichnung, wobei festgehalten wird, wie oft in einem bestimmten Zeitintervall ein Verhalten auftritt; (b) die Zeitstichprobe, d. h. die Messung der genauen Zeit, in der ein Kind ein Verhalten zeigt, und (c) die Ereignisstichprobe, die das Auftreten oder Fehlen eines Verhaltens in bestimmten Intervallen misst (Gettinger/Kratochwill 1987). Beobachtetes Verhalten kann mit Papier- und Bleistift-Checklisten oder mit Hilfe von Audio- oder Videogeräten aufgezeichnet werden. Videoaufzeichnungen sind vorteilhaft, weil sie es ermöglichen, eine Szene so oft anzusehen, bis ein Konsens bei der Kodierung erreicht ist.

Tab. 2.3 Erfassung offen depressiven Verhaltens (nach Kazdin et al. 1985)

Verhalten	Komponenten
Soziale Aktivitäten	Teilnahme an sozialer Interaktion oder Aktivitäten: • reden oder verbale Interaktion mit einem anderen Kind • ein Spiel spielen (d. h. zusammen mit anderen) • an einer Gruppenaktivität teilnehmen • mit dem Personal interagieren
Zurückgezogenes Verhalten	Beschäftigung mit Aktivitäten, die die Teilnahme anderer Menschen ausschließen: • allein ein Spiel spielen • allein an einer schulischen Aufgabe arbeiten • zuhören und zuschauen (z. B. allein fernsehen) • Beschäftigung mit der eigenen Person (z. B. sich anziehen, baden)
Affektbezogener Ausdruck	Ausdruck von Gefühlen, wie • lächeln • stirnrunzeln • streiten • sich beklagen

Kazdin und Mitarbeiter (1985) gehören zu den wenigen Forschern, die depressive Kinder direkt beobachtet haben. Die Studie wurde durchgeführt, um das Verhalten von Kindern in einem psychiatrischen Krankenhaus während ihrer freien Zeit zu beobachten, die sie nach ihrem Wunsch mit zahlreichen Aktivitäten gestalten konnten. An fünf aufeinander folgenden Wochentagen während der zweiten und vierten Woche des Krankenhausaufenthaltes wurde das Verhalten jedes Kindes beobachtet. Jede Beobachtung dauerte 35 Minuten. Alle Beobachter wurden mindestens zwei Wochen lang in der Anwendung der Verhaltenskodierung geschult, bevor sie ihre Beobachtungsaufgabe erfüllten. Die beobachteten Arten von Verhalten umfassten:

soziale Aktivität: Gemessen wurde die Teilnahme des Kindes an Gesprächen, Spielen und Gruppenaktivitäten.

Mit sich selbst beschäftigendes Verhalten: Das Kind spielt ein Spiel allein, macht Schulaufgaben, hört oder schaut zu, macht sein Zimmer sauber und kümmert sich um sich selbst.

Affektbezogener Ausdruck: Lächeln, Stirnrunzeln, Streiten und Klagen (Tab. 2.3).

Verhaltensbeobachtung ermöglicht die Aufzeichnung eines derzeitigen Verhaltens, die Identifikation von Kontingenzen in der Umwelt und die direkte Erfassung von Verhaltensänderungen. Abgesehen von den Kosten ist viel Zeit erforderlich, um Kodierungssysteme zu entwickeln, mit denen das Verhalten definiert, erkannt und aufgezeichnet wird. Des Weiteren können die Daten durch Beobachtungstechniken und Charakteristika des Beobachters beeinflusst werden. Auch Erwartungen, Erfahrungen und vorheriges Training können die Reliabilität der Daten beeinflussen (Gettinger/Kratochwill 1987).

2.5 Familienevaluation

Familienevaluationsmethoden bei Depression lassen sich ebenso wie diagnostische Interviews in Beobachtungs- und Selbstbeurteilungsverfahren aufteilen. Jede Erhebungstechnik ist im Allgemeinen auf eine Anzahl von Konstrukten konzentriert, wie emotionale Bindungen zwischen Familienangehörigen, interpersonale Kontrolle und Kommunikation. Das Interesse, diese Konstrukte zu untersuchen, gründet sich auf Forschungsergebnisse, die durchgängig auf ein höheres Risiko für psychische Störungen bei Kindern und Jugendlichen aus zerrütteten Familienverhältnissen hinweisen – im Gegensatz zu Kindern aus stabileren Familien. Solche Studien waren auf Streitigkeiten der Eltern, Scheidung oder Trennung, konfliktreiche Eltern-Kind-Beziehungen und Psychopathologie der Eltern konzentriert.

Beobachtungen liefern Informationen über dyadische Interaktionen zwischen Familienmitgliedern, sei es in natürlichen Settings oder im Labor. Natürliche Beobachtung bedeutet Beobachtung und Erfassung familiärer Interaktion zu Hause, während das Vorgehen im Labor Interaktionen bei der Lösung von Aufgaben und Problemen zu erfassen versucht. Eine weitere Familienevaluationsmethode erfolgt durch den Gebrauch von Selbstbeurteilungs-Fragebögen, die die Erfassung von Eltern-Kind-Beziehungen, Beziehungen zwischen den Geschwistern und ganzer Familien miteinschließt. Ein anderer Ansatz ist das strukturierte Interview, z.B. das „Expressed Emotion Procedure", das benutzt werden kann, um die Anzahl kritischer Kommentare, Feindseligkeit und übermäßig starke emotionale Beteiligung zu messen (Brown/Rutter 1966). Ein weiterer Forschungszweig versucht, das Vorliegen psychischer Störungen bei den Eltern zu erfassen, indem die Eltern mit standardisierten diagnostischen Interviews befragt werden. Dieses Gebiet stützt sich auf Ergebnisse, nach denen Kinder von Eltern mit psychischen Störungen ein höheres Risiko aufweisen, psychische Störungen zu bekommen, als Kinder von Eltern ohne Störungen dieser Art.

familiäre Interaktion

2.6 Maße für mit Depression zusammenhängende Konstrukte

Es wurden zahlreiche Maße zur Erfassung von mit Depression zusammenhängenden Konstrukten entwickelt, die wahrscheinlich von depressiven Symptomen beeinflusst werden. Diese Bereiche und Maße sind von großer Spannbreite und können folgende Punkte umfassen:

- Maße für kognitive Funktionen (z. B. „Autonomic Thoughts Questionnaire", Hollon/Kendall 1980; „Self-Perception Profile for Adolescents", Harter 1988);
- Erfassung angenehmer und unangenehmer Aktivitäten (z. B. „Unpleasant Events Schedule"; Lewinsohn et al. 1985);
- soziale Kompetenzen (z. B. „Matson Evaluation of Social Skills with Youngsters"; Matson et al. 1983).

Es ist wichtig, diese Maße miteinzubeziehen, denn sie liefern Informationen, die über das Verhalten depressiver Menschen hinausgehen, Informationen darüber, was ihre Depression verlängern, verstärken oder aufrechterhalten kann.

2.7 Psychosoziale Beeinträchtigung

Da ein akzeptabler „Goldener Standard" für die Validation von „Fällen" fehlt, wurde der Grad an psychosozialer Beeinträchtigung benutzt, um psychische Störungen extern zu validieren. Die Einbeziehung funktionaler Beeinträchtigung bei der Definition von Fällen ist in Studien besonders wichtig, in denen Störungen leicht unter der diagnostischen Schwelle liegen, und wenn Personen, die diagnostische Kriterien erfüllen, keine Behandlung bekommen oder suchen (Bird/Gould 1995). Die geschätzten Prävalenzen einer Störung haben mehr Aussagekraft, wenn sie sich auf Schweregrad, auf Bedarf an Hilfeleistungen und auf persönliche Beeinträchtigungen beziehen (Bird et al. 1990). Deshalb wird in einigen Studien eine Störung erst dann klassifiziert, wenn die Person die erforderlichen Symptome nach spezifischen diagnostischen Kriterien sowie ein bestimmtes Ausmaß funktionaler Beeinträchtigung zeigt (Bird et al. 1988; Feehan et al. 1994).

Funktionsbereiche Studien unterscheiden sich im Hinblick auf die Instrumente, die zur Messung psychosozialer Beeinträchtigung in verschiedenen Funktions-

Tab. 2.4 Instrumente zur Erfassung psychosozialer Beeinträchtigung

Instrumente/ Autoren	Altersgruppe	Bereich der Beeinträchtigung	Weitere Merkmale
„Children´s Global Assessment Scale" (Shaffer et al. 1983)	4 – 16 Jahre	zu Hause, in der Schule, mit Gleichaltrigen	Skala von 1 – 100 (1 = am stärksten beeinträchtigt, 100 = gar nicht beeinträchtigt). Werte zwischen 61 und 70: möglicherweise beeinträchtigt. Werte über 70: nicht beeinträchtigt.
„Child Columbia Impairment Scale" (Bird/Gould 1995)	9 – 17 Jahre	zwischenmenschliche Beziehungen, psychische Befindlichkeit, Schule, Arbeit, Freizeit	Skala mit 13 Items, die auf einer Likert-Skala von 0 (kein Problem) bis 4 (sehr großes Problem) gescort werden. Kann in wenigen Minuten ausgefüllt werden.
„Social Adjustment Inventory for Children and Adolescents" (John et al. 1987)	6 – 18 Jahre	Schule, Beziehung zu Gleichaltrigen, Familienleben, Freizeitaktivitäten	Halbstrukturiertes Instrument; Durchführung erfordert geschulte Kliniker. Dauer: 30 bis 75 Minuten.

bereichen eingesetzt werden (Tab. 2.4). Ein Bereich umfasst zwischenmenschliche Beziehungen und bezieht sich darauf, wie sich der Jugendliche gegenüber Gleichaltrigen, Familienmitgliedern und anderen Erwachsenen außerhalb der Familie verhält. Die Leistungen in der Schule und am Arbeitsplatz, die Fähigkeit, das Leben zu genießen und die Freizeit sinnvoll zu nutzen, sind weitere Bereiche. Beispiele für Instrumente zur Erfassung psychosozialer Beeinträchtigung sind: die „Children's Global Assessment Scale" (CGAS; Shaffer et al. 1983), die „Columbia Impairment Scale" (CIS; Bird et al. 1993) und das „Social Adjustment Inventory for Children and Adolescents" (SAICA; John et al. 1987).

In den letzten 6 Monaten ...
0 = „kein Problem"
4 = „sehr großes Problem"

Wie viel Probleme hast du damit, ...
- Ärger zu bekommen?   0 1 2 3 4
- mit deiner Mutter klarzukommen?   0 1 2 3 4
- mit deinem Vater klarzukommen?   0 1 2 3 4
- dich unglücklich oder traurig zu fühlen?   0 1 2 3 4

Wie viel Probleme hast du
- mit deinem Verhalten in der Schule?   0 1 2 3 4
- damit, Spaß zu haben?   0 1 2 3 4
- damit, mit anderen Erwachsenen außer deinen Eltern klarzukommen?   0 1 2 3 4

Wie viel Probleme hast du damit, ...
- dich nervös oder ängstlich zu fühlen?   0 1 2 3 4
- mit deinen Geschwistern klarzukommen?   0 1 2 3 4
- mit anderen Kindern deines Alters klarzukommen?   0 1 2 3 4

Wie viel Probleme hast du ...
- mit deinem Verhalten in der Schule?   0 1 2 3 4
- damit, Spaß zu haben?   0 1 2 3 4
- damit, mit anderen Erwachsenen außer deinen Eltern klarzukommen?   0 1 2 3 4

Kasten 2.3 „Child Columbia Impairment Scale" (aus Bird/Gould 1995; deutsche Version: Bremer Jugendstudie 1999)

Tab. 2.5 Übersicht über die Methoden zur Erfassung von Depression

Methoden	Vorteile	Nachteile
Rating-Skalen	• schnell durchzuführen • kostengünstig hinsichtlich des Einsatzes von Fachkräften und Ausbildungsanforderungen	• für die meisten Skalen gibt es keine Cutoff-Scores • Schwierigkeiten, unbeobachtete Symptome zu berichten • geringe Übereinstimmung der unterschiedlichen Informanten
Selbstbeurteilungs-Fragebögen	• gute psychometrische Eigenschaften • leicht und kostengünstig durchzuführen • liefert direkte Information des Kindes	• Information beschränkt auf die Perspektive des Kindes
Direkte Beobachtung	• Erfassung des aktuellen Verhaltens • Erkennung von Umweltkontingenzen	• möglicherweise teuer • Einhaltung des Beobachtungsprotokolls manchmal problematisch • erfordert eigenes Kodierungssystem
Diagnostisches Interview	• Untersuchung der Reaktionen des Kindes • direkte Verhaltensbeobachtung • reduziert Informationsvarianz insbesondere bei hochstrukturierten diagnostischen Interviewschemata	• kann zeitaufwändig in der Durchführung sein • halbstrukturierte Interviews sollten von Klinikern durchgeführt werden • bei großer Stichprobe möglicherweise kostenintensiv • möglicherweise Informationsverlust aufgrund von Screening-Items einiger diagnostischer Interviews

2.8 Übungsfragen zum 2. Kapitel

15. Warum sind gute Erhebungsinstrumente wichtig?
16. Welche Entwicklung führte zur Einführung diagnostischer Interviews?
17. Welche Merkmale haben diagnostische Interviews?
18. Wie viele Arten strukturierter Interviews gibt es?
19. Was sind die Unterschiede zwischen hochstrukturierten und halbstrukturierten Interviews?
20. Welche Vor- und Nachteile haben hochstrukturierte Interviews?
21. Welche Faktoren sind bei der Wahl des Interviewschemas zu beachten?
22. Warum berichten Kinder und Jugendliche häufig anders über ihre Symptome als andere Informanten (z. B. Eltern)?
23. Wie soll man damit umgehen, wenn die einzelnen Informanten unterschiedliche Informationen liefern?
24. Was sind die Merkmale von Fragebögen?
25. Welche Vorteile haben Fragebögen bei der Erhebung depressiver Symptome?
26. Was ist bei der Auswahl der Selbstbeurteilungs-Fragebögen zur Erfassung von Depression zu berücksichtigen?
27. Warum ist die Beurteilung durch Bezugspersonen (z. B. Eltern und Lehrer) von Bedeutung?
28. Was sind die Unterschiede zwischen Verhaltensbeobachtung in analogen Settings und in der natürlichen Umgebung?
29. Was sind die Hauptaufzeichnungstechniken der Verhaltensbeobachtung?
30. Was sind die Vor- und Nachteile von Verhaltensbeobachtungen?
31. Warum ist eine Familienevaluation wichtig?
32. Warum es ist wichtig, psychosoziale Beeinträchtigung bei depressiven Kindern und Jugendlichen zu erfassen?
33. Welche anderen Konstrukte sollten erfasst werden und warum?

3 Epidemiologie

Epidemiologie lässt sich definieren als die Untersuchung der Häufigkeit einer Störung und ihrer Verteilung innerhalb unterschiedlicher Populationen (Lilienfeld/Lilienfeld 1980). Zwei Hauptaspekte der Epidemiologie schließen die Planung von Versorgungsleistungen und die wissenschaftliche Forschung ein. Der versorgungsbezogene Teil der Epidemiologie beschäftigt sich damit, die Bevölkerung vor Krankheiten zu schützen und Krankheiten und ihren Folgen vorzubeugen. Der wissenschaftliche Aspekt beschäftigt sich mit der Identifikation von Ursachen und Entwicklungsverläufen von Krankheiten.

Epidemiologische Untersuchungen

Epidemiologische Untersuchungen an Stichproben aus der Allgemeinbevölkerung zeichnen sich dadurch aus, dass ihre Ergebnisse eine höhere Generalisierbarkeit ermöglichen als Untersuchungen an klinischen Stichproben. Ergebnisse, die im Rahmen klinischer Studien gewonnen werden, sind aufgrund von Verzerrungen und Selektionseffekten, die sich aus der eingeschränkten Erfassung der Symptomatik und Chronizität von Störungen sowie unterschiedlichem Inanspruchnahmeverhalten ergeben, gewöhnlich nicht repräsentativ für Kinder und Jugendliche mit Depression (Essau et al. 1998a, b; Wittchen/Essau 1993a, b). Darüber hinaus hängt das Inanspruchnahmeverhalten von Kindern und Jugendlichen z. T. von bestimmten Merkmalen ihrer Eltern ab (Mash/Dozois 1996). Die Wichtigkeit epidemiologischer Studien an der Allgemeinbevölkerung wird im Weiteren durch die Tatsache unterstrichen, dass die meisten Kinder aus der Allgemeinbevölkerung mit Depression keine angemessene Unterstützung erhalten (McGee et al. 1995; Offord et al. 1992).

In den letzten Jahren wurde eine Vielzahl epidemiologischer Studien an Kindern und Jugendlichen durchgeführt, in denen mit Hilfe standardisierter Interviews und verfeinerter Techniken der Stichprobenzusammenstellung Diagnosen nach DSM-III oder DSM-III-R ermittelt wurden (Tab. 3.1).

3.1 Häufigkeiten von Depression

Über Depression bei Vorschulkindern ist wenig bekannt. Einer klassischen Studie von Kashani und Mitarbeitern (1987) zufolge ist Depression in dieser Altersgruppe selten und tritt bei weniger als 1 % auf. Bei Grundschulkindern wurden Prävalenzraten von Major Depression zwischen 1 und 5 % gefunden (Anderson/McGee 1994; Fleming/Offord 1990; Kashani et al. 1987). Die Depressionsraten bei Jugendlichen liegen mit bis zu 18 % beträchtlich höher (Lewinsohn et al. 1993). In der Bremer Jugendstudie (Essau 2000) berichten 17.9 % aller Jugendlichen, schon einmal in ihrem Leben an einer depressiven Störung erkrankt zu sein. Die Vergleichbarkeit dieser Lebenszeit-Prävalenzen mit denen Erwachsener (Kessler et al. 1994) legt nahe, dass Depression bei Erwachsenen häufig in der Jugend beginnt (Tab. 3.2).

Prävalenzraten

Diese Studien bestätigen die Tendenz einer Zunahme von Depression bei Jugendlichen. Wie aus zahlreichen Studien hervorgeht, sind sowohl Inzidenz als auch Prävalenz von Depression angestiegen, das Alter bei Störungsbeginn nahm immer mehr ab. Starke Anhaltspunkte dafür wurden in den Jahrgängen nach dem Zweiten Weltkrieg gefunden. Wickramaratne und Mitarbeiter (1989) zeigten anhand einer Teilstichprobe des „Epidemiologic Catchment Area Program" (ECA) erhöhte Raten von Major Depression für die Jahrgänge nach 1935. Auch die Daten der „Cross National Collaborative Group" (1992) zeigten eine Zunahme der Lebenszeithäufigkeiten von Major Depression aller jüngeren Geburtsjahrgänge in Nordamerika, Westeuropa, dem Mittleren Osten, Asien und Neuseeland (Kasten 3.1).

Fombonnes Überblicksartikel (1995) zufolge haben sich einige Faktoren herauskristallisiert, die möglicherweise mit dem Anstieg der Prävalenzraten von Depression bei Jugendlichen zusammenhängen:

Genetische Faktoren. Die Rolle, die genetische Faktoren für Depression im Kindes- und Jugendalter möglicherweise spielen, wurde in verschiedenen Familienstudien untersucht. Diesen Studien zufolge ist eine familiäre Häufung von depressiven Störungen ein starker Prädiktor für depressive Erkrankungen, der eine genetische Komponente für einige depressive Störungen (z.B. Bipolare Störungen) annehmen lässt. Wie in Kapitel 8 diskutiert, haben Familienstudien ebenfalls gezeigt, dass Kinder, deren Eltern depressiv sind, höhere Raten psychischer Störungen aufweisen als die der Kontrollgruppe, und dass Depressionen tendenziell früher einsetzen. Neueste Studien belegen nicht nur, dass Depression mit anderen Störungen hoch komorbid auftritt,

Familienstudien

48 Merkmale der Depression

Tab. 3.1 Ausgewählte epidemiologische Studien bei Kindern und Jugendlichen

Untersuchungen	Instrumente*	Beschreibung der Studie
USA		
Bird et al. (1988)	DISC „Diagnostic Interview Schedule"**	Jeweils 1 Kind pro Haushalt im Alter von 4–16 Jahren aus Haushalten in Puerto Rico.
Whitaker et al. (1990)	klinisches Interview	5.108 Jugendliche im Alter von 14–17 Jahren aus 8 Schulen des Bezirks New Jersey, USA.
Cohen et al. (1993)	DISC	975 Kinder im Alter von 1–10 Jahren, ursprünglich 1975 zusammengestellt, entstammten dem Upstate New York County; Folgeuntersuchungen der Kinder und Jugendlichen im Alter von 9–18 und 11–20 Jahren.
Reinherz et al. (1993a, b)	DIS-III-R	385 Kindergarten-Neuzugänge des Jahres 1977 in einer Gemeinde des Nordostens der USA; Untersuchung der Kinder und Jugendlichen im Alter von 5, 9, 15 und 18 Jahren.
Lewinsohn et al. (1994)	K-SADS „Schedule for Affective Disorders and Schizophrenia for School-age Children"	1.710 Schüler aus 3 Kohorten (1987, 1988, 1989) mit Durchschnittsalter von 16.6 Jahren; aus verschiedenen Schulen aus West Central Oregon, USA.
Lahey et al. (1996)	DISC	Die Stichprobe besteht aus 1.285 Elternpaaren und Jugendlichen im Alter von 9–17 Jahren, die in 4 Regionen der USA ausgewählt wurden: Columbia, Emory, Puerto Rico und Yale.
Kanada		
Boyle et al. (1993)	DICA-R „Diagnostic Interview for Children and Adolescents-Revised"	2.317 Schüler im Alter von 6–16 Jahren aus Schulen in Ontario, Kanada.
Neuseeland		
Anderson et al. (1987); McGee et al. (1992)	DISC	Geburtskohorte aus Dunedin, Neuseeland; Untersuchung der Kinder und Jugendlichen im Alter von 3, 5, 7, 9, 11, 13, 15, 18, 21 Jahren.
Fergusson et al. (1993)	DISC	1.265 Kinder einer Geburtskohorte aus der Region Christchurch; Untersuchung nach der Geburt, im Alter von 4 Monaten, 1 Jahr und im Weiteren bis zum 15. Lebensjahr in jährlichen Intervallen.

Untersuchungen	Instrumente*	Beschreibung der Studie
England Cooper/ Goodyer (1993)	DISC	1.060 Mädchen im Alter von 11–16 Jahren aus 3 Schulen im County of Cambridgeshire, England.
Holland Verhulst et al. (1997)	DISC	312 Jugendliche der holländischen Allgemeinbevölkerung im Alter von 13–18 Jahren und ihre Eltern nahmen an der Untersuchung teil.
Spanien Canals et al. (1997)	SCAN „Schedule for Clinical Assessment in Neuropsychiatry"	290 Jugendliche wurden im Alter von 10–11 Jahren rekrutiert und mit 18 Jahren erneut untersucht. Die Jugendlichen besuchten weiterführende Schulen in Spanien.
Deutschland Wittchen et al. (1998)	CAPI „Composite International Diagnostic Interview" (computerisierte Version der Münchner Fassung)	Die Stichprobe der „Early Developmental Stage of Psychopathology Study" (EDSP) im Alter von 14–24 Jahren wurde mit Hilfe der Daten des Münchener Einwohnermeldeamtes rekrutiert, indem alle registrierten Personen, die im 1. Halbjahr des Jahres 1995 zwischen 14 und 24 Jahre alt waren, kontaktiert wurden.
Essau (2000)	CAPI	Die Teilnehmer der Bremer Jugendstudie im Alter von 12–17 Jahren wurden an 36 Bremer Schulen per Zufallsauswahl rekrutiert. Für die Analyse der 1. Erhebung konnten die Daten von 1.035 Jugendlichen herangezogen werden, bei der 2. Erhebung waren es 523.

Anmerkungen:
* Verwendete Interviewverfahren (neben zahlreichen Screening-Instrumenten und Instrumenten zur Erfassung unterschiedlichster Korrelate, die hier nicht angeführt werden);
** z. T. modifiziert oder ergänzt um einzelne Items oder in der Version für Erwachsene (DIS-III-R)

sondern auch, dass depressive Personen dazu neigen, sich Partner mit der gleichen Störung zu suchen („assortative mating"). Fombonne (1995) nimmt ebenfalls an, dass die starken Veränderungen der Prävalenz von Depression wahrscheinlich auf „weniger genetisch determinierte" Formen depressiver Störungen zutreffen.

Pubertät

Pubertäre Entwicklung. Die Zeit der Pubertät kann als Periode rapider und dramatischer Veränderungen gesehen werden (Brooks-Gunn/Petersen 1991). Große Veränderungen im psychologischen und sozialen Kontext der Adoleszenten finden zur gleichen Zeit wie die biologischen Veränderungen statt (Kasten 3.2). Der Beginn der Pubertät wird als potenziell wichtiger Faktor für die Entstehung der Depression gesehen. In dieser Hinsicht sollte auch beachtet werden, dass sich der Pubertätsbeginn auf einen früheren Zeitpunkt hin verschoben hat (durchschnittlich drei Jahre früher) – verglichen mit dem vergangenen Jahrhundert. Interessant ist, dass der frühere Beginn der Pubertät parallel zum Anstieg der Depressionsraten auftritt. Die Tatsache, dass sich Jungen und Mädchen hinsichtlich des Zeitpunktes und der Ausprägung der Pubertät unterscheiden, und dass unterschiedliche Muster für die Entstehung von Depression vorliegen, lässt auf einen Kausalzusammenhang zwischen Depression und Pubertät schließen.

In der Tat wird diese Annahme durch die hohe Anzahl depressiver Mädchen in der Adoleszenz unterstützt. Beispielsweise zeigte sich in der Studie von Garber et al. (1997), dass bei früh und spät pubertierenden Mädchen signifikant häufiger eine Major Depression auftrat als bei Mädchen mit normalem Pubertätsbeginn. Bei Jungen war die Rate von Major Depression unabhängig vom Beginn der Pubertät, jedoch zeigten sich bei früher bzw. später körperlicher Reife andere Probleme (z.B. emotionale Abhängigkeit von anderen). In der „Great Smoky Mountain"-Studie war bei den Mädchen eine Zunahme von Depression nach dem Alter von zwölf Jahren zu verzeichnen, wohingegen bei den Jungen die Depressionsraten nach dem Alter von neun Jahren zurückgingen (Angold et al. 1998). Die Ergebnisse von Angold und Mitarbeitern zeigten, dass sich anhand des Pubertätsstatus die Häufung von Depression bei Mädchen besser vorhersagen lässt als anhand des Alters. Das heißt, Mädchen werden nach Eintritt in die Pubertätsmitte (Tanner-Stadium und mehr) mit größerer Wahrscheinlichkeit depressiv als Jungen. Im Gegensatz dazu sind die Depressionsraten der Jungen vor dem Tanner-Stadium III höher als die der Mädchen.

Tab. 3.2 Prävalenzraten (%) von Major Depression bei Kindern und Jugendlichen

Autoren (Jahre)	Alter (Jahre)	Diagnost. Instrument (Diagnost. Kriterien)	Major Depression		
			Lebenszeit-Prävalenzraten	1-Jahres-Prävalenzraten	6-Monats-Prävalenzraten/Punktprävalenz
Deykin et al. (1987)	16–19	DIS (DSM-III)	6.8	–	–
Kashani et al. (1987)	14–16	DICA (DSM-III)	–	–	4.7
McGee/Williams (1988)	15	DISC (DSM-III)	1.9	–	1.2
Velez et al. (1989)	13–18	DISC (DSM-III-R)	–	–	3.7
Fleming et al. (1989)	12–16	SDI (DSM-III)	–	–	9.8
Whitaker et al. (1990)	14–17	klinisches Interview (DSM-III)	4.0	–	–
Lewinsohn et al. (1993)	14–18	K-SADS-E (DSM-III-R)	18.4	–	2.9
Reinherz et al. (1993a)	18	DIS-III-R (DSM-III-R)	9.4	–	6.0
Fergusson et al. (1993)	15	DISC (DSM-III-R)	–	4.2	0.7
Cooper/Goodyer (1993)	11–16	DISC (DSM-III-R)	–	6.0	3.6
Feehan et al. (1994)	18	DIS-III-R (DSM-III-R)	–	16.7	–
Verhulst et al. (1997)	13–18	DISC (DSM-III-R)	–	–	3.6
Canals et al. (1997)	18	SCAN (DSM-III-R)	–	–	2.4
Wittchen et al. (1998)	14–24	CAPI (DSM-IV)	9.3* 2.5+	3.6* 1.7+	–
Steinhausen et al. (1998)	7–16	DISC	–	–	0.7
Essau (2000)	12–17	CAPI (DSM-IV)	17.9	–	–

Anmerkungen:
– = nicht angegeben; * = einzelne Episode; + = rezidivierende Episode.

Merkmale der Depression

Das Ziel der „Cross-National Collaborative Group" war es, die zeitlichen Trends (d. h. die Schwankungen der Raten während der untersuchten Zeitspanne) in neun epidemiologischen Studien und drei Familienstudien zu untersuchen, die in den 80er Jahren unabhängig voneinander in Nordamerika, Westeuropa, dem Mittleren Osten, Asien und Neuseeland durchgeführt worden waren. Die Daten aus neun Studien der Allgemeinbevölkerung umfassten Material von 39.000 Erwachsenen aus definierten Gebieten. Alle Studien wurden mit ähnlichem methodischen Vorgehen durchgeführt. Es wurden überall diagnostische Interviewschemata verwendet, um nach dem DSM-III psychische Störungen zu diagnostizieren. Die Daten der drei Familienstudien wurden mittels Befragung von 4.000 Verwandten ersten Grades von Probanden mit Major Depression und/oder anderen affektiven Störungen erhoben. Diese Angehörigen wurden mittels des „Schedule for Affective Disorders and Schizophrenia" direkt interviewt.

Tabellen: Epidemiologische und Familienstudien in der „Cross-National Collaborative Group" (1992)

Ort / Epidemiologische Studien	Jahr(e) der Durchführung	Stichprobengröße	Alter (Jahre)
ECA, USA (Robins et al. 1991)	1980–1984	18.244	≥ 18
Edmonton, Kanada (Bland et al. 1988)	1983–1986	3.258	≥ 18
Puerto Rico (Canino et al. 1987)	1984	1.551	17–64
München, Deutschland (Wittchen et al. 1992)	1974, 1981	480	25–64
Florenz, Italien (Faravelli et al. 1990)	1984	1.000	≥ 15
Paris, Frankreich (Lepine et al. 1989)	1987–1988	1.716	18–85
Beirut, Libanon (Karam et al. 1991)	1988–1989	521	≥ 18
Christchurch, Neuseeland (Wells et al. 1989)	1986	1.419	18–64
Taiwan (Hwu et al. 1989)	1982–1984	10.880	≥ 18

Häufigkeiten von Depression 53

Familienstudien	Jahr(e) der Durchführung	Stichprobengröße	Alter (Jahre)
National Institute of Mental Health Collaborative Study (Katz/Klerman 1979)	1978–1982	2.238	≥ 18
Yale Family Studies (Weissman et al. 1982)	1977–1980	810	≥ 18
Mainz Family Study (Maier et al. 1991)	1987–1989	1.153	≥ 17

Für die Analyse wurden sieben Geburtskohorten definiert: vor 1905, 1905–1914, 1915–1924, 1925–1934, 1935–1944, 1945–1954, 1955 oder später. Die Ergebnisse zeigten eine Zunahme der kumulativen Lebenszeit-Raten der Major Depression, je jünger die Geburtskohorten waren, und zwar an allen Orten der Erhebung.

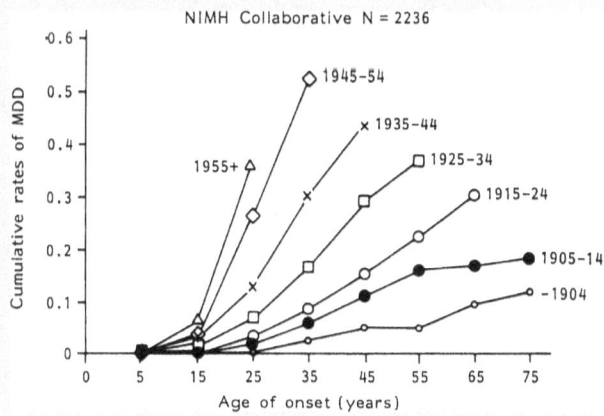

Abbildung: Kumulative Lebenszeit-Raten der Major Depression bei sieben Geburtskohorten in den USA („Cross-National Collaborative Group", 1992, 3102)

Kasten 3.1 Beschreibung der „Cross-National Collaborative Group" (1992)

54   Merkmale der Depression

familiäre Situation

Familienleben. Hinsichtlich der familiären Situation Jugendlicher haben in den Jahrzehnten nach dem Zweiten Weltkrieg bemerkenswerte Veränderungen stattgefunden. Bis heute war die familiäre Situation Jugendlicher stetem Wandel unterworfen, der möglicherweise zusammen mit den Entwicklungsprozessen Einfluss auf den psychischen Gesundheitszustand der Jugendlichen hat. Die Adoleszenz ist eine Periode, in der sich familiäre Beziehungen verändern: Die Eltern-Kind-Beziehung wird normalerweise als konfliktvoller und distanzierter beschrieben; die Zeit, die mit der Familie verbracht wird, nimmt in der Adoleszenz ebenfalls ab. Des Weiteren ist die Adoleszenz eine Periode, in der strukturelle Veränderungen in der Familie mit größerer Häufigkeit auftreten, wie z. B. Scheidung der Eltern. Als Folge einer Häufung dieser Veränderungen sind Kinder und Jugendliche vermehrt und früher schwierigen Anforderungen ausgesetzt als in den letzten Jahrzehnten. Möglicherweise können diese Veränderungen in der Familiensituation (z. B. familiäre Konflikte, eheliche Streitigkeiten, gestörte Familienbeziehungen, allein erziehende Elternteile und ein Mangel an elterlicher Unterstützung und Anteilnahme) eine Rolle bei der Entwicklung und dem Fortbestehen depressiver Störungen bei Jugendlichen spielen.

Kasten 3.2
Entwicklungsmuster
im Jugendalter

Bereiche	Entwicklungsmerkmale
Biologische Veränderungen	Veränderung der Körpergröße; früherer Beginn bei Mädchen (1–2 Jahre) als bei Jungen; Entwicklung sekundärer Geschlechtsmerkmale und Menarche.
Kognitive Entwicklung	Gesteigerte Fähigkeit zu abstraktem und konkretem Denken.
Entwicklung in sozialen Beziehungen	Oft als konfliktvoll beschrieben; weniger Beaufsichtigung von Aktivitäten der Jugendlichen.
Beziehungen zu Gleichaltrigen	Jugendliche verbringen mehr Zeit mit Gleichaltrigen, ohne direkte Beaufsichtigung der Eltern; intimere Beziehungen zu Gleichaltrigen als früher und ein häufigerer gegenseitiger Austausch von Gedanken und Gefühlen sowie häufige gemeinsame Aktivitäten; sexuelle Beziehungen und Partnerbeziehungen.
Entwicklungsübergänge	Liebesbeziehungen, Hochzeit und die Geburt eines Kindes; Schullaufbahn und weitere Bildungswege; Beginn eines Arbeitsverhältnisses.

Schulische Faktoren. Der Übergang von der Grundschule zur weiterführenden Schule ist ein wichtiger Schritt, der einen Schwerpunkt auf die Bewertung und den Vergleich zwischen Schülern legt. Dies geschieht in Bezug auf ansteigende Notenstandards und Veränderungen in den sozialen Netzwerken der Kinder. Die Anforderungen des Schulsystems steigen tendenziell in der Adoleszenz an, genauso wie das Bildungsniveau mit der Entwicklung der Schüler zunimmt.

Belastende Ereignisse. Veränderungen in den Lebensmustern Jugendlicher lassen die Schlussfolgerung zu, dass beides – negative Ereignisse (z.b. Scheidung der Eltern) und chronische Bedingungen (z.b. Anstieg der Bildungsanforderungen) – häufiger geworden sind, wohingegen emotionale und soziale Unterstützung abgenommen haben. Da Adoleszente ohnehin schon zahlreichen Veränderungen begegnen müssen, wirken sich belastende Ereignisse zusätzlich auf das psychische Wohlbefinden aus. Wie in Kapitel 10 beschrieben, wurden zahlreiche Lebensereignisse im Zusammenhang mit Depression gefunden. Mädchen berichteten von mehr negativen Lebensereignissen und waren davon auch häufiger beeinträchtigt als Jungen. Diese Geschlechtsunterschiede lassen sich möglicherweise durch die Anwendung unterschiedlicher Bewältigungsstrategien erklären. Wie Nolen-Hoeksema et al. (1991) berichteten, tendieren Mädchen im Vergleich zu Jungen eher dazu, auf Lebensereignisse grüblerisch zu reagieren.

Arbeitslosigkeit. Die Arbeitslosenraten sind bei Erwachsenen wie auch bei Jugendlichen ziemlich hoch. Arbeitslosigkeit kann zu Depressionen führen. Durch die fehlende Identifikation mit der Arbeit nehmen das Selbstbewusstsein, soziale Netzwerke und der Einsatz von Fähigkeiten ab. Die Arbeitslosigkeit eines Elternteils kann das psychische Wohlbefinden von Jugendlichen beeinflussen, was sich fast immer in ökonomischen Problemen und elterlichem Stress äußert.

3.2 Depression und Geschlecht

Während bei Kindern keine signifikanten Geschlechtsunterschiede berichtet werden (Anderson et al. 1987; Fleming et al. 1989), ist in Studien mit Jugendlichen von zwei- bis dreimal höheren Depressionsraten bei Mädchen als bei Jungen die Rede (Cohen et al. 1993; Essau 2000; Lewinsohn et al. 1993; McGee et al. 1992; Reinherz et al. 1993a). Dieses Verhältnis 2 bis 3:1 ist vergleichbar mit dem, das in Stichpro-

Geschlechtsunterschiede

ben von Erwachsenen gefunden wurde. Das Verhältnis der Depressionsraten von Mädchen und Jungen verändert sich gewöhnlich um die Pubertät herum (Cohen et al. 1993; Essau 2000; Harrington et al. 1990; Petersen et al. 1991). In der Dunedin Studie (McGee et al. 1992), der New York Studie (Cohen et al. 1993) und der „Great Smoky Mountain"-Studie (Angold et al. 1998) zeigten sich bis zum Alter von 13 Jahren bei Mädchen keine höheren Depressionsraten als bei Jungen. In der Bremer Jugendstudie (Essau 2000) wurden nach dem Alter von 14 Jahren signifikante Geschlechtsunterschiede deutlich. In einer großen klinischen Population fanden Angold und Rutter (1992) einen höheren Anteil von Mädchen mit depressiven Störungen sogar in früherem Alter, mit ungefähr zehn Jahren.

Bei weiblichen Jugendlichen liegt nicht nur die Prävalenzrate der Major Depression höher als bei Jungen, sie erleben in der Regel auch schwerere depressive Episoden (Reinherz et al. 1993a). Ungefähr drei Viertel der Mädchen mit Major Depression hatten entweder mittelschwere oder schwere depressive Episoden. Bei den Jungen hatte nur ein Drittel der depressiven Fälle eine mittelschwere Depression, und niemand hatte eine schwere Episode (Reinherz et al. 1993a).

Die meisten Autoren betrachten diesen Geschlechtsunterschied im Jugendalter eher als einen echten Unterschied und nicht als Artefakt, das sich aus unterschiedlichen Arten der Beantwortung von Fragen (z.B. unterschiedliche Offenheit) ergibt (Nolen-Hoeksema 1991). Die Erklärungen für diesen Geschlechtsunterschied schließen divergierende Sozialisationspraktiken in Bezug auf Macht und Kontrolle, Gefühlsmanagement und Geschlechtsrollenorientierung (Petersen et al. 1991) mit ein. Eine weitere Erklärung ist, dass Mädchen in der frühen Jugend mehr Herausforderungen zu bewältigen haben als Jungen und dass sie von ungünstigen Lebensereignissen wie z.B. der Scheidung der Eltern mehr betroffen sind (Peterson et al. 1991). Andere Ergebnisse (Aro 1994) legen nahe, dass die Copingstrategien von Mädchen verglichen mit den Copingstrategien von Jungen weniger effektiv und stärker dysfunktional sind. Auch Nolen-Hoeksema und Girgus (1994) zufolge wirkt sich grüblerisches Copingverhalten der Mädchen in der Adoleszenz nachteilig aus, wenn sie mit stärker belastenden, rollenspezifischen Herausforderungen als Jungen konfrontiert sind.

Cyranowski et al. (2000) stellten ein Modell zur Erklärung von Geschlechtsunterschieden bei Depression vor. Zuerst beschrieben sie die sozialen und hormonellen Mechanismen, bei Mädchen in der Pubertät, die das Bedürfnis nach Nähe beeinflussen (d. h. Bevorzugung von enger emotionaler Kommunikation, Nähe und aufeinander Eingehen in zwischenmenschlichen Beziehungen). Dieses verstärkte Bedürfnis nach Nähe könnte mit Schwierigkeiten beim Übergang in die Adoleszenz so zusammenwirken, dass eine depressionsbegünstigende Diathese entsteht, wenn Mädchen mit erhöhtem Risiko für Depression die Pubertät erreichen. Wie das geschieht, wird in dem Modell dargestellt (s. Abb.).

a) Geschlechtsspezifische Unterschiede im Hinblick auf Nähe in Beziehungen: Nach Cyranowski et al. (2000) zeigen Mädchen in ihren sozialen Beziehungen ein starkes Nähebedürfnis (d. h. sie bevorzugen enge emotionale Kommunikation, Vertrautheit und enges Aufeinandereingehen in zwischenmenschlichen Beziehungen). Dies ist darauf zurückzuführen, dass Mädchen dahin gehend sozialisiert werden, sich auf nahe, durch Vertrauen geprägte Beziehungen zu konzentrieren und daher ein Gefühl für sich selbst in Verbindung mit anderen entwickeln. Die Sozialisation von Jungen hingegen zielt mehr auf die Entwicklung persönlicher Autonomie und Durchsetzungsfähigkeiten.

b) Unsichere Elternbindung: Die wahrgenommene Bindung an die Eltern dämpft allgemein die negativen Auswirkungen von übergangsbedingten Belastungen (Arms-

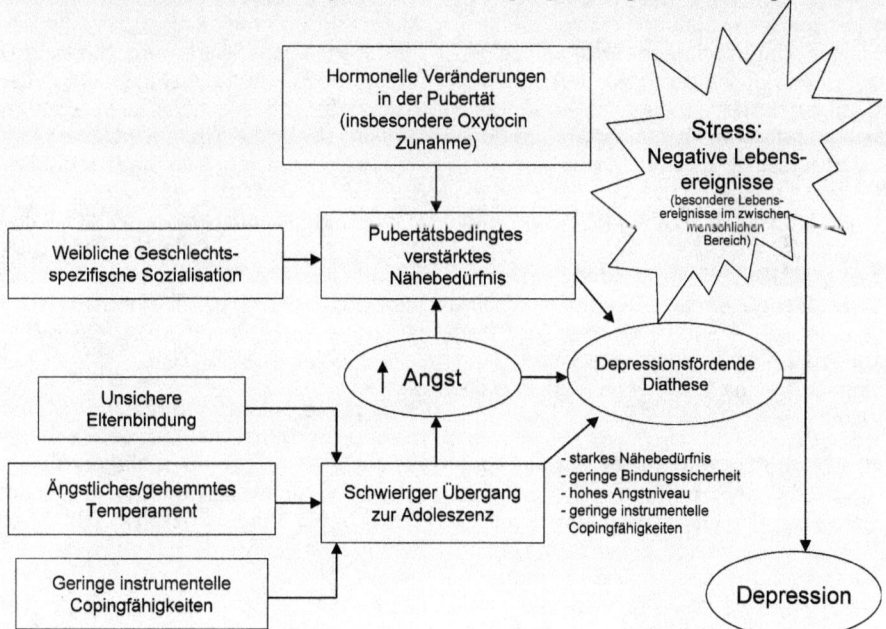

Abb.: Modell zur Erklärung von Geschlechtsunterschieden bei Depression (nach Cyranowski et al. 2000)

den/Greenberg 1987). Bei Mädchen mit sicherer Bindung an die Eltern wird durch die Beziehung zu den Eltern das Bedürfnis nach Nähe während des Übergangs in die Pubertät erfüllt und die Auswirkungen negativer Lebensereignisse gedämpft. Im Gegensatz dazu nehmen Mädchen mit unsicherer Elternbindung möglicherweise verfrüht Liebesbeziehungen mit Gleichaltrigen auf (Nada Raja et al. 1992). Eine solche Bindung kann gleichermaßen intensiv wie instabil sein und wird angesichts von Lebensbelastungen weniger verlässliche emotionale Unterstützung bieten.

c) Ängstliches oder gehemmtes Temperament: Individuelle Unterschiede in der Fähigkeit, soziale Beziehungen aufzunehmen, sind möglicherweise z. T. auf genetisch oder biologisch bedingte, das Temperament betreffende Veranlagungen zurückzuführen. Einigen Untersuchungen zufolge zeigen manche Kinder mit erhöhtem Risiko die Tendenz zu starken emotionalen Reaktionen und ängstlichem, gehemmtem Temperament (Kagan et al. 1994). Solche Kinder haben ein erhöhtes Risiko für die Entwicklung eines unsicheren Bindungsstils sowie für Angststörungen im späteren Leben (Hirschfeld et al. 1992). Daher verstärkt ein ängstliches oder gehemmtes Temperamentsprofil eventuell die Empfänglichkeit für Belastungen und behindert die Entwicklung unterstützender zwischenmenschlicher Beziehungen.

d) Geringe instrumentelle Copingfähigkeiten: Da Mädchen dahin gehend sozialisiert sind, sich auf zwischenmenschliche Nähe zu konzentrieren, haben sie möglicherweise weniger Erfahrung beim Einsatz unabhängiger instrumenteller Copingfähigkeiten. In einer Studie von Nolen-Hoeksema und Girgus (1994) konnte gezeigt werden, dass Mädchen weniger Merkmale von Durchsetzungsfähigkeit als Jungen aufweisen. Bei Belastungen neigten Mädchen ebenfalls mehr zu grüblerischem Copingverhalten, wohingegen Jungen eher die Tendenz zeigen, aktiv zu werden oder sich abzulenken. Sowohl geringe Durchsetzungsfähigkeit als auch grüblerisches Copingverhalten sind mit einem erhöhten Grad subjektiver Belastung und Depression verbunden.

e) Depressionsfördernde Diathese: Nolen-Hoeksema und Girgus stellten dar, dass der Zeitpunkt der Pubertät, also des Übergangs in die Adoleszenz mit einer biologisch und sozial vermittelten Steigerung des Nähebedürfnisses bei heranwachsenden Mädchen zusammenfällt. Bei Mädchen mit erhöhtem Risiko können Gefühle von Bedrohung und Angst zu einer größeren Konzentration auf zwischenmenschliche Nähe führen. Daher weisen sie eventuell ein großes Nähebedürfnis auf, ebenso wie ein erhöhtes Angstniveau. Sie haben das Gefühl, nicht in der Lage zu sein, Belastungen bewältigen zu können. Durch das Zusammenwirken dieser Faktoren entsteht eine Diathese für Depression bei Vorliegen negativer Lebensereignisse, insbesondere wenn es sich dabei um zwischenmenschliche Konflikte oder Verluste handelt. Weiterhin wurde argumentiert, dass Jungen mit erhöhtem Risiko möglicherweise für andere Arten psychischer Probleme anfällig sind.

f) Negative Lebensereignisse: Mädchen berichten nicht nur mehr negative Lebensereignisse als Jungen, sie fühlten sich auch stärker dadurch belastet (Compas et al. 1988). In der Studie von Ge et al. (1995) berichteten Jungen vor der Pubertät mehr negative Lebensereignisse und Symptome von Depression als Mädchen. Jedoch kehrte sich das Verhältnis um, sobald die Jugendlichen das Alter von 13 Jahren erreichten. Das heißt, ab dem Alter von 13 Jahren berichteten Mädchen signifikant mehr negative Lebensereignisse und Symptome von Depression als Jungen. Eine weitere Analyse zeigte, dass die depressive Stimmung der Mädchen ab dem Alter von 13 Jahren signifikant mit Veränderungen der Anzahl von erlebten Belastungen zusammenhing. Bei den Jungen beeinflusste die Veränderung der Anzahl der Stressoren ihre depressive Stimmung nicht.

Kasten 3.3 Interaktion verschiedener biologischer und psychosozialer Faktoren zur Erklärung von Geschlechtsunterschieden bei Depression

3.3 Depression und Alter

Aus klinischen und epidemiologischen Studien geht hervor, dass die Prävalenzraten der Major Depression mit dem Alter zunehmen (Essau 2000; Fleming et al. 1989; Harrington et al. 1990; Kashani et al. 1989). So ergaben z.B. erneute Interviews mit Jugendlichen von 14 Jahren, die zum ersten Befragungszeitpunkt zehn Jahre alt waren, im Rahmen der Isle of Wright Studie einen zehnfachen Anstieg der Depressionsraten (Rutter 1986). Wittchen und Mitarbeiter (1998) fanden ebenfalls in den höheren Altersgruppen signifikant höhere Depressionsraten als in den niedrigeren Altersgruppen. Bei getrennter Analyse von Jungen und Mädchen zeigen sich nach dem Alter von 14 Jahren signifikante Geschlechtsunterschiede (Essau 2000; Essau et al. 2000b). Bei der Major Depression war mit dem Alter bei Mädchen ein konstanter Anstieg zu verzeichnen, wohingegen bei Jungen kein klarer Trend erkennbar war (Abb. 3.1). Eine Analyse der Subtypen depressiver Störungen zeigte, dass die Major Depression in den höheren Altersgruppen zunimmt, nicht aber die Dysthyme Störung.

Altersgruppen

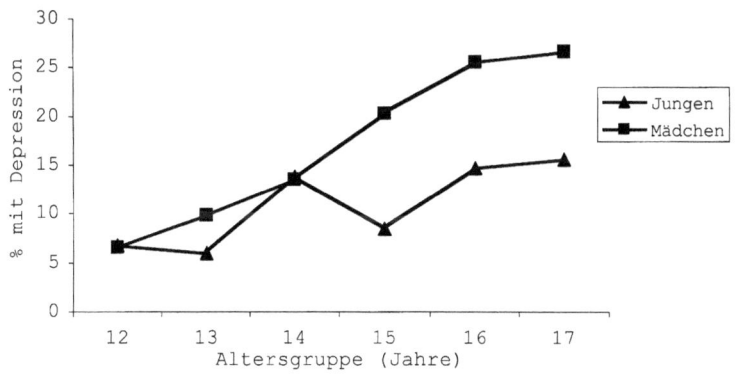

Abb. 3.1: Depressive Störungen nach Alter und Geschlecht (Essau 2000)

Depressions-
symptome

Auch in früheren Studien zeigten sich in den verschiedenen Altersgruppen unterschiedliche Symptome von Depression (s. Übersichtsarbeit: Essau/Petermann 1997b; Lewinsohn/Essau, in Druck). Verglichen mit den depressiven Fällen der anderen Altersgruppen berichteten die elf- bis zwölfjährigen Mädchen mehr Hoffnungslosigkeit, die 13- bis 14-jährigen Mädchen mehr Gewichtsverlust und Schuldgefühle, und die 15- bis 16-jährigen Mädchen mehr Reizbarkeit und Unruhe (Goodyer/Cooper 1993). Andere Autoren berichten über eine depressive Erscheinung, somatische Beschwerden und psychomotorische Unruhe als bei Kindern vorherrschend, wohingegen die am weitesten verbreiteten depressiven Symptome bei Jugendlichen Niedergeschlagenheit, Hoffnungslosigkeit und Gewichtsveränderungen sind (Carlson/Kashani 1988). Essau et al. (1996) berichten, dass die Depressionssymptome „übermüdet" und „niedergedrückte Stimmung" mit dem Alter zunahmen, während „willentliche Selbstverletzung oder Suizidversuch" und „Gefühle von Wertlosigkeit oder Unterlegenheit" mit dem Alter abnahmen. Ihre Daten zeigen auch eine Zunahme von Selbstmordgedanken bei steigendem Alter der Mädchen, aber nicht bei Jungen. Bei den Jungen wurde die höchste Rate suizidaler Vorstellungen und Suizidversuche in der jüngsten Gruppe festgestellt. In der Bremer Jugendstudie nahmen alle Symptome von Depression signifikant mit dem Alter zu, bis auf Schlafstörungen und psychomotorische Unruhe oder Hemmung (Essau 2000). Der größte Anstieg wurde bei depressiver Stimmung und Gewichtsverlust oder Gewichtszunahme gefunden (Tab. 3.3).

Die Unterschiedlichkeit der Symptome in den verschiedenen Altersgruppen spiegelt die Heterogenität der Depression wider. Wie von verschiedenen Autoren (Gotlib/Sommerfeld 1999) bemerkt wurde, trägt der Grad kognitiver Reife und des Verständnisses von Emotionen zur Heterogenität von Depression bei, da manche Symptome erst möglich werden, nachdem ein bestimmter Entwicklungsstand erreicht wurde. Die altersspezifischen Unterschiede der depressiven Symptomatik stimmen mit den allgemeinen Unterschieden überein, mit denen Kinder unterschiedlichen Alters Emotionen und Affekte konzeptualisieren und bemerken. Sechsjährige Kinder tendieren z.B. bei allgemeinen Fragen über Emotionen dazu, die offensichtlichen, beobachtbaren Komponenten von Emotionen zu erwähnen, während ältere Kinder (elf- und 15-jährige) auch die mentalen und internalen Aspekte von Emotionen berücksichtigen (Harris et al. 1981). Das Verständnis dieser altersspezifischen Unterschiede bei der Darstellung depressiver Symptome ist für unsere Fähigkeit, diese Störung zu bemerken und zu

Tab. 3.3 Häufigkeiten (%) depressiver Symptome nach Altersgruppen (nach Essau et al. 1998b)

Symptome	Altersgruppen[1]		
	12–13 (N = 380)	14–15 (N = 350)	16–17 (N = 305)
Niedergedrückte Stimmung	27.1	36.9	42.6**
Vermindertes Interesse	11.3	20.0	22.6***
Gewichtsverlust oder Gewichtszunahme	8.2	20.6	22.0***
Schlaflosigkeit oder übermäßiges Schlafbedürfnis	25.3	29.2	32.1
Psychomotorische Unruhe oder Hemmung	8.9	13.7	11.1
Müdigkeit oder Energieverlust	11.3	21.8	21.6**
Wertlosigkeitsgefühle	17.4	22.6	25.6*
Verminderte Denk- oder Konzentrationsfähigkeit	22.9	34.0	42.6***
Wiederholte Todesgedanken, Suizidversuch, Suizidplan	17.1	26.3	27.5**

Anmerkungen: [1] Statistischer Vergleich Altersgruppe (X^2-Test); * $p < 0.05$; ** $p < 0.01$; *** $p < 0.001$

diagnostizieren, von entscheidender Bedeutung; darüber hinaus ist die genaue Erkennung von Depression außerordentlich wichtig für Behandlung und Prävention.

3.4 Depression und Pubertät

Zahlreiche Studien haben die Beziehung zwischen Pubertätsbeginn und der Prävalenz von Depression untersucht. Dieser Zusammenhang wurde zuerst von Angold et al. (1998) direkt untersucht. Bei der Analyse der Daten der „Great Smoky Mountain"-Studie zeigten sich Geschlechtsunterschiede, nachdem die Mitte der Pubertät (Tanner-Stadium III und darüber) überschritten war (Angold et al. 1998). Das heißt, nach der Mitte der Pubertät stieg die Wahrscheinlichkeit bei Mädchen an, Depressionen zu entwickeln. Im Gegensatz dazu nahm bei Jungen beim Übergang in das dritte Stadium der Pubertät die Depressionsrate signifikant ab.

Hayward und Mitarbeiter (1999) fanden bei Jugendlichen der fünften bis achten Klasse eine Wirkung des pubertären Stadiums als Prädiktor depressiver Symptome bei anglo-amerikanischen Mädchen, jedoch nicht bei afrikanisch-amerikanischen oder hispano-amerikanischen Mädchen. Hinsichtlich der Erklärung des Ergebnisses schlagen diese Autoren vor, dass Mädchen der beiden letzteren ethnischen Gruppen den mit Gewicht verbundenen körperlichen Veränderungen unterschiedlich viel Bedeutung beimessen. Das bedeutet, dass die Konsequenz vermehrten Körperfettes während der Pubertät von afrikanisch- und hispanisch- amerikanischen Mädchen weniger negativ interpretiert wird als von anglo-amerikanischen Mädchen.

Eine interessante Interaktion fanden Garber et al. (1997) in ihrer Studie. Früh und – in weniger großem Ausmaß – spät pubertierende Mädchen hatten, im Vergleich zu Mädchen mit durchschnittlichem Pubertätsbeginn, signifikant erhöhte Auftretensraten von Major Depression. Bei Jungen änderte sich die Depressionsrate nicht als Funktion des Pubertätsbeginns (Abb. 3.2).

Depression in der Schule

Kinder und Jugendliche verbringen einen großen Teil ihrer Zeit in der Schule. Daher sollten Lehrer einige frühe Anzeichen einer Depression kennen. Das Erkennen dieser Anzeichen seitens der Lehrer

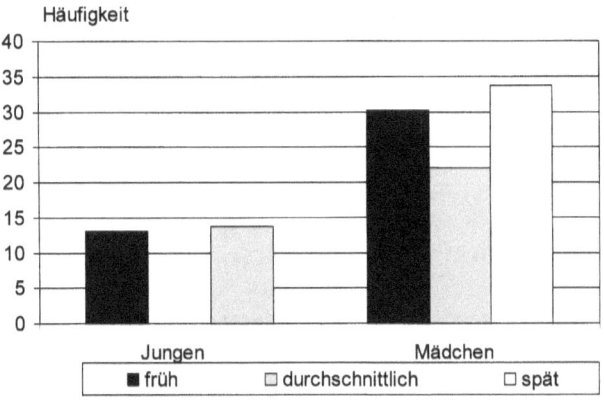

Abb. 3.2: Pubertätsbeginn und Depression (nach Garber et al. 1997)

und eine rechtzeitige Behandlung sind die wichtigsten Schritte, um einem Kind zu helfen, das eine Depression entwickelt. Anzeichen einer Depression können sein ein trauriges Erscheinungsbild, der Verlust von Interesse an Aktivitäten, die das Kind vorher gemocht hat, übermäßige Selbstkritik und das Gefühl, ständig von anderen kritisiert zu werden. Häufig können sich depressive Kinder und Jugendliche keine Zukunft vorstellen, fühlen sich ungeliebt und nicht liebenswert, äußern sich dahingehend, dass das Leben nicht lebenswert sei, und sprechen über Suizid. Depressive Kinder und Jugendliche legen häufig ein verändertes Verhalten an den Tag und sind von ihren Arbeiten in der Schule abgelenkt. Ihr geringes Selbstwertgefühl lässt sie zögern, an Gruppenaktivitäten teilzunehmen. Auch kann die Fähigkeit des schriftlichen Ausdrucks abnehmen, was Hausaufgaben und schriftliche Aufgaben in der Schule erschwert. Bei einigen jungen Menschen zeigt sich eine Depression zuerst als Reizbarkeit, die auch zu problematischem aggressivem Verhalten führen kann. Sie können auch unentschlossen sein, in den Unterrichtsstunden wenig Energie oder Motivation zeigen und Konzentrationsprobleme haben. Aufgrund nächtlicher Schlafstörungen kann es passieren, dass sie am Tag im Unterricht einschlafen.

Weil Kinder häufig nicht über das Vokabular verfügen, ihre Gefühle auszudrücken, zeigt sich die Depression in verändertem Verhalten. Verhaltensweisen, die eine Depression signalisieren können, umfassen:

- häufiges Fehlen oder Nachlassen der schulischen Leistungen
- kein Interesse, mit Freunden zu spielen, soziale Isolation
- übermäßige Nervosität oder Energieverlust
- unerklärliche Ausbrüche mit Schreien, Weinen oder Feindseligkeit
- gelangweilt sein
- Ausdruck von Furcht oder Angst
- aggressives oder antisoziales Verhalten
- rücksichtsloses Verhalten
- häufige unspezifische Klagen über körperliche Beschwerden wie Bauchschmerzen oder Kopfschmerzen

Lehrer, die vermuten, einer ihrer Schüler könnte depressiv sein, sollten mit dem Vertrauenslehrer und einem Psychologen sprechen. Ein Treffen mit den Eltern kann hilfreich sein, um mehr Informationen über die Depression des Kindes zu erhalten und einen Einblick in die häusliche Situation des Kindes zu gewinnen. Gemeinsame Bemühungen von Lehrern und Eltern sind erforderlich, um die Unterstützung zu gewährleisten, die ein depressives Kind oder ein depressiver Jugendlicher benötigt.

3.5 Übungsfragen zum 3. Kapitel

34. Wie wird Epidemiologie definiert?
35. Welche Beiträge leistet sie zur Planung von Versorgungsleistungen und wissenschaftlicher Forschung?
36. Welche Vorteile haben epidemiologische Untersuchungen gegenüber klinischen Studien?
37. Welche depressiven Symptome treten häufiger bei Kindern und bei Jugendlichen auf?
38. Wie wurde die Unterschiedlichkeit der depressiven Symptome in den verschiedenen Altersgruppen erklärt?
39. Wie häufig ist Depression bei Kindern und bei Jugendlichen?
40. Wie verteilt sich Depression nach Geschlecht und Alter?
41. Was macht Jugendliche besonders anfällig für Depression?
42. Welche biologischen und psychosozialen Faktoren sind möglicherweise für die Geschlechtsunterschiede bei Depression verantwortlich?
43. Welche Faktoren sind möglicherweise für den Anstieg der Prävalenzraten von Depression bei Jugendlichen verantwortlich?
44. Welche Rolle spielt die Pubertät bei der Entwicklung von Depression unter Berücksichtigung der Forschungsergebnisse von Angold et al. (1998), Hayward et al. (1999) und Garber et al. (1997)?
45. Können Sie die Studie der „Cross-National Collaborative Group" (1992) und ihre Hauptergebnisse beschreiben?

4 Komorbidität

Komorbidität ist definiert worden als das Auftreten von mehr als einer spezifischen Störung bei einer Person in einem bestimmten Zeitabschnitt (Wittchen/Essau 1993a). Diese Definition betont das Vorliegen von Störungen anstatt von Symptomen, eine auf die Lebenszeit bezogene Perspektive sowie die Einbeziehung verschiedener zeitlicher Rahmen der Erfassung (gegenwärtig, sechs Monate, ein Jahr). Komorbiditätsmuster können bei unterschiedlichen Personen sehr stark variieren. So geht beispielsweise manchmal eine Angststörung der Depression voraus oder umgekehrt. Es kann auch sein, dass beide Störungen zur gleichen Zeit auftreten.

4.1. Komorbidität depressiver Störungen

Depression bei Jugendlichen tritt häufig mit anderen psychischen Störungen kombiniert auf (s. Übersicht: Nottelmann/Jensen 1999). In ihrem Überblicksartikel über sechs Studien in der Allgemeinbevölkerung stellten Angold und Costello (1993) fest, dass das Vorliegen von Depression bei Kindern und Jugendlichen die Wahrscheinlichkeit für das Auftreten einer anderen Störung um das Zwanzigfache erhöht. So wiesen beispielsweise im OADP 42.8 % der Jugendlichen mit Major Depression die Lebenszeitdiagnose einer weiteren psychischen Störung auf (Lewinsohn et al. 1998a). Der Prozentsatz depressiver Jugendlicher mit Angststörungen betrug 21.0 %, mit Verhaltensstörungen 12.4 %, mit Störungen durch Substanzkonsum 20.1 % und mit Ess-Störungen 2.6 %. Ihre Daten zeigten auch, dass sich die Wahrscheinlichkeit anderer Störungen bei Vorhandensein einer Depression erhöht und umgekehrt die Wahrscheinlichkeit einer Depression bei Anwesenheit anderer Störungen steigt (Lewinsohn et al. 1998a; Tab. 4.1). In der Bremer Jugendstudie (Essau et al. 2000b) waren etwas weniger als die Hälfte der Jugendlichen ausschließlich depressiv (42.2 %). 74 (40 %) hatten eine und 33 (17.8 %) mindestens zwei weitere Störungen. Wie Tab. 4.2 zeigt, wiesen ungefähr ein Drittel der Fälle mit depressiven Störungen Angststörungen und Somatoforme Störungen auf.

komorbide Störungen

66 Merkmale der Depression

Tab. 4.1 Wahrscheinlichkeit anderer Psychopathologien bei Vorhandensein einer Depression, und die Wahrscheinlichkeit einer Depression bei Anwesenheit anderer Psychopathologien (aus Lewinsohn et al. 1998a, 775; übers. von der Autorin).

	% mit anderer Psychopathologie bei vorhandener Depression	% mit anderer Psychopathologie bei nicht vorhandener Depression	% mit Depression bei vorhandener anderer Psychopathologie	% mit Depression bei nicht-vorhandener anderer Psychopathologie
Angststörungen**	20.2	5.2	54.9	21.0
Störungen durch Alkoholkonsum**	13.0	4.1	50.0	22.3
Störungen durch Drogenkonsum**	18.0	5.1	52.8	21.5
Störung des Sozialverhaltens*	3.9	1.7	41.2	23.6
Störung mit oppositionellem Trotzverhalten	3.3	1.7	38.7	23.7
Aufmerksamkeitsdefizit/Hyperaktivitätsstörung	3.3	2.4	30.0	23.0
Bipolare Symptomatik**	8.3	3.2	44.8	23.1
Suizidversuch**	20.8	2.5	72.8	20.5

Anmerkungen: * p < 0.05; ** p < 0.001

Komorbiditätsmuster

In fast allen Studien war das häufigste Komorbiditätsmuster das von Angst- und depressiven Störungen (s. Übersicht: Nottelmann/Jensen 1999). Verhaltensstörungen (Aufmerksamkeitsdefizit/Hyperaktivitätsstörung, Störung des Sozialverhaltens und oppositionelles Trotzverhalten) und Störungen durch Substanzkonsum sind eine weitere Störungsgruppe, die häufig zusammen mit Depression auftreten. So galten zur Zeit des Konzeptes der „maskierten Depression" Verhaltens-

Tab. 4.2 Komorbidität zwischen Depression und anderen Störungen (nach Essau 2000)[1]

	Depressive Störung (N = 192) N (%)	Odds-Ratio (OR)	95% Konfidenzintervall (CI)
Angststörungen	58 (31.4)	2.44***	1.70 – 3.50
Panikstörung	4 (2.2)	18.76**	2.08 – 168.83
Agoraphobie	14 (7.6)	1.69**	1.24 – 2.33
Soziale Phobie	5 (2.7)	1.94	0.67 – 5.57
Spezifische Phobie	13 (7.0)	2.72**	1.35 – 5.47
Zwangsstörung	4 (2.2)	2.06	0.63 – 6.78
Generalisierte Angststörung	4 (2.2)	2.99*	1.07 – 8.34
Posttraumatische Belastungsstörung	7 (3.8)	3.30*	1.24 – 8.79
NNB Phobie	29 (15.7)	1.49	0.95 – 2.35
Störungen durch Substanzkonsum	35 (18.9)	1.92**	1.25 – 2.95
Störungen durch Alkoholkonsum	24 (13.0)	1.61	0.98 – 2.63
Störungen durch Cannabiskonsum	13 (7.0)	1.14	0.61 – 2.13
Somatoforme Störungen	52 (28.1)	3.57***	2.41 – 5.28
Schmerzstörung	9 (4.9)	4.78**	1.87 – 12.21
Konversionsstörung	8 (4.3)	6.36***	2.18 – 18.55
Undifferenzierte Somatoforme Störung	41 (22.2)	3.03***	1.98 – 4.62

Anmerkungen: [1] Daten der Bremer Jugendstudie. Die Komorbiditätsraten werden ohne Berücksichtigung der diagnostischen Hierarchien dargestellt; * $p < 0.05$; ** $p < 0.01$; *** $p < 0.001$.

störungen als eine der häufigsten „Masken" dieser Störung. In einer frühen Studie von Kashani et al. (1987) wiesen beispielsweise 50 % der depressiven Kinder eine Störung mit oppositionellem Trotzverhalten auf, 33 % zeigten Störungen des Sozialverhaltens, 25 % Alkohol- und 25 % Drogenmissbrauch. In einer Studie von Seeley et al. (1997) erwies sich die Störung des Sozialverhaltens als signifikant komorbid mit Depression im Jugendalter; im Hinblick auf diese Komorbidität zeigten sich keine signifikanten Geschlechtsunterschiede. Die Störung des Sozialverhaltens ging bei 53 % der Teilnehmer der Depression voraus. In der Gruppe mit komorbiden Störungen war die Rate von Suizidversuchen wie auch von Substanzmissbrauch und -abhängigkeit signifikant erhöht, vergleicht man sie mit der Gruppe mit reinen Störungen des Sozialverhaltens. In der Gruppe mit komorbiden Störungen begann die Störung des Sozialverhaltens später als in der Gruppe ohne komorbide Störungen.

In einigen Studien wurden des Weiteren Entwicklungs- und Geschlechtsunterschiede in der Art der komorbiden Störungen deutlich, die zusammen mit Major Depression auftreten. Bei Kindern kommt Depression gewöhnlich mit Verhaltensstörungen, Trotzverhalten und Angststörungen – insbesondere Trennungsangst – vor (Ryan et al. 1987), bei Jugendlichen mit Ess-Störungen sowie Drogen- oder Alkoholmissbrauch. Aggressives Verhalten und andere Verhaltensstörungen treten komorbid mit Depression mit größerer Wahrscheinlichkeit bei Jungen als bei Mädchen auf (McGee/Williams 1988). In der Bremer Jugendstudie trat reine Depression bei Jungen häufiger auf als Depression zusammen mit komorbiden Störungen (Essau 2000). Bei Mädchen verhielt es sich umgekehrt. Das häufigste Komorbiditätsmuster bei Mädchen war das von Angst und Depression. Bei den Jungen war es Depression und Störungen durch Substanzkonsum.

4.2 Alter bei Störungsbeginn und zeitliche Abfolge der Störungen

erstmaliges Auftreten von Major Depression und Dysthymer Störung

Lewinsohn et al. (1994) berichteten, dass das Durchschnittsalter der Erstmanifestation von Major Depression bei 14.9 Jahren und für die Dysthyme Störung bei ungefähr elf Jahren lag. Die Ergebnisse der Studie von Giaconia et al. (1994) zeigten, dass die meisten Fälle von Major Depression im Alter von 14 bis 15 und von 16 bis 17 Jahren erstmalig auftreten. Ungefähr ein Drittel der Jugendlichen, die die Lebenszeit-Kriterien für Major Depression im Alter von 18 Jahren erfüllten, erlebten im Alter von 14 Jahren ihre erste depressive Episode. In der Bremer Jugendstudie setzte die Major Depression im Durchschnitt mit 11.9 und die Dysthyme Störung mit 11.8 Jahren ein (Essau 2000). Ein früheres erstmaliges Auftreten wurde für klinische Stichproben berichtet, wobei das Durchschnittsalter elf Jahre betrug (Kovacs et al. 1984). Bei Kindern depressiver Eltern tritt die Depression eher auf als bei Kindern nicht-depressiver Eltern (Essau 2000; Hammen et al. 1990).

4.2.1 Zeitliche Abfolge depressiver Störungen

Kovacs et al. (1994) fanden bei der Dysthymen Störung einen früheren Störungsbeginn als bei der Major Depression – der Unterschied betrug zwei Jahre. Alle Jugendlichen mit „Doppelter Depression" in der von Rao et al. (1995) beschriebenen Stichprobe waren an einer Dysthymen Störung erkrankt, bevor sie eine Major Depression entwickelten. Biederman et al. (1995) fanden ein Alter bei Störungsbeginn der Major Depression von ungefähr acht Jahren, bei der Dysthymen Störung lag es zwischen fünf und sechs Jahren. In der Studie von Lewinsohn et al. (1991) waren fast alle Jugendlichen mit einer Lebenszeit-Diagnose von Major Depression und Dysthymer Störung vor der Major Depression an einer Dysthymen Störung erkrankt. Eine ein Jahr später stattfindende Followup-Erhebung (Orvashel et al. 1995), an der 88 % der Stichprobe teilnahm, bestätigte, dass die Dysthyme Störung häufig der Major Depression vorausgeht. In keinem der Fälle blieb die Dysthyme Störung bestehen; zum zweiten Messzeitpunkt erfüllten 52 % die Diagnosekriterien der Major Depression. All diese Ergebnisse sind starke Anhaltspunkte dafür, dass die Dysthyme Störung der Major Depression bei Komorbidität der beiden Störungen vorausgeht (Kovacs et al. 1994; Lewinsohn et al. 1991; Orvashel et al. 1995; Rao et al. 1995).

Doppelte Depression

4.2.2 Zeitliche Abfolge von Depression und Angst

In allen Studien, in denen das Alter bei Störungsbeginn von Angst und Depression untersucht wurde, zeigte sich bei Angststörungen die Tendenz, vor der Depression aufzutreten. Biederman et al. (1995) berichteten beispielsweise einen früheren Beginn von Angststörungen als von Major Depression. Rohde et al. (1991) fanden heraus, dass 85 % der Fälle mit komorbiden Störungen eine Angststörung hatten, bevor sie eine Depression entwickelten. Eine Follow-up-Untersuchung ihrer Stichprobe ein Jahr später (Orvashel et al. 1995) erbrachte weitere Belege für dieses Ergebnis. Während 42% der zum T1-Zeitpunkt mit Angststörungen Diagnostizierten die Diagnosekriterien der Major Depression zum T2-Zeitpunkt erfüllten, hatten nur 6.5% der zu T1 mit Major Depression Diagnostizierten zu T2 eine Angststörung. Die Angststörungen, die der Major Depression vorausgehen, umfassen die Einfache Phobie (13 von 14 Fällen), Trennungsangst (32 von 37 Fällen), die Störung mit Überängstlichkeit (9 von 11 Fällen) und die Soziale Phobie (8 von 12 Fällen), jedoch ist diese zeitliche Abfolge für die Panikstörung und die Zwangsstörung weniger gesichert (Lewinsohn et al. 1997). Das heißt, in sechs der elf Fälle von Major Depression und Panikstörung trat die Major Depression vor der Panikstörung auf. Es wird die Frage aufgeworfen, ob die Ätiologie der Depression, die der Angststörung folgt, möglicherweise eine andere als die der „reinen" Depression oder der Depression ist, die einer Angststörung vorausgeht. Auch Reinherz et al. (1989) berichten, dass Angststörungen im Kindesalter häufig einer Major Depression in der Jugend vorausgehen. Des Weiteren haben Angststörungen, die einer Major Depression vorausgehen, die Tendenz, auch noch nach der depressiven Episode fortzubestehen.

In der Bremer Jugendstudie (Essau 2000; Essau et al. 2000a, b) trat bei der großen Mehrheit der Jugendlichen mit Angst und Depression zuerst eine Angststörung und dann eine Major Depression auf (Abb. 4.1). Bei Betrachtung der einzelnen Angststörungen zeigte sich, dass die Hälfte der Jugendlichen mit Agoraphobie und Generalisierter Angststörung zuerst diese Störung und dann die Major Depression entwickelten. Bei allen Jugendlichen mit Sozialer und Spezifischer Phobie ging diese Störung der Depression zeitlich voraus. Bei ungefähr der Hälfte der Jugendlichen mit Panikstörung und Major Depression begannen beide Störungen im selben Jahr.

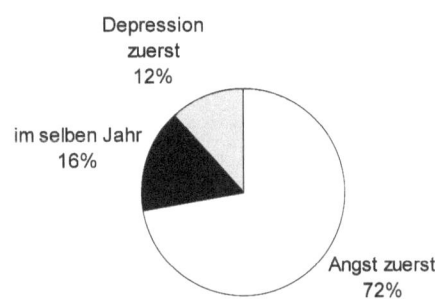

Abb. 4.1: Zeitliche Abfolge von Angst und Depression (Essau 2000; Essau et al. 2000a, b)

In ihrer klinischen Stichprobe fanden Kovacs und ihre Mitarbeiter (1988) ebenfalls heraus, dass Angststörungen mit größerer Wahrscheinlichkeit der Major Depression vorausgingen, anstatt auf sie zu folgen (36.7 %). Sie hatten ihre Stichprobe von Fällen mit in der Kindheit beginnender Depression ungefähr drei Jahre nach Beginn der Studie erneut untersucht. Die zeitliche Beziehung zwischen depressiven Störungen und Angststörungen war bei der Dysthymen Störung jedoch anders als bei der Major Depression. Angststörungen entwickelten sich mit größerer Wahrscheinlichkeit nach dem Beginn der Dysthymen Störung (77.8 %), als dass sie ihr vorausgingen (22.2 %).

4.3 Mögliche Erklärungen für Komorbidität

Trotz hoher Komorbiditätsraten von Depression und anderen psychischen Störungen liegt die Bedeutung der Komorbidität für Psychopathologie und Klassifikation im Unklaren. Erklärungsversuche für den Zusammenhang zweier bzw. mehrerer Störungen lassen sich ganz allgemein zwei Richtungen zuordnen: Die eine Richtung geht davon aus, dass es sich bei komorbiden Phänomenen um Artefakte handelt, die durch methodologische Fehler entstehen. Dazu gehören

Verzerrungen, die sich durch Behandlung oder Stichprobenauswahl ergeben (auch als „Berksons Verzerrungen" bekannt): Sie entstehen dadurch, dass Personen mit mehr als einer Störung mit größerer Wahrscheinlichkeit hospitalisiert oder behandelt werden. Daher befindet sich in klinischen Stichproben eine große Anzahl von Personen mit komorbiden Störungen. Zu diesem Phänomen kommt es, weil die Wahrscheinlichkeit, dass Kinder mit komorbiden Störungen an Einrichtungen der psychosozialen Versorgung überwiesen werden, höher liegt als bei Altersgenossen, die lediglich an Angst- oder depressiven Störungen leiden. Mit diesen Verzerrungen sind ebenfalls zahlreiche andere Faktoren verbunden, die eine Überweisung beeinflussen und das Ausmaß zusammen auftretender Störungen in klinischen Stichproben erhöhen. Klinikern, die sich auf die Behandlung komplizierterer Fälle spezialisiert haben, werden wahrscheinlich häufiger Personen mit komorbiden Störungen überwiesen. Des Weiteren zeigten Verhulst und van der Ende (1993), dass Kinder und Jugendliche mit Depression mit größerer Wahrscheinlichkeit von ihren Eltern oder Lehrern in Behandlung geschickt werden, wenn gleichzeitig externalisierende Störungen vorliegen.

Verzerrungen, die sich durch die Erhebung von Störungen ergeben: Wenn sich die Kriterien mehrerer Störungen in großem Maße überlappen, kommt es zu Komorbidität als Artefakt des diagnostischen Prozesses. Wie von Widiger und Ford-Black (1994) beschrieben, ergaben sich zeitgleich mit den im DSM-III vorgenommenen Veränderungen stark erhöhte Raten gemeinsamen Auftretens von Störungen. Die Modifikationen führten zu einer größeren Anzahl von Störungen, der Unterteilung diagnostischer Kategorien und zu verschiedenen, voneinander abgrenzbaren Achsen.

In der zweiten Richtung von Erklärungsversuchen ist man darum bemüht, die Bedeutung der Komorbidität im Hinblick auf Klassifikation und Ätiologie zu verstehen. Rutter (1994b) zufolge gibt es auch Hinweise auf „echte" Komorbidität. Es wird argumentiert, dass die allgemeinen Bemühungen um Anpassung den Kern einer jeden Störung ausmachen, jedoch hängt es von zahlreichen Umweltbedingungen und Interaktionen der Person mit ihrer Umwelt ab, wie sich dies phänotypisch ausdrückt (Caron/Rutter 1991). In Übereinstimmung damit erklärten Lilienfeld et al. (1994), dass Komorbidität bei Störungen in der Kindheit teilweise eine Funktion des Entwicklungsniveaus ist, d. h. eine Funktion zugrunde liegender Prozesse, die noch nicht abgeschlossen sind. Je nach Alter können unterschiedliche Komorbiditätsraten auch die Tatsache widerspiegeln, dass möglicherweise eine Störung der anderen vorausgeht, so wie es z. B. bei Angst und Depression der Fall ist (Brady/Kendall 1992).

Merikangas (1989) bemerkte, dass zwei Erklärungen möglich sind, wenn eine „echte" Verbindung zwischen zwei Störungen vorliegt. Erstens könnte der Zusammenhang ein ätiologischer sein, so dass eine Störung die andere verursacht oder zu ihr führt. Das heißt, das Vorliegen der einen Störung ist eine notwendige Bedingung für die Manifestation der anderen Störung. Eine andere Erklärung ist, dass beide Störungen ein Ausdruck derselben zugrunde liegenden ätiologischen Faktoren sind.

In einem Überblick über mögliche Ursachen von Komorbidität schlagen Caron und Rutter (1991) vor, dass das gemeinsame Auftreten zweier oder mehrerer Störungen (a) aus gemeinsamen, einander überlappenden Risikofaktoren resultieren könnte, dass (b) sich ein krankheitsbedingender Faktor auf verschiedene Weisen manifestiert, dass (c) eine Störung die Schwelle für das Auftreten einer weiteren Störung niedriger setzt, dass (d) eine Störung eine frühe Manifestation einer anderen darstellt oder dass (e) die Komorbidität auf einander überschneidende diagnostische Kriterien zurückzuführen ist.

4.4 Klinische Auswirkungen von Komorbidität

Obwohl die Bedeutung von Komorbidität noch ungeklärt ist, scheinen sich negative Konsequenzen der Komorbidität abzuzeichnen. Diese beinhalten schulische Probleme, Suizidversuche und beeinträchtigte Erfüllung sozialer Rollen (Rohde et al. 1991). Eine Studie von Lewinsohn et al. (1998b) zeigte einen positiven Zusammenhang des Vorliegens komorbider nicht-affektiver Störungen mit der Inanspruchnahme von Behandlungsmöglichkeiten bei den depressiven Fällen. Das heißt, 72.9 % der Fälle im Vergleich zu 49.5 % der rein depressiven Fälle berichteten, professionelle Hilfe in Anspruch genommen zu haben (OR = 2.8; 95 % CI = 1.5–3.8). In ihrem früheren Artikel berichteten Lewinsohn et al. (1995), dass sich die Fälle mit Major Depression und komorbider Störung durch Substanzkonsum am häufigsten in Behandlung begaben (65.4 %), vergleicht man sie mit den Fällen mit komorbiden Verhaltensstörungen (61.1 %), Angststörungen (49.3 %) oder mit reiner Major Depression (22.4 %). Von den Mädchen, die sich in Behandlung befanden, hatten 85.1 % eine reine Major Depression, die übrigen wiesen komorbide Verhaltensstörungen auf (14.9 %). Von den behandelten Jungen hatten 28.6 % eine reine Major Depression, bei 71.4 % zeigten sich zudem komorbide Verhaltensstörungen. Es scheint sich so zu verhalten, dass Jungen mit reinen depressiven Störungen selten behandelt werden – die Behandlung jedoch bei komorbid auftretenden Störungen erheblich wahrscheinlicher wird, insbesondere wenn die Jungen Störungen durch Substanzkonsum aufweisen. Bei den Mädchen scheint ein umgekehrtes Muster zu bestehen. Die große Mehrheit von Mädchen mit reiner Depression wird behandelt, wohingegen die Mädchen mit komorbiden Verhaltensstörungen mit geringerer Wahrscheinlichkeit professionelle Hilfe bekommen.

In der Bremer Jugendstudie waren die depressiven Jugendlichen mit komorbiden Störungen stärker belastet und beeinträchtigt als die Jugendlichen mit reiner Depression (Essau 2000). Die Inanspruchnahme von Einrichtungen der psychosozialen Versorgung nahm mit der Anzahl komorbider Störungen zu. 14 Jugendliche (18.2 %) mit reiner Depression erhielten professionelle Hilfe, verglichen mit 18 Jugendlichen (24.7 %) mit einer komorbiden Störung und zehn (30.3 %) mit zwei oder mehr komorbiden Störungen. Bei einer geschlechtsspezifischen Analyse zeigte sich, dass das Vorliegen komorbider Störungen bei depressiven Jugendlichen mit der Inanspruchnahme von Einrichtungen der psychosozialen Versorgung bei Jungen zusammenhing – dieser Zusammenhang bei Mädchen jedoch schwächer war (Abb. 4.2). Be-

Bedeutung von Komorbidität

reine Depression

Merkmale der Depression

trachtet man die klinischen Auswirkungen von Depression im Zusammenhang mit der Art von Störungen, mit denen sie komorbid auftreten, so sind diese in den Fällen von Komorbidität von Angst und Depression am ungünstigsten. Diese Jugendlichen nahmen am häufigsten Einrichtungen der psychosozialen Versorgung in Anspruch, bei den Jugendlichen mit reiner Angst und reiner Depression war dies am seltensten der Fall. Die Jugendlichen, bei denen Angst und Depression komorbid vorlagen, zeigten auch die schlechtesten Schulleistungen. Das Vorliegen von Komorbidität scheint sich ungeachtet der Komorbiditätsmuster bei Jugendlichen mit Angst und Depression negativ auf die Schulleistungen und in gewissem Maße auch auf die Beziehungen zu Familienmitgliedern auszuwirken.

Rohde et al. (in Druck) untersuchten kürzlich, wie sich psychische Störungen, die komorbid mit Depression auftreten, auf den Nutzen einer kognitiv-behavioralen Gruppentherapie bei depressiven Jugendlichen auswirken. 151 Jugendliche wurden per Zufallsauswahl auf drei Gruppen verteilt (zwei Behandlungsgruppen und eine Wartelisten-Kontrollgruppe), die über 24 Monate nach der Behandlung untersucht wurden. Depressive Jugendliche mit komorbider Angststörung hatten bei Behandlungsbeginn höhere Depressions-Scores und wiesen eine stärkere Abnahme der Depressions-Scores nach der Behandlung auf. Es gab keinen Zusammenhang zwischen Komorbidität und Genesung, jedoch war Substanzmissbrauch/-abhängigkeit mit einer längeren Genesungszeit korreliert. Teilnehmer mit Verhaltensstörungen erlebten mit größerer Wahrscheinlichkeit einen Depressionsrückfall nach Ende der Behandlung. Obwohl der Therapieerfolg bei einigen komorbiden

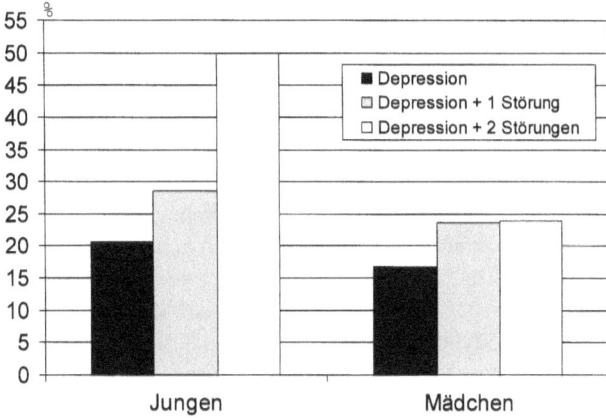

Abb. 4.2 Depression und Inanspruchnahme von Einrichtungen der psychosozialen Versorgung (nach Essau 2000)

Störungen schlechter war, ist doch das Vorliegen komorbider psychischer Störungen bei depressiven Jugendlichen nicht als Kontraindikation für den Einsatz strukturierter kognitiv-behavioraler Gruppeninterventionen anzusehen.

Zusammenfassend lässt sich sagen, dass der Grad an Überlappung von Angst und Depression zwar größer ist, als zufällig zu erwarten wäre, jedoch weit davon entfernt, vollständig zu sein. In neueren Modellen der Beziehung zwischen Angst und Depression wird sowohl den Überschneidungen als auch den Unterschieden zwischen den beiden Störungen Rechnung getragen. So legen beispielsweise Clark und Watson in ihrem „tripartite model" (1991) nahe, dass Angst- und depressiven Störungen eine unspezifische Komponente allgemeiner affektiver Belastung oder negativen Affektes gemeinsam ist. Im Gegensatz dazu scheint der Faktor „vermindertes Interesse an Dingen, die bisher von großem Interesse waren oder verminderter positiver Affekt" Merkmale zu enthalten, die depressionsspezifisch sind – wohingegen der Fak-

tripartite model

Tab. 4.3 Symptome von Angst und Depression (nach Alloy et al. 1990)

Symptomarten	Nur bei Depression	Nur bei Angst	Überschneidung beider Syndrome
Emotional	starke Traurigkeit und Verzweiflung	starke Angst u. Anspannung	Dysphorie/negative Stimmungslage; Weinen; Reizbarkeit
Behavioral	psychomotorische Hemmung; Anhedonie; Verlust von Interesse; suizidales Verhalten/ Gedanken	vermehrte Aktivitäten; unruhiges Verhalten	verminderte Aktivität; verminderte Energie; Verhaltens- und Leistungsdefizite; vermehrte Abhängigkeit; geringe soziale Kompetenz
Somatisch	verminderte Erregung des vegetativen Nervensystems; verringerter Appetit; verminderter Wunsch nach Sexualität	Zunahme der Erregung des vegetativen Nervensystems	unruhiger Schlaf; Einschlafschwierigkeiten; Panikattacken
Kognitiv	Hoffnungslosigkeit; Wahrnehmung von Verlust	Wahrnehmung von Gefahr und Bedrohung; Unsicherheit; Hypervigilanz	Hilflosigkeit; wiederholtes Grübeln; Sorge; geringes Selbstvertrauen; Negative Selbsteinschätzung; Entscheidungs- und Konzentrationsschwierigkeiten

tor „physiologische Symptome übermäßiger Erregung" angstspezifisch ist. Alloy et al. (1990) fanden ebenfalls einige Muster einander überschneidender sowie störungsspezifischer emotionaler, behavioraler, somatischer und kognitiver Symptome von Angst und Depression (Tab. 4.3). Anhand unserer bisherigen Ergebnisse lässt sich weder über die Art der gemeinsamen Faktoren von Angst und Depression noch über die spezifischen Faktoren, die die Grundlage für die Unterscheidung der beiden Störungen bilden, eine Aussage treffen.

Hilflosigkeits-Hoffnungslosigkeits-Theorie

In ihrer „Hilflosigkeits-Hoffnungslosigkeits-Theorie" schlugen Alloy et al. (1990) vor, dass das Aufeinanderfolgen von Angst und Depression möglicherweise durch eine Veränderung der Kontrollerwartung erklären lässt (Tab. 4.4). Das bedeutet, wenn eine Person sich über ihre Fähigkeit, das Ergebnis ihrer Handlung zu kontrollieren, unsicher ist, so ist der daraus resultierende Gefühlszustand erregte Angst. Nimmt der Mangel an Kontrollerwartung ab, so erlebt die Person einen gemischt ängstlich-depressiven Zustand. Geht schließlich die Kontrollerwartung einer Person vollständig verloren und besteht die Gewissheit eines negativen Ergebnisses, dann erlebt die Person einen depressiven Zustand. Jedoch ist dieser Übergang von Hilflosigkeit zu Hoffnungslosigkeit abhängig von der Art von Lebensereignissen, denen die Person ausgesetzt ist, sowie von den Attributionen, die diesen Ereignissen gegeben werden.

symptom progression model

Ein weiteres Modell zur Erklärung der zeitlichen Abfolge von Angst und Depression ist das von Klein (1981) entwickelte „symptom progression model". Diesem Modell zufolge kann das Vorliegen spontaner Panikattacken zur Entwicklung von Agoraphobie, Erwartungsangst (Generalisierte Angststörung) und diese wiederum zu Demoralisierung (Major Depression) und hilfesuchendem Verhalten (Substanzmissbrauch) führen.

Wie bereits an früherer Stelle in diesem Kapitel erwähnt, ist die Bedeutung der Komorbiditätsbefunde im Hinblick auf pathogenetische Mechanismen bislang noch nicht gut untersucht. Folgende Konzepte werden diskutiert (Wittchen/Vossen 1995):

- Komplikationsmechanismen (aufgrund des frühen Beginns der Angststörungen, z.B. Depression als Demoralisierung bei primären chronischen Angststörungen);
- allgemeine Vulnerabilitätsmechanismen (Angststörungen als Ausdruck einer unspezifischen Anfälligkeit für andere Formen psychischer Störungen);
- spezifische Vulnerabilitätsmechanismen (aufgrund ihrer autonomen

Symptomatik sind Personen mit Angststörungen zu Alkohol- und Medikamentenabhängigkeit prädisponiert);
• übergreifende Störungsmechanismen (aufgrund der signifikanten Assoziation mit fast allen Formen psychischer Störungen). Demzufolge ist die Komorbidität eine Manifestation derselben Grundstörung, die sich je nach Auslösern und Lebensgeschichte in verschiedenen Störungen ausdrücken kann.

Diese Konzepte können nur in familiengenetischen Studien und prospektiven Längsschnittstudien geprüft werden, die zurzeit noch nicht zu eindeutig interpretierbaren Befunden geführt haben. So ist bisher nur in Teilbereichen eine Antwort auf die Frage nach pathogenetischen Mechanismen im Zusammenhang mit Komorbidität möglich.

Tab. 4.4 Komponenten der Hilflosigkeits-Hoffnungslosigkeits-Theorie (nach Alloy et al. 1990)

Kausale Kognitionen	Unsichere Hilflosigkeit	Sichere Hilflosigkeit	Hoffnungslosigkeit
Symptome	reines Angstsyndrom	gemischtes Angst-/Depressionssyndrom	depressives Syndrom
Emotional	Angst; Anspannung	Dysphorie; Weinen	Traurigkeit; Verzweiflung
Behavioral	vermehrte Aktivität; Erregung	Passivität; Energieverlust; Leistungsabfall	psychomotorische Hemmung; Anhedonie; suizidale Handlungen
Kognitiv	wahrgenommene Gefahr und Bedrohung	Sorge; negative Selbsteinschätzung; Konzentrationsschwierigkeiten	wahrgenommener Verlust
Somatisch	Erregung des sympathischen Nervensystems	unruhiger Schlaf; Panikattacken	verminderte Erregung des sympathischen Nervensystems; verminderter Appetit

4.5 Übungsfragen zum 4. Kapitel

46. Wie wird Komorbidität definiert?

47. Mit welchen psychischen Störungen tritt Depression häufig zusammen auf?

48. Gibt es Alters- und Geschlechtsunterschiede bei den Komorbiditätsmustern von Depression?

49. Wie sieht die zeitliche Abfolge von Depression und Angststörungen aus?

50. Was bedeuten die hohen Komorbiditätsraten von Depression und anderen psychischen Störungen für Psychopathologie und Klassifikation?

51. Was bedeutet „Berksons Verzerrung"?

52. Welche klinischen Auswirkungen sind mit Komorbidität von Depression verbunden?

53. Was besagt das „tripartite model" von Clark und Watson?

54. Was besagt die Hilflosigkeits-Hoffnungslosigkeits-Theorie zur Erklärung der Komorbidität zwischen Depression und Angst?

55. Wie erklärt das „symptom progression model" die zeitliche Abfolge von Angst und Depression?

5 Psychosoziale Beeinträchtigung und Inanspruchnahme von Gesundheitsdiensten der psychosozialen Versorgung

Depressive Jugendliche sind in verschiedenen Lebensbereichen beeinträchtigt, einschließlich des familiären, schulischen, zwischenmenschlichen und kognitiven Bereichs (Lewinsohn et al. 1993; Whitaker et al. 1990). Schulabbruch ist eine häufige Begleiterscheinung von Depression. Puig-Antich et al. (1985) berichteten von signifikanten Schulleistungs- und Schulverhaltensproblemen bei den Kindern ihrer behandelten Stichprobe. Bei Jugendlichen mit einer höheren Anzahl depressiver Symptome wurden ebenfalls schulische Beeinträchtigungen festgestellt (Cole 1990; Forehand et al. 1988; Nolen-Hoeksema et al. 1986). Jedoch konnte in zahlreichen anderen Studien kein Zusammenhang zwischen Depression und schulischen Leistungen festgestellt werden (McCauley et al. 1993; Reinherz et al. 1993b).

Depressive Präadoleszente haben deutliche Probleme in sozialen Beziehungen mit Geschwistern und Freunden; sie haben weniger Kontakt zu Freunden und sind eher Gegenstand von Hänseleien Gleichaltriger (Puig-Antich et al. 1985). Geringere Nähe zum so genannten besten Freund, weniger Kontakt zu Freunden, häufigere Erfahrung von Ablehnung (Vernberg 1990) und geringe Beliebtheit unter Gleichaltrigen (Jacobsen et al. 1983) hängen scheinbar mit Depression und depressiven Symptomen zusammen. Während schlechte Beziehungen zu Gleichaltrigen zwar einen Risikofaktor für Depression in der frühen Adoleszenz darstellen, schützen gute soziale Beziehungen in diesem Alter nicht vor Depression. Später in der Adoleszenz haben enge Beziehungen zu Gleichaltrigen jedoch die Tendenz, protektiv zu wirken. Dies ist besonders dann der Fall, wenn die Beziehung zu den Eltern beeinträchtigt ist (Petersen et al. 1991; Sarigiani et al. 1990). In einer neueren Studie von Wittchen et al. (1998) waren ungefähr 90 % der depressiven Fälle und 67 % der Fälle mit Dysthymer Störung während der schlimmsten Episode stark beeinträchtigt. Fälle mit rekurrierender Depression waren zum Zeitpunkt der Befragung bei der Arbeit, in der Schule, zu Hause, in der Freizeit und bei sozialen Kontakten zwei- bis dreimal so stark beeinträchtigt verglichen mit Personen, die nur eine einzige depressive Episode hatten.

Beziehung zu Gleichaltrigen

Merkmale der Depression

Suizidpläne und Suizidversuche

In der Bremer Jugendstudie waren fast alle depressiven Jugendlichen während der schlimmsten depressiven Episode schwer bis sehr schwer beeinträchtigt (Tab. 5.1). In den letzten vier Wochen vor dem Interview war ein etwas höherer Prozentsatz der Fälle mit Dysthymer Störung (Range: 46.3–63.4%) als mit Major Depression (Range: 33.3–41.1%) in verschiedenen Lebensbereichen beeinträchtigt. Die hohe Anzahl von 17.9% der Jugendlichen mit Major Depression gaben an, einen konkreten Suizidplan gehabt zu haben, und 9.7% unternahmen sogar einen Suizidversuch. Die Jugendlichen mit Dysthymer Störung berichteten mit noch größerer Häufigkeit Suizidpläne und Suizidversuche. Des Weiteren berichteten 26 depressive Jugendliche (14%), an durchschnittlich 4.38 Tagen aufgrund emotionaler Probleme in den letzten vier Wochen überhaupt nicht in der Lage gewesen zu sein, ihren täglichen Aktivitäten nachzugehen. Die Anzahl derjenigen, die in ihren

Tab. 5.1 Indikatoren für die Schwere der depressiven Störungen (aus Essau et al. 1998)

	Major Depression* N (%)	Dysthyme Störung** N (%)
Psychosoziale Beeinträchtigung • während der schlimmsten Episode – in den letzten vier Wochen: – bei der Arbeit/in der Schule – in der Freizeit – im Sozialkontakt	142 (97.9) 58 (41.1) 54 (38.3) 47 (33.3)	40 (97.6) 26 (63.4) 19 (46.3) 21 (51.2)
Suizidgedanken/Pläne: Vorliegen von … • Suizidgedanken • Wunsch zu sterben • Wunsch sich umzubringen • konkretem Suizidplan • Suizidversuch	110 (75.9) 42 (28.3) 48 (33.1) 26 (17.9) 14 (9.7)	32 (62.7) 17 (33.3) 22 (43.1) 12 (23.5) 10 (19.6)

Anmerkungen: * Die Gesamtzahl der Jugendlichen mit Major Depression, die Angaben zu Beeinträchtigungen während der schlimmsten Episode machten, betrug 145; 141 machten Angaben über Beeinträchtigungen in den letzten vier Wochen vor dem Interview; ** 41 Jugendliche mit einer Dysthymen Störung berichteten über Beeinträchtigungen während der schlimmsten Episode und vier Wochen vor dem Interview.

täglichen Aktivitäten leicht beeinträchtigt waren, lag höher: hier waren es 68 (36.8 %) depressive Jugendliche (im Durchschnitt 6.01 Tage). Darüber hinaus wurden Probleme in der Familie (18.5 %) sowie Schulprobleme (21.9 %) berichtet. Die depressiven Jugendlichen wiesen im Vergleich zu ihren nicht-depressiven Altersgenossen signifikant höhere Scores auf allen SCL-90-R-Subskalen auf: Somatisierung, Zwanghaftigkeit, Unsicherheit, Depressivität, Ängstlichkeit, Aggressivität, Phobische Angst, Paranoides Denken und Psychotizismus. Dieses Ergebnis legt nahe, dass die depressiven Jugendlichen in den letzten sieben Tagen vor dem Interview signifikant stärker als Gleichaltrige ohne eine depressive Störung belastet waren.

Lewinsohn und seine Mitarbeiter untersuchten das Ausmaß psychosozialer Beeinträchtigung bei „unterschwelligen" Depressionen. In ihrer Publikation mit Gotlib et al. (1995) wird dargestellt, dass sich Jugendliche mit einem erhöhten Grad depressiver Symptome – die jedoch nicht die Kriterien einer klinischen Depression erfüllten – im Hinblick auf ihre psychosoziale Beeinträchtigung kaum von klinisch depressiven Jugendlichen unterschieden. Sie waren signifikant stärker beeinträchtigt als Jugendliche der Kontrollgruppe. Kürzlich untersuchten Lewinsohn et al. (2000) die klinischen Implikationen unterschwelliger Depression in drei Stichproben der Allgemeinbevölkerung (Erwachsene, ältere Erwachsene, Jugendliche) anhand von CES-D-Scores. Ihre Ergebnisse zeigten eine signifikante psychosoziale Beeinträchtigung auch bei denjenigen, bei denen die Scores unter den für die Diagnose eines Syndroms erforderlichen Werten lagen. Des Weiteren ließ sich anhand depressiver Symptome die Entwicklung von Störungen durch Substanzkonsum in den darauf folgenden fünf Jahren vorhersagen. Weiterhin zeigten die Daten, dass unterschwellige Depression auf eine zukünftige Major Depression hinweist. Die Inanspruchnahme psychosozialer Dienste stieg von der Gruppe mit den niedrigsten CES-D-Scores bis hin zur Gruppe mit Major Depression fortlaufend an.

unterschwellige Depressionen

Das signifikante Ausmaß an Beeinträchtigung, das bei den Jugendlichen mit Depression festgestellt wurde, wirft die Frage auf, ob diese Schwierigkeiten Begleitmerkmale, Ursachen oder Folgen der Symptome von Depression sind. Bislang ist es in der Forschung noch nicht gelungen, diese Zusammenhänge in Längsschnittstudien zufrieden stellend zu klären. Ungeachtet der Frage, ob diese Probleme die Ursachen von Angst oder Depression sind, stellen sie bedeutende Herausforderungen während der Entwicklung dar. So bekommen möglicherweise Jugendliche, die aufgrund ihrer depressiven Symptomatik nicht in der Lage sind, bestimmte Fähigkeiten zu erwerben, keinen Zugang zu

Quellen von Verstärkung und Selbstwertgefühl, welche eine emotionale Anpassung fördern und vor fehlangepassten Reaktionen auf widrige Umstände bewahren (Hammen/Rudolph 1996).

5.1 Inanspruchnahme von Gesundheitsdiensten bei Depression

professionelle Hilfe
Depressive Jugendliche begaben sich signifikant häufiger als Kontrollpersonen wegen emotionaler oder Verhaltensprobleme in psychologische oder psychiatrische Behandlung oder nahmen soziale Dienste in Anspruch (Fleming et al. 1989, 1993), insbesondere dann, wenn die depressive Episode lange anhielt (Kovacs et al. 1984). Anhand von Daten der „Dunedin Multidisciplinary Health Development Study" berichteten Feehan et al. (1994) einen starken Zusammenhang zwischen Depression und der Einnahme von Medikamenten auf eigene Verantwortung. Auf der Symptomebene berichteten Essau et al. (1995, 1996) eine signifikant positive Korrelation zwischen Symptomen von Depression und Arztbesuchen bei Mädchen, nicht aber bei Jungen. Der Grund dafür, warum Mädchen mit einer hohen Anzahl depressiver Symptome mehr Arztbesuche machten als Jungen, ist nicht klar, jedoch unterscheiden sich möglicherweise Jungen und Mädchen in ihrer Wahrnehmung von Gesundheit. So zeigte sich z. B., dass Mädchen mehr mit ihrem Gewicht und Körperbild beschäftigt sind und dass sie häufiger körperliche Probleme berichten. Jungen hingegen machen sich mehr Sorgen um den Gebrauch von Drogen und Alkohol (Dubow et al. 1990).

Inanspruchnahmeverhalten
In der Studie von Wittchen et al. (1998) stellte sich heraus, dass weniger als die Hälfte der Jugendlichen mit depressiven Störungen professionelle Hilfe in Anspruch nahm (einzelne depressive Episode: 24%, rekurrierende Depression: 40%, Dysthyme Störung: 46%). In der Bremer Jugendstudie (Essau 2000) wurden trotz des hohen Grades an Beeinträchtigung nur 2.1% der Jugendlichen mit Major Depression aufgrund ihrer Depression stationär behandelt. 32 Jugendliche mit Major Depression berichteten, aufgrund emotionaler Probleme professionelle Hilfe in Anspruch genommen zu haben. Die drei am häufigsten aufgesuchten Fachleute waren Schulpsychologen, Klinische Psychologen und Hausärzte. Es zeigte sich ein Zusammenhang zwischen Inanspruchnahmeverhalten und Suizidversuchen in der Vorgeschichte und Komorbidität.

In einer kürzlich erschienenen Veröffentlichung der Daten des „Oregon Adolescent Depression Project" (Lewinsohn et al. 1998b) wurde beschrieben, dass 60.7% der depressiven Jugendlichen in irgendeiner Einrichtung der psychosozialen Versorgung behandelt wurden, die meisten von ihnen ambulant. Eine stationäre Behandlung (6.2%) war eher selten, ebenso wie die Einnahme von Medikamenten (9%). Von den medikamentös behandelten Jugendlichen erhielten 4.2% Antidepressiva, 3.7% angstlösende Medikamente und 1.1% Stimulantien. Es zeigte sich ein positiver Zusammenhang zwischen dem Inanspruchnahmeverhalten und dem Schweregrad der Depression, komorbiden Störungen, der Anzahl depressiver Episoden, dem Vorliegen eines Suizidversuchs in der Vorgeschichte, schulischen Problemen, familiärer

Tab. 5.2 Faktoren, die mit der Inanspruchnahme von Behandlungseinrichtungen bei depressiven Jugendlichen zusammenhängen (aus Lewinsohn et al. 1998b, 50; übers. von der Autorin)

	Level	Inanspruchnahme (%)	Odds-Ratio (OR)	95% Konfidenzintervall (CI)
Schweregrad der Depression	Niedrig Hoch	51.9 70.2	2.2**	1.4–3.4
Komorbide Störungen	Nein Ja	49.5 72.9	2.8**	1.8–4.3
Anzahl depressiver Episoden	Ein ≥ 2	57.3 72.0	1.9*	1.1–3.3
Suizidversuch in der Vorgeschichte	Nein Ja	55.8 77.5	2.7**	1.5–4.9
Schulische Probleme	Gering Stark	56.9 78.7	2.8**	1.5–5.4
Geschlecht	Mädchen Jungen	65.7 48.6	2.0**	1.3–3.2
Intakte Familie	Nein Ja	68.0 51.0	2.0**	1.3–3.1

Anmerkungen: * $p < 0.05$; ** $p < 0.01$

Dysfunktion, und dem weiblichen Geschlecht (Tab. 5.2). In einer Follow-up-Untersuchung nahmen depressive Jugendliche vermehrt professionelle Hilfe in Anspruch (Kashani et al. 1987), es wurde ihnen häufiger Psychopharmaka verschrieben, und sie wurden öfter wegen psychischer Störungen hospitalisiert (Harrington et al. 1990).

Die Tatsache, dass nur eine geringe Anzahl depressiver Jugendlicher tatsächlich behandelt wurde, ist von großer Bedeutung. Dabei ist wichtig, dass für gewöhnlich nicht das Kind selbst zu der Überzeugung gelangt, behandlungsbedürftig zu sein, sondern erwachsene Bezugspersonen, meist Eltern oder Lehrer. In zukünftigen Studien sollten die Faktoren untersucht werden, die ausschlaggebend dafür sind, ob Hilfe gesucht wird oder nicht – und wenn ja, ob die Hilfe ausreichend ist. Nach Mash und Krahn (1995) beeinflusst das Ausmaß, in dem das Verhalten des Kindes merklich beunruhigend ist, ebenso die Entscheidung der Eltern, Hilfe für die Kinder zu suchen, wie die psychische Gesundheit der Eltern, ihre eigene Behandlungsgeschichte sowie der wahrgenommene Nutzen einer Behandlung. In der Studie von Lewinsohn et al. (1998b) zeigte sich bei depressiven Jugendlichen ein positiver Zusammenhang zwischen der Inanspruchnahme von Behandlungseinrichtungen und dem Schweregrad der Depression, komorbiden nicht-affektiven Störungen, der Anzahl depressiver Episoden, dem Vorliegen eines Suizidversuchs in der Vorgeschichte, schulischen Problemen, familiärer Dysfunktion und dem weiblichen Geschlecht. Um zu illustrieren, welche Faktoren im Prozess des Suchens nach adäquater Unterstützung bei Depression entscheidend sind, wurde folgendes Modell entwickelt (Abb. 5.1).

Entscheidungsprozesse

Das Modell besteht aus drei Ebenen und zwei Filtern, die durchlaufen werden müssen, um von der einen Ebene zur nächsten zu gelangen. Diese Filter stellen die Entscheidungsprozesse dar, die das Ausmaß bestimmen, in dem Hilfe in Anspruch genommen wird, und die darüber entscheiden, welche Art von Hilfe in Anspruch genommen wird. Der erste Filter enthält alle Probleme/Beschwerden, die eine Person dazu bewegen, sich mit ihren Symptomen zu beschäftigen und Hilfe zu suchen. Für gewöhnlich ist es nicht das Kind selbst, das sich dazu entscheidet, sich an einen Fachmann zu wenden, sondern ein Erwachsener, der das Kind gut kennt. Die Faktoren, die sich möglicherweise darauf auswirken, ob ein Fachmann konsultiert wird, sind folgende:

- Charakteristika des Kindes (z.B. Schweregrad und Chronizität von depressiven Störungen, Vorliegen komorbider Störungen, psychosoziale Beeinträchtigung in verschiedenen Lebensbereichen aufgrund von Depression und/oder komorbider Störungen);

- Charakteristika der Eltern (z.B. Problembewusstsein, Belastungen in der Familie, Psychopathologie der Eltern);
- andere Charakteristika (z.B. Verfügbarkeit von Hilfsangeboten, Kosten und Finanzierungsmöglichkeiten).

Auf der nächsten Ebene erfolgt die Entscheidung für eine Behandlung. Anders als in Ländern mit einem Gesundheitssystem, in dem der Besuch eines Spezialisten nur nach vorheriger Überweisung durch einen Allgemeinmediziner möglich ist, können Kinder und Jugendliche in Deutschland von einem Allgemeinmediziner oder aber auch direkt von einem Psychologen oder Psychiater behandelt werden. Nun kann es sein, dass der Allgemeinmediziner die psychischen Störungen bei Kindern und Jugendlichen erkennt, eventuell ist das aber auch nicht der Fall. Bei der Erkennung von Verhaltens- und emotionalen Problemen bei Kindern durch den Allgemeinarzt spielen zahlreiche Faktoren eine Rolle. Bei Erwachsenen werden psychische Störungen von Allgemeinmedizinern häufig nicht diagnostiziert, ungeachtet des Gesundheitssystems, in dem sie tätig sind (Dulcan et al. 1990; Sartorius et al. 1990). Wie in einer früheren Arbeit gezeigt wurde, werden 60 % aller psychischen Störungen bei Erwachsenen von Allgemeinmedizinern nicht erkannt und demzufolge auch nicht adäquat behandelt (Wittchen/Essau 1990). Als Erklärung dafür wurden angegeben: Merkmale des Gesundheitssystems (hohe Arbeitsbelastung), durch die sich sehr kurze Konsultationszeiten von einigen Minuten pro Patient ergeben; die Behandlungsweise und Persönlichkeit des Arztes; seine Einstellung und Erfahrung sowie mangelndes Training und demzufolge mangelnde Fähigkeiten, psychische Störungen zu diagnostizieren.

Allgemeinmediziner

Wird eine Störung diagnostiziert, so ist es möglich, dass der Allgemeinarzt sich dazu entschließt, die Störung selbst zu behandeln, oder dass er dazu rät, dass sich das Kind in psychiatrische Behandlung begibt. Faktoren, die beeinflussen können, ob das Kind vom Allgemeinarzt an einen Psychiater überwiesen wird, sind: Eigenschaften des Arztes (Vertrauen in seine eigenen Fähigkeiten, das Problem zu bewältigen, sowie seine Einstellung zu den Möglichkeiten psychiatrischer Behandlung), aber auch andere Faktoren wie die Verfügbarkeit von Gesundheitsdiensten und die Art des Versicherungssystems. Schließlich besteht noch die Ebene der stationären Behandlung. Wie Abb. 5.1 zeigt, gehören zu den Faktoren, die über eine stationäre Behandlung entscheiden, die Qualität der verfügbaren ambulanten Behandlungsmöglichkeiten sowie die Auswirkungen der Störung auf die betroffene Person selbst und auf andere (Gefährdung).

86 Merkmale der Depression

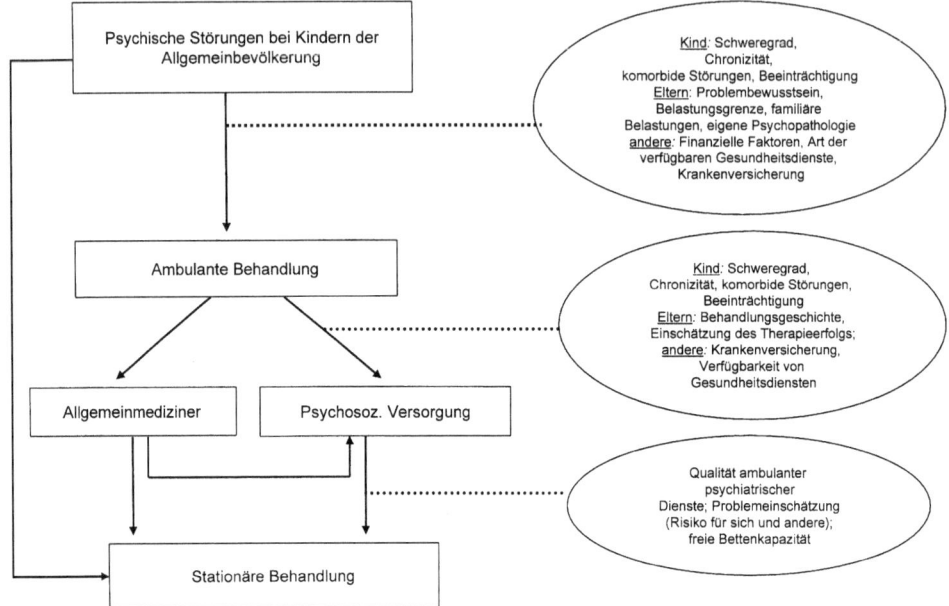

Abb. 5.1: Wege zur Behandlung von Kindern mit psychischen Störungen

Wie zuvor erwähnt, hilft das vorgestellte Modell dabei, die geringe Inanspruchnahme von Einrichtungen der psychosozialen Versorgung bei Depression zu erklären. Um dieses Modell zu überprüfen, sind weitere Studien erforderlich.

Selbst wenn depressive Jugendliche behandelt werden, weiß man doch wenig über die Angemessenheit oder die Ergebnisse der in Anspruch genommenen Dienste (Hoagwood et al. 1996). Um die Effektivität einer Behandlung zu untersuchen, kann es sinnvoll sein, verschiedene Bereiche zu berücksichtigen, einschließlich:

- Symptome und Diagnosen (z. B. Vorliegen von Symptomen von Depression, depressiven Störungen sowie das Vorliegen komorbider Störungen);
- psychosoziale Beeinträchtigung (z. B. Beeinträchtigung in verschiedenen Lebensbereichen, Lebensqualität);
- Inanspruchnahme von Gesundheitsdiensten (z. B. Anzahl und Dauer der in Anspruch genommenen Leistungen).

Hoagwood et al. (1996) haben ebenfalls ein Modell vorgeschlagen, das die Bedeutung einer konzeptuellen und pragmatischen Verbindung verschiedener Ergebnisse betont: Veränderungen auf individueller, familiärer, sozialer und systemischer Ebene.

Zusammenfassend lässt sich sagen, dass depressive Störungen mit einem hohen Grad an Beeinträchtigung zusammenhängen. Angesichts der Häufigkeit von Depression sowie der damit verbundenen Beeinträchtigungen sind Interventionsprogramme erforderlich, um die Probleme zu überwinden, die mit diesen Störungen zusammenhängen.

5.2 Übungsfragen zum 5. Kapitel

56. Was sind häufige Begleiterscheinung von Depression?

57. Wie beeinträchtigt sind Jugendliche mit „unterschwelliger" Depression?

58. Ist das Ausmaß an Beeinträchtigung, das bei den Jugendlichen mit Depression festgestellt wurde, ein Begleitmerkmal, Ursache oder Folge der Symptome von Depression?

59. Wie oft nehmen depressive Jugendliche professionelle Hilfe in Anspruch?

60. Welche Faktoren sind mit der Inanspruchnahme von Behandlungseinrichtungen bei depressiven Jugendlichen nach den Daten des „Oregon Adolescent Depression Projects" verantwortlich?

61. Welche Faktoren sind möglicherweise entscheidend dafür, ob ein Fachmann konsultiert wird?

62. Welche Bereiche sind zu berücksichtigen, will man die Effektivität einer Behandlung untersuchen?

63. Warum werden psychische Störungen von Allgemeinmedizinern häufig nicht diagnostiziert?

6 Verlauf

Einigen Längsschnittstudien zufolge sind Depressionen bei Jugendlichen keineswegs immer leichte, kurzzeitige oder vorübergehende Störungen, wie zuvor angenommen wurde (Rie 1966). Betroffene Jugendliche sind nicht nur dem Risiko ausgesetzt, im Erwachsenenalter wiederholt oder anhaltend an depressiven Störungen zu leiden, sie sind auch in zahlreichen Lebensbereichen wie Arbeit, sozialen Aktivitäten, schulischen Leistungen und zwischenmenschlichen Beziehungen beeinträchtigt (Kovacs et al. 1984; Harrington et al. 1990). Ebenso erhöht sich das Risiko dieser Jugendlichen, andere Störungen zu entwickeln (Kovacs et al. 1993; Harrington et al. 1993; Rao et al. 1995). Bei Verlaufsstudien von Depression wurden verschiedene Indizes benutzt, wie z. B. Episode, Remission, Genesung und Rückfall. Diese Indizes basieren auf Art, Dauer und Ausmaß der Symptomatik, anhand derer der Verlauf gemessen wird. In verschiedenen anderen Studien wurden psychosoziale Verlaufsmaße wie schulische Leistungen, Familienbeziehungen, Beziehungen zu Gleichaltrigen, Missbrauch von Drogen und Alkohol sowie Suizid eingesetzt. Des Weiteren unterscheiden sich die Studien hinsichtlich der Indikatoren (Tab. 6.1) zur Bestimmung des Verlaufs von Depression. Dies macht es oft schwierig, die Ergebnisse verschiedener Studien zu interpretieren und zu vergleichen.

6.1 Studien zur Untersuchung des Verlaufs depressiver Störungen

6.1.1 Klinische Studien

klinische Stichprobe In klinischen Studien werden die untersuchten Kinder im Allgemeinen aus Krankenhäusern und psychiatrischen Diensten rekrutiert. Kontinuität und Prädiktoren des Verlaufs von Depression werden zu einer bestimmten Zeit nach dem Index-Interview in einer Gruppe depressiver Jugendlicher geprüft. In einigen Studien (z. B. Kovacs 1996) werden depressive Jugendliche mit anderen Jugendlichen verglichen, die keine oder andere psychische Störungen aufweisen (Tab. 6.2). Ein an-

Tab. 6.1 Indikatoren des Verlaufs von Depression

Bereiche	Beispiele
Symptome und Störungen	• Vorliegen depressiver Symptome, Diagnosen oder Störungen. • Vorliegen komorbider Störungen.
Psychosoziale Beeinträchtigung	• Beeinträchtigung in verschiedenen Lebensbereichen: in der Schule oder bei der Arbeit, zu Hause, im Sozialkontakt, bei sozialen Aktivitäten, in der Freizeit. • Lebensqualität.
Inanspruchnahme von Gesundheitsdiensten	• Anzahl der in Anspruch genommenen Gesundheitsdienste und Dauer der Inanspruchnahme. • Art der Gesundheitsdienste: Sektor der psychosozialen Versorgung (d. h. Psychiater, Psychologe, Sozialarbeiter), medizinische Dienste eines (nicht-psychiatrischen) Arztes oder einer Krankenschwester, Dienste innerhalb der Schule, kirchliche Dienste, soziale Dienste, andere (z. B. Geistheiler, Glaubensheiler). • Ort und Art der Inanspruchnahme: stationär, ambulant, telefonisch.

derer, in klinischen Stichproben weit verbreiteter Ansatz ist das „Catch-up"-Längsschnittdesign (Garber et al. 1988; Harrington et al. 1990). So wurde in der Studie von Harrington et al. (1990) der Verlauf von Depression bei Erwachsenen untersucht, die in der Kindheit und Jugend an Depression litten. Die Studie beruht auf Klinikberichten von Kindern, die zwischen den späten 60er und den frühen 70er Jahren im Maudsley Hospital behandelt wurden.

Zusätzlich zur Untersuchung des Risikos, später an weiteren Episoden von Depression zu erkranken, beschäftigt sich ein anderes Forschungsgebiet damit, inwieweit sich bei Kindern und Jugendlichen Bipolarität entwickelt. Das Interesse, eine solche Studie durchzuführen, entstand aus Ergebnissen, die einen signifikanten Zusammenhang zwischen psychotischen Merkmalen bei depressiven Jugendlichen und späteren manischen Episoden zeigten (Geller et al. 1994; Strober et al. 1993). Eine bedeutende Studie auf diesem Gebiet ist die von Strober und Mitarbeitern (1993) durchgeführte Untersuchung. Hier wurde geprüft, in welchem Ausmaß sich psychotische und nicht-psychotische

Tab. 6.2 Klinische Studien über den Verlauf depressiver Störungen

Autoren	Alter/Anzahl	Follow-up-Zeitraum	Ergebnisse
Kovacs et al. (1989, 1994)	8–13 Jahre; N = 55 Dysthyme Störung (DD); N = 60 Major Depression (MDD).	3–12 Jahre	DD in der Kindheit steht in Verbindung mit einem hohen Risiko für MDD; 81% der Kinder mit DD entwickeln in einer 9-Jahres-Periode MDD.
Harrington et al. (1990)	12.9 Jahre*; 30.7 Jahre**; N = 52 MDD; N = 52 Kontrollgruppe.	18 Jahre	40% entwickelten innerhalb von 5 Jahren erneut eine Depression. 34% unternahmen während der Follow-up-Periode einen Suizidversuch. Diejenigen mit mehr als einer depressiven Episode nach dem 17. Lebensjahr hatten zu 95% eine weitere Episode.
Garber et al. (1988)	10–17 Jahre*; 20.8 Jahre**; N = 11 depressive Störungen; N = 9 Kontrollgruppe.	8 Jahre	64% der Probanden der depressiven Gruppe hatten mindestens eine weitere Episode innerhalb einer 8-Jahres-Periode. Früh auftretende depressive Episoden erhöhen das Risiko späterer Episoden.
Asarnow et al. (1993)	7–14 Jahre; N = 21 MDD; N = 5 DD.	1–5 Jahre	Kinder aus Familien mit starkem negativen Emotionsausdruck zeigen persistierende affektive Störungen. Eine Genesung war unter den Kindern verbreitet, deren Familie zu geringem negativen Emotionsausdruck zurückkehrten.
Goodyer et al. (1991)	13.1 Jahre*; 14.3 Jahre**; N = 49 (Angst-/depressive Störungen).	1 Jahr	Bis zu 50% waren in der Follow-up-Untersuchung nicht genesen. Fehlende Freundschaften nach dem Beginn der Störung wirken sich negativ auf den Genesungsprozess aus.
Rao et al. (1995)	12–18 Jahre; N = 28 MDD; N = 35 Kontrollgruppe.	7 Jahre	In der MDD-Gruppe gibt es hohe Rückfallraten (69%); 19% haben eine Bipolare Störung bekommen. Ein geringer sozioökonomischer Status ist ein Prädiktor für einen Rückfall in eine depressive Episode.

Autoren	Alter/Anzahl	Follow-up-Zeitraum	Ergebnisse
Sanford et al. (1995)	13–19 Jahre; N = 67 MDD.	1 Jahr	In 66% der Fälle remittierte die MDD. Chronische Depressionen sind verbunden mit höherem Alter, komorbiden Angststörungen, wenig Kontakt mit dem Vater und wenig Reaktion auf Erziehungsregeln der Mutter.
Strober et al. (1993)	13–16 Jahre; N = 58 depressive Störungen.	3–4 Jahre	6.9% waren nach 12 Wochen genesen, 29.3% nach 20 Wochen, 90% nach 24 Monaten. 28% entwickelten eine Bipolare Störung.
Geller et al. (1994)	6–12 Jahre; N = 79 MDD; N = 31 Kontrollgruppe.	2–5 Jahre	31.7% der depressiven Kinder entwickelten eine Bipolare Störung.
Emslie et al. (1997)	8–17 Jahre; N = 59 MDD.	1 Jahr	98% erholten sich innerhalb eines Jahres von ihrer MDD-Episode, aber 61% hatten mindestens einen Rückfall während der Follow-up-Periode.
Goodyer et al. (1997a)	8–17 Jahre; N = 68 MDD.	36 Wochen	Bei der Follow-up-Untersuchung hatten 50% noch immer eine Depression, 27% hatten sich erholt, erlebten dann aber einen Rückfall. Indikatoren für eine MD in der Follow-up-Untersuchung waren das Vorliegen einer Zwangsstörung, ein erhöhter Score auf dem „Mood and Feelings Questionnaire" und ein höheres Alter.

Anmerkungen:
* Durchschnittsalter beim ersten Interview; ** Durchschnittsalter beim Follow-up-Interview.

depressive Jugendliche hinsichtlich der Genesungsmuster, des Risikos, manische Episoden zu entwickeln, sowie im Hinblick auf Grad und Dauer psychosozialer Beeinträchtigung unterscheiden.

Eine weitere Gruppe von Studien wurde durchgeführt, um die Rolle spezifischer Faktoren zu untersuchen, die möglicherweise den Verlauf depressiver Störungen bei Kindern und Jugendlichen beeinflussen. Die am häufigsten auftretenden Faktoren, die untersucht wurden, waren:

- soziale Faktoren wie unerwünschte Lebensereignisse, Freundschaften (Goodyer et al. 1991);
- demographische und klinische Symptome, die während der depressiven Index-Episode beobachtet wurden (Rao et al. 1995);
- ausgedrückte Emotionen (Asarnow et al. 1993) und
- sozialpsychologische und physiologische Anteile (Goodyer et al. 1997a, b).

6.1.2 Hochrisiko-Studien

Studien über den Verlauf von Depression bei Kindern depressiver Eltern wurden von Forschungsergebnissen angeregt, die zeigten, dass eine elterliche Depression einen Risikofaktor für eine Depression bei ihren Kindern darstellt (Tab. 6.3). Aus diesen Studien geht ebenfalls hervor, dass das Alter bei Störungsbeginn, der Schweregrad und die Auswirkungen familiärer Risikofaktoren (z.B. Familienzusammenhalt, Streitigkeiten zwischen Eltern und Kindern) je nach Diagnose der Eltern unterschiedlich sind (Beardslee et al. 1993a, 1996; Hammen et al. 1990; Warner et al. 1992). Die untersuchten Prädiktoren des Verlaufs umfassten: die elterliche Diagnose; demographische Faktoren sowie weitere Risikofaktoren innerhalb der Familie (z.B. Eheprobleme, Scheidung, Streitigkeiten zwischen Eltern und Kindern); Komorbidität bei den Kindern und ihr soziales Funktionsniveau.

6.1.3 Epidemiologische Studien

Zu den epidemiologischen Studien (Tab. 6.4), in denen der Verlauf von Depression untersucht wurde, gehören die „Dunedin Multidisciplinary Health and Developmental Study" (Anderson/McGee 1994), die „Ontario Child Health Study" (Fleming et al. 1993), das „Oregon Adolescent Depression Project" (Lewinsohn et al. 1993, 1994) und die Bremer Jugendstudie (Essau 2000). Eine der epidemiologischen Studien mit dem längsten Follow-up-Zeitraum ist die Dunedin Studie, in der eine Kohorte von Kindern über mehrere Jahre von der Geburt bis ins frühe Erwachsenenalter untersucht wurde. In der Studie von Lewinsohn et al. (1994) wurde der Verlauf von Major Depression anhand der Analyse des Alters bei Störungsbeginn, der Dauer der ersten Episode von Major Depression und der Zeit von der Genesung bis zum Rückfall untersucht.

Tab. 6.3 Hochrisiko-Studien zum Verlauf depressiver Störungen

Autoren	Alter/Anzahl	Follow-up-Zeitraum	Ergebnisse
Hammen et al. (1990)	8–16 Jahre; N = 92 Kinder, von Müttern mit Depression oder Bipolarer Störung oder körperlicher Erkrankung sowie Kinder gesunder Mütter.	3 Jahre	Kinder depressiver Mütter hatten die höchsten Raten depressiver Störungen. Bei den meisten depressiven Kindern trat die Störung bereits vor der Adoleszenz auf und verlief chronisch oder intermittierend.
Warner et al. (1992); Weissman et al. (1982)	12–18 Jahre; 174 Kinder mit hohem und niedrigem Depressionsrisiko.	2 Jahre	2-Jahres-Inzidenzrate = 8.5%; 2-Jahres-Rückfallrate = 16.1%; Prädiktoren für einen Rückfall: depressive Eltern, vorangegangene Diagnosen von Verhaltensstörungen, Depression. Nach 2 Jahren hatten sich 87% erholt. Der Zeitraum bis zur Genesung betrug bei Kindern depressiver Eltern im Durchschnitt 54 Wochen, bei Kindern, deren Eltern nicht depressiv waren, 23 Wochen.
Beardslee et al. (1993a, 1996)	13.9*–18.5** Jahre; N = 139.	4 Jahre	Prädiktoren von Episoden affektiver Störungen sind: die Anzahl der Diagnosen der Index-Untersuchung, Dauer der elterlichen Depression und die Anzahl der nicht-affektiven Störungen der Eltern.

Anmerkungen:
* = Durchschnittsalter beim Erstinterview; ** = Durchschnittsalter beim Follow-up-Interview.

Tab. 6.4 Epidemiologische Studien zum Verlauf depressiver Störungen

Autoren	Alter/Anzahl	Follow-up-Zeitraum	Ergebnisse
Fleming et al. (1993)	13–16 Jahre; N = 625.	4 Jahre	Jugendliche, die zum ersten Erhebungszeitpunkt depressiv waren, hatten während des Follow-up-Zeitraumes häufiger eine Depression verglichen mit Jugendlichen mit Verhaltensstörungen.
Feehan et al. (1994)	18 Jahre; N = 930.	4 Jahre	Jugendliche mit einer Depression oder Angststörung scheinen im Alter von 18 Jahren eher eine internalisierende als eine externalisierende Störung zu entwickeln.
Pine et al. (1998)	26–35 Jahre; N = 776.	9 Jahre	Eine Angststörung oder Depression in der Adoleszenz zeigte ein 2- bis 3fach erhöhtes Risiko für eine Angststörung oder Depression im Erwachsenenalter an.
Lewinsohn et al. (1994)	14–18 Jahre; N = 362.	1 Jahr	Ein Rückfall stand in Verbindung mit Suizidgedanken und einem späteren Störungsbeginn.
Lewinsohn et al. (1999)	19–24 Jahre; N = 739.	6.3 Jahre	Personen, die im Jugendalter depressiv waren, waren auch im frühen Erwachsenenalter signifikant häufiger depressiv als Jugendliche mit nicht-affektiven Störungen und Jugendliche ohne Störungen. Mädchen hatten ebenfalls ein erhöhtes Depressionsrisiko.
Essau (2000)	12–17 Jahre; N = 1035.	15 Monate	19.4% der Jugendlichen, die zum T1-Zeitpunkt die diagnostischen Kriterien der Major Depression erfüllten, erhielten zu T2 dieselbe Diagnose.

6.2 Dauer der depressiven Episoden

Im Hinblick auf die Dauer depressiver Episoden finden sich in der Literatur sehr unterschiedliche Angaben. Das liegt zum einen daran, dass die Studien, die zu diesem Zweck durchgeführt wurden, sehr unterschiedlich konzipiert sind. Sie unterscheiden sich hinsichtlich ihres Untersuchungszeitraumes ebenso wie hinsichtlich ihres Settings (klinische

Stichprobe vs. Allgemeinbevölkerung). Zum anderen liegt es daran, dass die Merkmale der Patienten ebenfalls sehr unterschiedlich sind. Wie die Übersichtsarbeit über die Ergebnisse klinischer Studien von Kovacs und Devlin (1998) zeigt, waren 41 % der depressiven Kinder noch nach einem Jahr depressiv, zwischen 8 und 10 % nach zwei Jahren.

In der Studie von Geller et al. (1994), die ebenfalls im klinischen Setting durchgeführt wurde, betrug die Dauer der Major Depression vor dem Index-Interview bei 83 % der Probanden weniger als zwei Jahre, wobei die meisten Jugendlichen schwer beeinträchtigt waren. Die Ergebnisse der Studie von Sanford et al.(1995) zeigten, dass bei einem Drittel der Fälle zum Follow-up-Zeitpunkt weiterhin eine Major Depression vorlag. Die durchschnittliche Dauer bis zur Remission einer Depression lag bei 59.5 Tagen nach der Erstuntersuchung (Range: 14 bis 246 Tage; Emslie et al. 1997). In der Studie von Goodyer et al. (1997b) dauerte die depressive Episode vor dem Behandlungsbeginn bei Jungen signifikant länger (Durchschnitt: 53 Wochen) als bei Mädchen (Durchschnitt: 29.7 Wochen). Bei Sanford et al. (1995) waren die Prädiktoren für das Anhalten einer Major Depression: komorbider Substanzkonsum, Angststörungen, ein höheres Alter zum Interviewzeitpunkt und eine schlechtere Beziehung zum Vater. Der Befund, dass ein höheres Alter zum Interviewzeitpunkt ein Prädiktor für Major Depression war, legt nahe, dass es wichtig ist, den Entwicklungsstand bei der Diagnose und Behandlung von Depression zu berücksichtigen.

Bei Studien an der Allgemeinbevölkerung war die Dauer von Major Depression mit durchschnittlich 24 Wochen etwas geringer (Range: 2 bis 520 Wochen), eine Dysthymie dauerte im Durchschnitt 134 Wochen (Lewinsohn et al. 1993, 1994). Lewinsohn und Mitarbeiter (1994) stellten einen Zusammenhang von weiblichem Geschlecht, Schweregrad der Depression und Depressionsbehandlung mit einer längeren Dauer der Index-Depression fest.

Die Dauer depressiver Episoden wird von familiären Faktoren wie auch vom Vorliegen komorbider Störungen beeinflusst. Depressive Jugendliche weisen oft zum Follow-up-Zeitpunkt komorbide Störungen auf, wobei Angststörungen und die Störung des Sozialverhaltens sowie Störungen durch Substanzkonsum die häufigsten sind (Anderson/McGee 1994; Hammen et al. 1990; McCauley et al. 1993). In der Studie von Harrington et al. (1990) zeigten depressive Kinder mit Verhaltensproblemen verglichen mit depressiven Kindern ohne Probleme dieser Art einen signifikant schlechteren Verlauf. Sie wiesen auch signifikant häufiger eine antisoziale Persönlichkeitsstörung auf und hatten ein höheres Risiko, Alkoholmissbrauch oder Depressionen im Erwachsenenalter zu entwickeln (Tab. 6.3). In der Studie von Hammen et al. (1990) war bei Kindern depressiver Mütter der schlechteste Verlauf zum Follow-up-Zeitpunkt zu beobachten. Viele dieser Kinder wiesen weitere Störungen auf.

Die Daten der „Dunedin Multidisciplinary Health and Development Study" (Anderson/McGee 1994) zeigten einen hohen Anstieg der Raten von „Doppelter Depression" (Major Depression und Dysthymie) zwischen dem Alter von elf (1.8 %) und 15 Jahren (4.2 %). Im Alter von 15 Jahren ist Komorbidität häufig, besonders bei Jugendlichen mit Dysthymie. Es gab nur 14 % „reine" Fälle von Dysthymie, im Vergleich dazu waren 50 % „reine" Fälle von Major Depression zu verzeichnen. Bei der Analyse der Stabilität komorbider Störungen zeigte sich, dass drei Kinder, die im Alter von elf Jahren eine „reine" Depression hatten, im Alter von 15 Jahren keine Störung aufwiesen. Im Gegensatz dazu blieben bei neun von elf Kindern, die im Alter von elf Jahren an Depression sowie an weiteren komorbiden Störungen litten, die Störungen bis zum Alter von 15 Jahren stabil.

6.3 Raten und Prädiktoren von Genesung

Genesungsraten Die Genesungsraten variieren stark je nach Studie, was teilweise auf Unterschiede in der Definition von Genesung sowie auf die Dauer bis zum Follow-up-Zeitpunkt zurückzuführen ist. Auch scheinen die Genesungsraten von den ausgewerteten Informationsquellen abhängig zu sein. Beispielsweise zeigten die Ergebnisse der Bremer Jugendstudie (Essau 2000), dass der Verlauf von Depression sehr unterschiedlich sein kann. Für einige Jugendliche war die Depression keine vorübergehende Erfahrung, sondern ein stabiles Phänomen (Abb. 6.1). Bei einigen anderen wurde die Depression von einer anderen Störung abgelöst. 24.4 % (N = 22) der Jugendlichen waren zum Zeitpunkt T1 und T2 depressiv. Einige von ihnen erfüllten die Diagnosekriterien von Angststörungen (15.5 %), Somatoformen Störungen (31.1 %) und Störungen durch Substanzkonsum (14.4 %). Ungefähr die Hälfte (48.8 %) der zu T1 depressiven Jugendlichen wiesen zu T2 keinerlei Störung mehr auf. 3 % der Jugendlichen, die zu T1 keine psychische Störung aufwiesen, waren zu T2 depressiv, ebenso wie 10 % der Jugendlichen, die zu T1 andere Störungen hatten. Die meisten dieser Jugendlichen hatten zu T1 eine Angst- oder eine Somatoforme Störung.

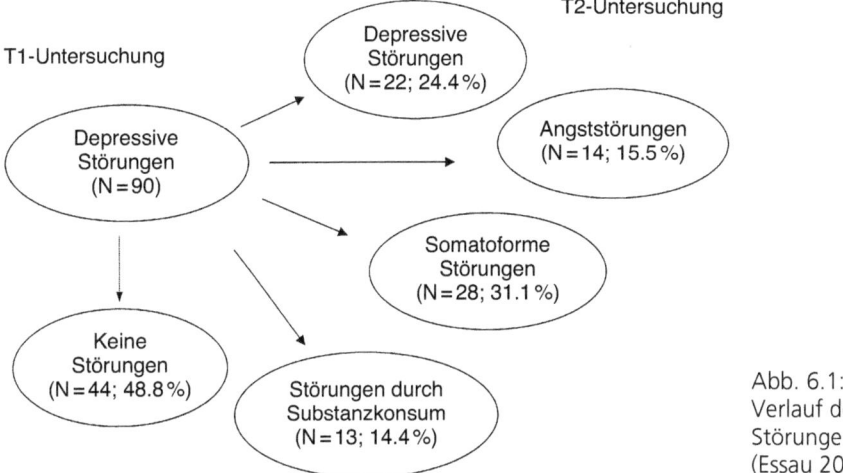

Abb. 6.1:
Verlauf depressiver
Störungen
(Essau 2000)

In einer Studie von Goodyer et al. (1991) betrachteten sich 43 % der depressiven Kinder zum Zeitpunkt der Follow-up-Untersuchung als genesen, 53 % der Kinder wurden von den Müttern als genesen beurteilt und von den Psychiatern 50 %. Diese unterschiedlichen Beurteilungen sind möglicherweise auf die mangelnden Fähigkeiten der Eltern und Psychiater zurückzuführen, die internalen emotionalen und kognitiven Symptome der Kinder nachzuvollziehen.

Die Faktoren, die mit der Stabilität von Depression zusammenhängen, sind (Abb. 6.2): die Anzahl vorheriger depressiver Episoden, negative Lebensereignisse und Copingstrategien sowie das Vorhandensein von komorbiden Störungen, insbesondere Angststörungen (erhoben bei der Index-Untersuchung; Essau 2000). Interessant ist auch, dass 40 % der Jugendlichen mit Depression zu T1 und T2 zwar wegen emotionaler Probleme in Behandlung waren, diese jedoch nicht zur Genesung führte. Von diesen Ergebnissen ausgehend lässt sich spekulieren, dass eine erste depressive Episode die Betroffenen anfällig macht und weitere Episoden nach sich zieht. Diese erste Episode kann als ein Stressor gesehen werden, der mit veränderter Reaktionsbereitschaft auf bestimmte Stressoren einhergeht. Es könnte auch sein, dass dysfunktionale Problemlösungsstrategien bzw. Copingstrategien (z.B. grüblerisches Copingverhalten) depressiver Jugendlicher zu Belastungen führen, auf die sie dann wiederum mit Depression reagieren.

Prädiktoren für die Dauer bis zur Genesung bei klinischen und Hochrisiko-Studien umfassen gehäufte elterliche Depression (Goodyer et al.

Stabilität von Depression

98 Merkmale der Depression

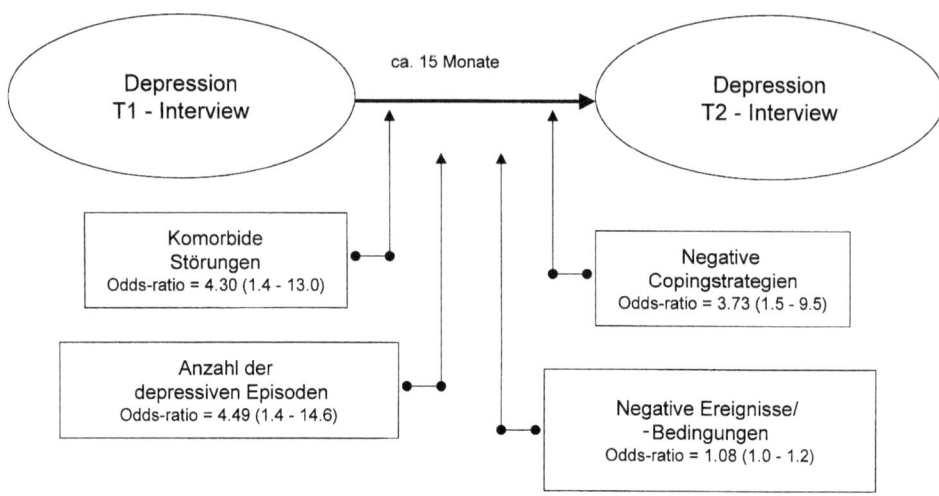

Abb. 6.2:
Faktoren, die den Verlauf von Depression beeinflussen (nach Essau 2000)

1991), mäßige oder schlechte Qualität von Freundschaften nach dem Auftreten der Depression, Eltern mit starkem negativen Emotionsausdruck (Asarnow et al. 1993) und das Auftreten der ersten affektiven Störung vor dem Alter von 13 Jahren (Warner et al. 1992). Bei Kindern depressiver Eltern lag die durchschnittliche Dauer bis zur Genesung bei 54 Wochen, bei Kindern nicht-depressiver Eltern lag sie bei 23 Wochen (Warner et al. 1992).

Emotionsausdruck   Asarnow et al. (1993) berichteten, dass Kinder, deren Eltern einen geringen negativen Emotionsausdruck hatten, signifikant eher genesen waren als die Kinder von Eltern mit starkem Ausdruck negativer Emotionen. Zum Zeitpunkt eines Follow-up-Interviews nach Ablauf eines Jahres war kein Kind aus der Gruppe mit Eltern mit starkem negativen Emotionsausdruck genesen; in der Gruppe der Kinder, deren Eltern einen geringen negativen emotionalen Ausdruck zeigten, waren es 53 %. Dieses Ergebnis blieb bestehen, auch nachdem soziodemographische Faktoren des Kindes (Geschlecht, Alter, sozioökonomischer Status, allein erziehendes Elternteil vs. Familie mit beiden Elternteilen), klinische Faktoren wie Behandlung während des Follow-up-Zeitraumes (d.h. psychosoziale vs. psychosoziale und pharmakologische Interventionen), Subtypen der Depression (Major Depression, Dysthyme Störung, Doppelte Depression), Komorbidität mit Störungen des Sozialverhaltens und Chronizität untersucht worden waren. Die Autoren argumentierten, dass das affektive Klima zu Hause ein wichtiger Prädiktor des Verlaufs von Depression sei, da die Kinder die Unterstützung ihrer Familien benötigen, insbesondere, wenn sie depressiv sind und dazu neigen, sich von Gleichaltrigen und sozialen Aktivitäten zurückzuziehen. In einer Studie der Allgemeinbevölkerung von Lewinsohn et al. (1994) waren diejenigen, deren Genesung von einer Major Depression länger dauerte, zum Zeitpunkt ihrer ersten depressiven Episode jünger, hatten Suizidgedanken und begaben sich bereits wegen ihrer affektiven Störung in Behandlung.

6.4 Rückfallraten und -prädiktoren

Die Rückfallhäufigkeit depressiver Störungen bei Kindern und Jugendlichen ist relativ hoch (Asarnow et al. 1988; Garber et al. 1988; Kovacs et al. 1984). Kovacs et al. (1984) berichten, dass bei 26% der Kinder innerhalb eines Jahres der Genesung eine neue Episode auftrat, bei 40% der Kinder war das innerhalb von zwei Jahren der Fall. Sie berichteten ebenfalls ein Rückfallrisiko von 72% innerhalb von fünf Jahren nach der ersten Episode, wobei die Rückfallwahrscheinlichkeit bei Kindern mit „Doppelter Depression" höher lag. In der Studie von Asarnow et al. (1988) waren 35% der depressiven Kinder innerhalb eines Jahres nach der Entlassung erneut hospitalisiert, innerhalb von zwei Jahren waren es 45%. In einer Studie von Hammen et al. (1990) hatten fünf von zehn Kindern depressiver Mütter während eines Follow-up-Zeitraumes von drei Jahren einen Rückfall einer Episode von Major Depression. In einer von Rao et al. (1995) durchgeführten Studie lag die Rückfallquote innerhalb von sieben Jahren in der depressiven Gruppe bei 69%, wobei die mittlere Dauer eines Rückfalls einer Major Depression 28 Wochen betrug.

Aus zwei Studien geht hervor, dass ein niedriger sozioökonomischer Status das Risiko für den Rückfall einer depressiven Episode erhöht (McCauley et al. 1993; Rao et al. 1995). In der Studie von Lewinsohn et al. (1994) umfassten die Faktoren, die einen schnellen Rückfall einer Major Depression begünstigten: eine Vorgeschichte von Suizidversuchen; das Vorliegen von Suizidgedanken während der ersten Episode einer Major Depression; eine schwere erste Episode von Major Depression; ein höheres Alter bei Störungsbeginn und eine kürzere Dauer der ersten Episode (Tab. 6.5). Als Unterstützung der Hypothese, dass sich Depressionen mit frühem Beginn von später auftretenden Depressionen unterscheiden, wurde das Ergebnis betrachtet, dass in der Kindheit auftretende Episoden von Major Depression von längerer Dauer waren.

Rückfallrisiko

6.5 „Switch Rates" von Depression zur Bipolaren Störung

Wechsel zur Bipolaren Störung

Bei Depression mit einem frühen Beginn lassen sich nicht nur zukünftige depressive Episoden und das Risiko komorbider Störungen voraussagen, sondern auch der Übergang von der Depression zur Bipolaren Störung (Geller et al. 1994; Strober et al. 1993). Zum Follow-up-Zeitpunkt hatten 28% derjenigen mit psychotischer Depression manische oder hypomanische Episoden entwickelt, wohingegen diejenigen mit nicht-psychotischer Depression über den Follow-up-Zeitraum hinweg unipolar blieben (Strober et al. 1993). Teilnehmer mit psychotischer Depression waren zu den sechs und 24 Monate späteren Follow-up-Zeitpunkten schulisch bzw. beruflich mehr beeinträchtigt als diejenigen mit nicht-psychotischer Depression. Geller et al. (1994) berichteten bei 31.7% der Kinder mit Major Depression einen Wechsel zur Bi-

Tab. 6.5 Faktoren, die mit einem negativen Verlauf depressiver Störungen verbunden sind

Autoren	Faktoren für negativen Verlauf
Asarnow et al. (1993)	Starker negativer Emotionsausdruck
Beardslee et al. (1993a)	Elterliche Depression; früher Beginn von Major Depression; komorbide Störungen
Hammen et al. (1990)	Depression der Mutter
Goodyer et al. (1997a, b)	Mittelmäßige/schlechte Freundschaften; komorbide Zwangsstörung; schwerere Depression; höheres Alter
Kovacs et al. (1994)	Komorbide Dysthyme Störung
Lewinsohn et al. (1994)	Früher Beginn der Major Depression; Behandlung wegen affektiver Störungen; Suizidgedanken
Rao et al. (1995)	Niedriger sozioökonomischer Hintergrund
Warner et al. (1992)	Komorbide Dysthyme Störung; Probleme mit Sozialkontakten; multiple elterliche Depression; Beginn der affektiven Störung im Alter von 13 Jahren oder früher

polaren Störung. Bei Jugendlichen mit Major Depression scheinen ein früher Störungsbeginn sowie das Vorliegen Bipolarer Störungen in der Familie das Risiko der Entwicklung Bipolarer Störungen zu erhöhen. Aus den meisten Studien geht trotz der Unterschiede bei der Stichprobenauswahl, der verwendeten Erhebungsinstrumente, der Länge des Follow-up-Zeitraumes und der Art des Verlaufs konsistent hervor, dass das Auftreten depressiver Störungen in Kindheit und Jugend als ein Prädiktor für spätere depressive Störungen gelten kann und in vielen Fällen mit langfristiger psychosozialer Beeinträchtigung verbunden ist. Die Faktoren Doppelte Depression, komorbide Störungen, wenige Freunde, elterliche Depression und niedrigerer sozioökonomischer Hintergrund stehen mit einem negativen Verlauf in Zusammenhang (Tab. 6.5). Allerdings sind bei einigen Studien methodische Einschränkungen offensichtlich, so dass bei der Interpretation und Generalisierung der Ergebnisse zum Verlauf depressiver Störungen bei Jugendlichen vorsichtig vorgegangen werden muss.

6.6 Übungsfragen zum 6. Kapitel

64. Wie stabil ist Depression bei Kindern und Jugendlichen?
65. Welche Indizes werden in Verlaufsstudien von Depression benutzt?
66. Was sind die Indikatoren des Verlaufs von Depression?
67. Welche Faktoren beeinflussen möglicherweise den Verlauf depressiver Störungen bei Kindern und Jugendlichen?
68. Was ist eine Hochrisiko-Studie?
69. Wie lange dauert durchschnittlich eine depressive Episode?
70. Was ist mit „Doppelter Depression" gemeint?
71. Anhand welcher Faktoren lässt sich die Dauer depressiver Episoden vorhersagen?
72. Was bedeutet „Switch Rates" von Depression zur Bipolaren Störung?
73. Wie hoch ist die Rückfallhäufigkeit bei depressiven Störungen von Kindern und Jugendlichen?
74. Gibt es einen Zusammenhang zwischen Emotionsausdruck und dem Verlauf einer Depression?
75. Was sind die Prädiktoren des Rückfalls einer Depression?

II Theorien und Risikofaktoren

7 Entstehungsmodelle von Depression

Verschiedene psychologische Modelle sind entwickelt worden, um zu erklären, wie Risikofaktoren zu Depression führen können. Diese Modelle lassen sich in drei Gruppen unterteilen: (a) kognitive-behaviorale Modelle; (b) psychoanalytische bzw. psychodynamische Modelle und (c) multifaktorielle Modelle. Die meisten dieser Modelle sind aus Modellen weiterentwickelt worden, die ursprünglich für Erwachsene konzipiert wurden. In diesem Kapitel sollen einige dieser psychologischen Modelle dargestellt werden.

7.1 Kognitiv-behaviorale Modelle

7.1.1 Die Kognitive Theorie von Beck

Die kognitive Theorie der Depression von Beck (1967) besteht aus drei Hauptkomponenten: kognitive Schemata, negative kognitive Triade und kognitive Verzerrungen oder Fehler. Die kognitiven Schemata umfassen kognitive Strukturen, durch die Informationen gefiltert werden und die die Effizienz und Geschwindigkeit des Informations-Verarbeitungsprozesses beeinflussen. Beck geht davon aus, dass diese Schemata die Aufmerksamkeit, Erwartungen und Interpretationen sowie das Gedächtnis steuern. Man nimmt an, dass negative Schemata an der Entstehung von Depression beteiligt sind, indem sie die Auswahl, Verarbeitung, Organisation und Bewertung von Umweltreizen in eine negative und pessimistische Richtung lenken.

Im Jahre 1983 stellte Beck die Hypothese auf, dass Soziotropie und Autonomie im Hinblick auf den Beginn einer Depression möglicherweise von besonderer Bedeutung sein könnten. Soziotropie ist ein Persönlichkeitsmerkmal, das durch ein starkes Bedürfnis nach Verständnis, emotionaler Unterstützung und Hilfe gekennzeichnet ist. Des Weiteren ist sie durch verstärktes Streben nach einer engen Bindung und Intimität und durch eine erhöhte Angst vor Zurückweisung, Trennung und Verlust im zwischenmenschlichen Bereich charakterisiert. Daher ist beispielsweise das Ende einer Liebesbeziehung für einen Menschen

Soziotropie und Autonomie

mit hoch ausgeprägter Soziotropie von besonderer Bedeutung und erhöht möglicherweise besonders das Risiko einer depressiven Erkrankung. Autonomie hingegen äußert sich als ein beharrliches Verfolgen von hochgesteckten Zielen im Leistungsbereich, das bei Misserfolg zu erhöhter Selbstkritik, Unzufriedenheit und zu Schuldzuweisungen gegen sich selbst führt. Menschen mit einem hohen Grad von Autonomie sind besonders empfindlich gegenüber Misserfolg. Es wird angenommen, dass sie in erhöhtem Maße depressionsgefährdet sind, wenn sie zuvor z.B. einen schulischen Misserfolg hinnehmen mussten. Nach Beck prädisponieren Soziotropie und Autonomie zu Depression.

negative kognitive Triade

Die zweite Hauptkomponente der Theorie von Beck ist die negative kognitive Triade. Sie beinhaltet eine negative Selbst-, Welt- und Zukunftssicht. Nach Beck schlägt sich das negative Selbstbild in einer geringen Selbstachtung, einer negativen Selbstbewertung, erhöhter Selbstkritik und einer Unterschätzung der eigenen Fähigkeiten nieder. Die negative Weltsicht depressiver Personen drückt sich in der Tendenz aus, negativ verzerrte Erklärungen für Situationen oder Ereignisse zu finden. Die negativen Zukunftserwartungen zeigen sich in Symptomen von Hoffnungslosigkeit.

kognitive Fehler

Der letzte Hauptbestandteil der Theorie von Beck ist die Hypothese, dass depressive Menschen negative kognitive Verzerrungen oder Fehler machen. Depressive Personen zeichnen sich durch willkürliches Schlussfolgern aus, indem sie Ereignisse und Situationen negativ interpretieren, obwohl es keine Fakten gibt, die diese Schlüsse rechtfertigen. Eine weitere Verzerrung, die Depressive häufig vornehmen, ist die selektive Abstraktion, d.h. Schlüsse werden nicht auf der Basis der gesamten Situation, sondern nur aufgrund von einzelnen, hervorstechenden Bestandteilen der Situation gezogen. Ein anderer Fehler ist die Übergeneralisierung, d.h. Schlussfolgerungen aus einer spezifischen Situation werden auf die unterschiedlichsten Situationen übertragen. Des Weiteren werden positive Erlebnisse in ihrer Bedeutung unterschätzt (Minimierung); gleichzeitig wird aber aversiven Ereignissen eine übertrieben hohe Bedeutung (Maximierung) zugeschrieben.

7.1.2 Das Modell der gelernten Hilflosigkeit

Das Konzept der gelernten Hilflosigkeit entstand in den 70er Jahren im Rahmen von Tierversuchen, in denen ein Zusammenhang zwischen Angstkonditionierung und Vermeidungslernen untersucht wurde. In Laborexperimenten wurde deutlich, dass Tiere sich hilflos verhielten, wenn sie gelernt hatten, dass sie weder positive Verstärker noch aversive Reize kontrollieren konnten. Seligman (1975) beobachtete die Ähnlichkeit des Verhaltens hilfloser Tiere mit den Symptomen depressiver Menschen und erweiterte das Modell der gelernten Hilflosigkeit zu einem psychologischen Erklärungskonzept depressiven Verhaltens. Er führte Experimente mit Studenten durch, in denen er seine Versuchspersonen mit unentrinnbaren aversiven Geräuschen oder mit unlösbaren Prüfungsaufgaben konfrontierte und induzierte dadurch Hilflosigkeit. Dabei stellte er fest, dass die Depression bei Menschen eine Reihe von Parallelen zur gelernten Hilflosigkeit aufweist.

Wenn ein Mensch wiederholt erlebt, dass er nicht in der Lage ist, Ereignisse in der Umwelt mit seinem Verhalten zu beeinflussen, bildet er negative Erwartungen hinsichtlich zukünftiger Situationen, die er generalisiert. Infolgedessen verliert er die Motivation zum Handeln und nimmt auch dann keine Einflussmöglichkeiten mehr wahr, wenn sie tatsächlich vorhanden sind. Nach Seligman löst die Unkontrollierbarkeit von Situationen zuerst Angst aus, die bei anhaltender Erfahrung von Unkontrollierbarkeit in Depression mündet. Dabei ist die subjektive Erwartung der Unkontrollierbarkeit die entscheidende Determinante von Hilflosigkeit bzw. Depression.

Unkontrollierbarkeit und Depression

Im Jahre 1978 wurde von Abramson et al. ein revidiertes Modell der gelernten Hilflosigkeit vorgestellt, in dem der Prozess der kognitiven Verarbeitung von Unkontrollierbarkeit eine große Rolle spielt. Wenn ein Individuum erlebt, bedeutsame Ereignisse nicht kontrollieren zu können, sucht es nach Ursachen dafür. Je nach Ursachenzuschreibung (Attribution) bilden sich Erwartungen hinsichtlich zukünftiger Kontrolle aus. Abramson und Mitarbeiter unterscheiden diese Ursachenzuschreibungen auf drei Ebenen: „Internal-External", „Global-Spezifisch" und „Stabil-Variabel".

Attributionsmuster

a) Internalität vs. Externalität: „Interne Kontrolle" bedeutet, dass ein Individuum die Folgen seiner Handlungen als von ihm selbst gesteuert ansieht. Personen mit „externaler Kontrolle" gehen davon aus, dass äußere Umstände die Folgen ihrer Handlungen determinieren.

b) Globalität vs. Spezifität: Attribuiert eine Person global, heißt das, dass sie die Ursachen von nicht kontrollierbaren Bedingungen sehr allgemein fasst. Bei einer spezifischen Attribution werden sie auf konkrete begrenzte Faktoren zurückgeführt.

c) Stabilität vs. Variabilität: Diese Dimension beschreibt die zeitliche Beständigkeit einer Nicht-Kontrollbedingung. Werden diese Bedingungen auf über die Zeit stabile Ursachen zurückgeführt, wie z. B. mangelndes Urteilsvermögen, spricht man von stabiler Attribution. Hält eine Person die Bedingungen für vorübergehend (z.b. Ermüdung), wird variabel attribuiert.

Nach Abramson et al. (1978) haben individuelle Attributionsmuster Einfluss auf die Entstehung von Hilflosigkeit. Der für eine Depression charakteristische Attributionsstil zeichnet sich durch eine internale, globale und stabile Ursachenzuschreibung für negative Ereignisse aus. Demnach schreiben depressive Personen Misserfolge eher sich selbst zu, übertragen Hilflosigkeitserwartungen auf viele andere Bereiche und gehen davon aus, dass Misserfolge über die Zeit stabil sind. Dies konnte in mehreren Untersuchungen nachgewiesen werden.

Hoffnungslosigkeits-Depression

In der Überprüfung der reformulierten Theorie der gelernten Hilflosigkeit (Abramson et al. 1989) wurde ein Subtypus von Depression vorgeschlagen, der als „Hoffnungslosigkeits-Depression" bezeichnet wird. Die Hauptthese dieser Theorie besagt, dass Hoffnungslosigkeits-Depression aus der Erwartung negativer Ergebnisse und dem Ausbleiben positiver Resultate sowie aus der wahrgenommenen Unfähigkeit entsteht, zukünftige Ergebnisse zu beeinflussen. Hoffnungslosigkeits-Depression wird erwartet, wenn negative Lebensereignisse auf internale, globale und stabile Ursachen zurückgeführt werden. Zudem wächst die Wahrscheinlichkeit einer Hoffnungslosigkeits-Depression mit zunehmender Wahrnehmung der Unfähigkeit, Ergebnisse in der Umgebung zu beeinflussen. So kann das Selbstbild des Einzelnen, einschließlich Selbstwertgefühl, Fähigkeiten und Persönlichkeit, nach einem negativen Ereignis die Wahrscheinlichkeit einer Hoffnungslosigkeits-Depression beeinflussen. Die Erwartung eines negativen Ergebnisses ist wahrscheinlicher, wenn ein negatives Ereignis auf globale und stabile Ursachen zurückgeführt wird.

7.1.3 Problemlösungsmodelle

Problemlösung

Für die Erstmanifestation wie auch für die Aufrechterhaltung einer Depression stellen ineffektive und defizitäre Fertigkeiten, ein Problem zu lösen, einen wichtigen Faktor dar (Nezu et al. 1989). Problemlösefähigkeiten bestehen aus fünf Komponenten; sind einige oder sogar alle fünf Komponenten defizitär, steigt das Risiko für eine Depression. Bei den fünf Komponenten des Problemlösens handelt es sich um die Fähigkeiten,

- ein Problem zu definieren und zu formulieren,
- alternative Problemlösungen zu finden,
- sich für eine Problemlösung zu entscheiden,
- die Problemlösung auszuführen und
- den Erfolg der realisierten Problemlösung zu überprüfen.

Die Fähigkeit, soziale Probleme zu lösen, wird sowohl durch direkte Erfahrungen mit anderen Menschen erlernt, als auch durch stellvertretendes Lernen erworben. Manche Personen sind deshalb schlechte Problemlöser, weil sie die notwendigen Fähigkeiten dazu nicht erlernt haben; andere schlechte Problemlöser haben zwar die Fertigkeiten erworben, sind aber aufgrund ungünstiger Emotionen, z. B. starker Angst, unfähig, die Problemlösung in eine Handlung umzusetzen.

Unabhängig von den spezifischen Problemlösedefiziten einer Person nimmt man an, dass Depression dann ausgelöst wird, wenn die Person erlebt, dass sie aktuelle Probleme nicht lösen und bewältigen kann. Eine mangelhafte oder nicht ausgeführte Problemlösung kann zu negativen Konsequenzen führen; dies wiederum geht damit einher, dass positive Verstärkungen abnehmen. Der gesamte Prozess kann schwere und lang andauernde depressive Episoden begünstigen oder auch Rückfallraten erhöhen. Im konkreten Verhalten einer Person äußern sich diese Defizite im Problemlösen in sozialem Rückzug, sozialer Isolation sowie rücksichtslosem Verhalten (Lewinsohn et al. 1994).

7.1.4 Das zweidimensionale Kontrollmodell

Das Konstrukt der Kontrollüberzeugung bezieht sich auf die Wahrnehmung oder Erwartung des Einzelnen, Kontrolle über Verstärker zu besitzen (Weisz et al. 1984). Wenn Verstärkung als kontingent mit dem eigenen Verhalten einer Person wahrgenommen wird, ist die Kontrollüberzeugung internal. Im Gegensatz dazu wird die Kontrolle der Verstärkung als external und jenseits von persönlichen Einflussmöglichkeiten erlebt, wenn Verstärkung als das Ergebnis von Faktoren wahrgenommen wird, die zu dem Verhalten des Individuums nicht kontingent sind, sondern sich unter der Kontrolle anderer, externaler Kräfte befinden. So hängt das Ausmaß, in dem Verstärkung als Lernmotivation fungiert, davon ab, ob die Person eine kausale Beziehung zwischen ihrem Verhalten und der Belohnung wahrnimmt.

Kontrollüberzeugung

Auf der Basis dieser Theorie haben Weisz et al. (1984) ein zweidimensionales Kontrollmodell entwickelt, in dem Kontrolle als die gemeinsame Funktion von Beurteilungen der Kontingenz der Ergebnisse und der persönlichen Kompetenz dargestellt wird. Ergebniskontingenz ist definiert als das Ausmaß, in dem erwünschte Ergebnisse kontingent sind (d.h. der Grad, in dem ein Zielereignis durch das Verhalten oder die Eigenschaften einer Person kontrolliert wird). Die Fähigkeit, Kontrolle über ein kontingentes Ereignis auszuüben, hängt von der persönlichen Kompetenz des Individuums ab, d.h. von der Fähigkeit des Individuums, ein mit dem erwünschten Ergebnis kontingentes Verhalten zu zeigen. Die Wahrnehmung von Kontingenz und Kompetenz beeinflusst die Beurteilung persönlicher Kontrolle.

7.1.5 Das assoziative Netzwerk-Modell von Bower

emotionale Knoten In einer Erweiterung seiner früheren Arbeit über das menschliche Gedächtnis (Anderson/Bower 1973), integrierte Bower das Konzept emotionaler Knoten in sein Modell eines Gedächtnis-Netzwerkes. Jeder emotionale Knoten entspricht einem spezifischen emotionalen Zustand und wird immer dann aktiviert, wenn dieser Zustand erlebt wird. Mit der Zeit entwickelt jeder emotionale Knoten Verbindungen mit jenen Knoten, die am häufigsten simultan mit dem spezifischen emotionalen Knoten auftreten. Diese Knoten enthalten Darstellungen, die in ihrer affektiven Komponente mit den spezifischen Emotionen kongruent sind. Da Depression oft erlebt wird, wenn Informationen verarbeitet werden, die mit Verlust oder Versagen in Verbindung stehen, werden sich assoziative Verbindungen zwischen Depressionsknoten und den Knoten entwickeln, die diese Klasse negativer Informationen enthalten.

Haben sich einmal solche assoziativen Netzwerke gebildet, wird das Erleben eines bestehenden Stimmungszustandes (z.B. Depression) zu einer systematischen Verzerrung im Erinnerungssystem führen. Die konsequente Aktivierung von Konzepten und Erfahrungen, die mit einer Emotion (Stimmung) verbunden sind, macht es leichter, sich an Ereignisse zu erinnern, die mit dem affektiven Zustand kongruent sind. Das Modell von Bower sagt generelle Effekte von Stimmung auf kognitive Prozesse voraus. Genauso soll eine Stimmung die Wahrnehmung affektiv kongruenter Informationen, als auch die stimmungskongruente Interpretation nicht eindeutiger Informationen und das vermehrte Abrufen affektiv-kongruenter Informationen erleichtern. Bower postuliert also, dass Depression mit verzerrter Aufmerksamkeit, Interpretation und Erinnerung an negative Informationen assoziiert ist.

7.1.6 Die Differentielle-Aufmerksamkeits-Hypothese von Teasdale

Anhand dieser Theorie lässt sich sowohl die Vulnerabilität einiger Personen für Depression als auch die Dauer depressiver Episoden erklären (Teasdale 1988). Teasdale geht davon aus, dass jeder einmal Lebensereignissen ausgesetzt ist, von denen man erwarten könnte, dass sie eine milde Dysphorie auslösen. Unterschiede in der kognitiven Funktionsweise zwischen vulnerablen und nicht-vulnerablen Individuen werden während des Erlebens einer solchen dysphorischen Stimmung deutlich. Bei nicht-vulnerablen Personen treten Selbstberuhigungsmechanismen in Kraft, die ihnen erlauben, mit ihrem gegenwärtigen negativen Affekt umzugehen und sich von seinen negativen Auswirkungen zu erholen.

Im Gegensatz dazu erleben und zeigen vulnerable Personen Schwierigkeiten in ihren kognitiven Funktionsweisen, die zum Erleben schwererer Formen von Depression führen. Die kognitiven Funktionsmuster, die nur während des Erlebens einer dysphorischen Stimmung auftreten, bestimmen demnach, ob die Stimmung nur vorübergehend ist oder in eine schwerere Depression übergehen wird. Teasdale (1988) geht ebenfalls davon aus, dass die eigentliche Ursache der Depression weniger wichtig ist als die Denkmuster, die auftreten, wenn die Person erst einmal dysphorisch oder depressiv ist. Die depressive Stimmung erhöht die Zugänglichkeit von Repräsentationen deprimierender Erfahrungen und negativ interpretativer Kategorien und Konstrukte. In einer depressiven Stimmung gibt es also nicht nur eine erhöhte Wahrscheinlichkeit, dass einem unglückliche Erinnerungen kommen, sondern auch negative Verzerrungen in der Art der Wahrnehmung und Interpretation von Situationen und der Art, in der Schlussfolgerungen gezogen und Vorhersagen mit Hilfe von Informationen aus Umwelt und Erinnerung gemacht werden. Diesen kognitiven Mustern, aktiviert durch depressive Stimmung, wird bei Bestimmung des Schweregrades und der Dauer des depressiven Affektes eine kritische Rolle zugeschrieben. Weiterhin verstärken sich depressive Stimmung und kognitive Verarbeitung gegenseitig, wodurch ein Teufelskreis entsteht, der die Depression intensiviert und aufrechterhält. Teasdale vermutet, dass jemand in einer dysphorischen Stimmung sein muss, um mit Depressivität verbundene kognitive Verzerrungen zu erleben.

7.1.7 Rehms Selbstkontrollmodell der Depression

Ausgehend vom Selbstkontrollmodell Kanfers (1970) entwickelte Rehm (1981) ein Selbstkontrollmodell der Depression, in das auch attributionstheoretische Überlegungen miteinfließen. Kern dieses Modells besteht in der Annahme, dass im Zentrum der Depression das Zusammenspiel unzureichender kognitiver Regulationsmechanismen mit externen Verstärkerverlusten steht. Dazu kommen negative Sanktionen in Form von erhöhten Selbstbestrafungstendenzen. Darüber hinaus unterscheiden sich Depressive von Nicht-Depressiven durch die Art ihrer Kausalattribuierungen im Hinblick auf zukünftige Ereignisse. Selektive Selbstbeobachtung, ungünstige Selbstbeurteilungen und mangelnde Selbstbelohnung bzw. Selbstbestrafung sind die Folgen dieser negativen Erwartungen und stellen den für Depressive charakteristischen Selbstkontrollstil dar.

Rehms Modell zufolge gilt die Aufmerksamkeit Depressiver vor allem negativen Ereignissen und ihren Folgen, negativen Aspekten der eigenen Person und ihres Verhaltens. Ein solcher kognitiver Stil führt zu Pessimismus und melancholischen Ansichten. Die negative selektive Selbstwahrnehmung hat eine negative Selbstbeurteilung zur Folge, die sich durch strenge, kaum zu erfüllende internale Standards auszeichnet. Damit wird es wenig wahrscheinlich, selbstgesteckte Ziele zu erreichen, was sich wiederum negativ auf die Selbsteinschätzung auswirkt.

Zudem tendieren Depressive zu einer internalen Kausalattribuierung, die nicht der Realität entspricht. Misserfolge werden als Fehler der eigenen Person wahrgenommen, wohingegen Erfolge nicht auf eigene Fähigkeiten zurückgeführt werden. Durch die negative Selbstbewertung kommt es kaum zu Selbstbelohnung, jedoch häufig zu übertriebener Selbstbestrafung. Diese Verhaltensweisen und inneren Haltungen halten die Depression aufrecht und führen dazu, dass auch die soziale Verstärkung ausbleibt, denn es wird kein Verhalten mehr gezeigt, das zu Verstärkung durch die Umwelt führen könnte. Die depressive Person zieht sich immer weiter zurück, die gestörten Selbstregulationsprozesse verhindern jegliche Handlungsmotivation. Es kommt zu Gefühlen von Hilflosigkeit im Sinne von Seligman (1975), die in Selbstvorwürfe und Apathie münden. Ein negatives Selbstbild, Pessimismus, Traurigkeit und Niedergeschlagenheit kennzeichnen den Selbstkontrollstil Depressiver auf der emotionalen Ebene.

7.1.8 Das „Competency-Based-Model"

Cole (1990) stellte das so genannte „Competency-Based-Model of depression in children" vor. Dabei nimmt die Bedeutung des Kompetenz-Feedbacks – der positiven oder negativen Rückmeldung auf das Verhalten in verschiedenen Bereichen (z. B. Aussehen, Leistung, Sozialverhalten, Sport) – eine zentrale Rolle für die Entwicklung eines positiven Selbstschemas ein. Ist ein Kind einer ständig negativen Rückmeldung ausgesetzt, kann dies kognitive Entwicklungsprozesse stören und die Differenzierung eines positiven Schemas behindern. Ein positives Feedback in einem oder mehreren Bereichen erleichtert dagegen Entwicklungsprozesse und kann vor einer Depression schützen. Schon innerhalb des Grundschulalters stellen Kompetenzbewertungen durch andere (vorwiegend Gleichaltrige) neben den parallel ablaufenden sozialpsychologischen Prozessen wie sozialen Vergleichsprozessen eine wichtige Komponente des Selbstwertgefühls dar. Das Feedback aus der Umwelt wird internalisiert: Was die Kinder sich selber zutrauen und was sie von ihren Fertigkeiten halten, beruht auf der Wahrnehmung dessen, wie sie von anderen bewertet werden.

Kompetenz-Feedback

7.1.9 Verstärker-Verlust-Modell der Depression

Nach Lewinsohn (1974) wird Depression als Reaktion auf mangelnde positive Verstärkung in wichtigen Lebensbereichen betrachtet. Das Ergebnis dieser verringerten Rate positiver Verstärkung ist, dass die betreffende Person an Aktivitäten, die ihr positive Verstärkung einbringen, weniger teilnimmt. Dies führt zu Dysphorie und Depression. Die Abnahme reaktionsbedingter positiver Verstärkung könnte eine Funktion dreier Faktoren sein (Lewinsohn/Arconad 1981):

positive Verstärkung

– Die Person verfügt nicht über angemessene soziale Fertigkeiten, um Verstärker zu erlangen oder aversive Situationen zu bewältigen. Lewinsohn (1974) definiert die sozialen Fertigkeiten als Fähigkeit, Verhaltensweisen zu emittieren, die durch die soziale Umgebung positiv verstärkt werden, und Verhaltensweisen zu vermeiden, die negative Konsequenzen zur Folge haben. Ein Mangel an sozialen Fertigkeiten zeigt sich beispielsweise in einer starken Einschränkung der Sozialkontakte auf wenige Personen, in einer geringen Flexibilität bei der Verhaltensauswahl in Abhängigkeit von der jeweiligen Situation und in gestörten Kommunikationsformen. Dieser Mangel

an sozialen Fertigkeiten erschwert es Depressiven, positive Verstärkung von ihrem Umfeld zu erhalten.
- Es könnte ein Mangel an positiven Verstärkern in der Umwelt oder einen Überschuss an aversiven Erfahrungen geben. Die Rate an positiver Verstärkung kann durch den Verlust einer nahen Bezugsperson, durch Trennung, Tod oder Zurückweisung, finanzielle Probleme und soziale Isolation reduziert sein.
- Es könnte sein, dass die Fähigkeit einer Person, positive Erfahrungen zu genießen, abgenommen oder ihre Empfindsamkeit negativen Ereignissen gegenüber zugenommen hat.

Lewinsohn et al. (1994) postulieren, dass depressive Personen soziale Defizite aufweisen, die es ihnen erschweren, positive Verstärkung von ihrem sozialen Umfeld zu erhalten; weiterhin scheinen vor allem jüngere Betroffene nicht über Basisfertigkeiten für positive soziale Interaktionen sowie Kommunikationsfertigkeiten zu verfügen.

7.2 Psychoanalytische bzw. psychodynamische Modelle

Der psychoanalytische Ansatz zur Erklärung von Depression lässt sich auf Freuds einflussreichen Beitrag „Trauer und Melancholie" (1917) zurückverfolgen, in dem einige wichtige Gemeinsamkeiten und Unterschiede zwischen Trauer und Depression dargestellt werden. Seit Erscheinen dieser Veröffentlichung wurde in psychoanalytischen Modellen von Depression die Erfahrung eines Verlustes als ein Vulnerabilitätsfaktor für Depression dargestellt. Dabei kann es sich um einen tatsächlichen physischen Verlust durch Tod oder Trennung handeln, aber auch um einen symbolischen Verlust durch emotionalen Mangel, Zurückweisung oder unangemessene unzureichende Zuwendung seitens der Eltern. Diesen Theorien zufolge entsteht Depression weiterhin aus Wut oder Feindseligkeit, die gegenüber dem verlorenen Objekt empfunden wird, aber dann in Form von Selbstkritik nach innen gerichtet wird.

Bibring (1953) verstand Depression als emotionales Gegenstück einer Hilflosigkeit des Ich, die notwendige narzisstische Befriedigung seitens der Umwelt zu erhalten. Wenn ein Individuum einen Mangel in einem wichtigen Bereich von Anerkennung oder Bedeutung erfährt und es ihm nicht gelingt, das Verlorene wiederzuerlangen, erlebt die Person eine Hilflosigkeit des Ich – zusammen mit einem depressiven

Affekt – wie auch einen Zusammenbruch der Mechanismen, die normalerweise seine Selbstachtung aufrechterhalten. Unterschiedliche Erfahrungen eines Mangels wirken sich auf unterschiedliche Individuen unterschiedlich aus, abhängig von den besonderen Bedürfnissen jedes Einzelnen und von der Bedeutung, die dieses Bedürfnis für die Bildung von Selbstachtung hat. Nach Bibring haben Depressionen ein gemeinsames Kernstück: den Verlust von Selbstachtung aufgrund des schmerzhaften Bewusstseins, nicht in der Lage zu sein, sehr wichtige narzisstische Bedürfnisse zu erfüllen. Das Ausmaß, in dem sich eine Person als hilflos erlebt, hängt möglicherweise von der Vorgeschichte dieser Person ab, ihrer Fähigkeit, sich andere Quellen psychischer Anerkennung zu erschließen, sowie von anderen äußeren Faktoren.

Sandler und Jaffee (1965) beschrieben Depression als eine grundlegende psychobiologische affektive Reaktion, die automatisch dann auftritt, wenn eine Person ein zuvor vorhandenes Gefühl von Wohlbefinden verloren hat und sich angesichts dieses Verlustes als hilflos erlebt. Eine Depression wird krankhaft, wenn sie übermäßig lang anhält. Das Hauptmerkmal einer Depression ist das Gefühl des Verlustes oder der Unfähigkeit, etwas zu bekommen, das für die narzisstische Integrität unabdenkbar ist. Jedoch entwickelt nicht jeder, der eine depressive Stimmung erlebt, eine Störung. Die meisten Menschen können diese Erfahrung durch Aktivitäten überwinden, die ihr psychisches Gleichgewicht wiederherstellen. Andere wiederum werden melancholisch, wodurch es schwer wird, zu ihren normalen Gefühlen und Aktivitäten zurückzufinden. Diesen in größerem Maße vulnerablen Personen ist es häufig nicht gelungen, sich aus frühen Elternbindungen zu lösen, oder sie haben unrealistische Erwartungen der eigenen Person gegenüber.

In seiner Bindungstheorie erarbeitete Bowlby die Rolle von Bindungen und die pathologischen Auswirkungen von Trennungen im Kleinkindalter. Die Bindungstheorie betont die negativen Auswirkungen dysfunktionaler Eltern-Kind-Beziehungen auf die spätere Lebenstüchtigkeit des Kindes. Nach Bowlby (1980) hängt eine sichere Bindung davon ab, ob die Bezugsperson dem Kind das Gefühl von Sicherheit und Vertrauen vermitteln kann und es tröstet, wenn es sich in einer belastenden Situation befindet. Das Fehlen von Bedingungen, die die Entwicklung einer gesunden, sicheren Bindung ermöglichen, kann beim Kind eine Anfälligkeit für spätere Anpassungsschwierigkeiten hervorrufen (Bowlby 1980). In zahlreichen Studien konnte gezeigt werden, dass unsichere Bindung einen spezifischen Risikofaktor darstellt (z. B. Hammen 1992).

7.3 Multifaktorielle Modelle

7.3.1 Das Integrative Modell

Dieses Modell erklärt das Auftreten von Depression sowohl als ein Ergebnis umweltbedingter als auch dispositioneller Faktoren (Lewinsohn et al. 1985). Situative Faktoren sind wichtige *Auslöser* einer Depression, und kognitive Faktoren sind *Mittler* zwischen Umweltereignissen und deren Wirkung. So können kritische Lebensereignisse auf hormonale Bedingungen treffen, die eine Depression begünstigen und damit die Erkrankung auslösen. Der Ausbruch der Depression wirkt sich in der Regel auf die Umwelt bzw. persönliche Beziehungen aus. Dies führt wiederum dazu, dass positive Erfahrungen reduziert werden oder sogar aversive an ihre Stelle treten. Erkennt eine depressive Person den Zusammenhang zwischen ihrer Erkrankung und den Reaktionen ihrer Umwelt, dann erklärt sie dies eventuell als Versagen und kann damit internalen Standards nicht gerecht werden. Die Selbstbewertung führt konsequenterweise zu erhöhter Dysphorie und anderen depressiven Symptomen. Somit sind diesem Modell zufolge depressive Episoden das Ergebnis vielfältiger Ereignisse und Prozesse.

In diesem Modell wird davon ausgegangen, dass stabile individuelle Unterschiede (Persönlichkeitsmerkmale) die Auswirkungen eines Ereignisses beeinflussen können. Diese Merkmale können sowohl bei der Auslösung der Depression wie auch bei ihrer Aufrechterhaltung eine Rolle spielen. Lewinsohn (1998a) unterscheidet dabei zwischen Vulnerabilitäts- und „Resistenzfaktoren". Vulnerabilitätsfaktoren erhöhen die Wahrscheinlichkeit des Auftretens einer Depression, „Resistenzfaktoren" machen ihr Auftreten weniger wahrscheinlich. In diesem Modell werden auch „Feedback-Schleifen" zwischen den verschiedenen Faktoren betont.

Integration von Dichotomien

In einer kürzlich erschienenen Publikation schlugen Lewinsohn et al. (1998a) die Notwendigkeit der Integration zahlreicher Dichotomien vor (Kasten 7.1). Die erste beinhaltet verschiedene Faktoren, die den Störungsbeginn und das Wiederauftreten einer Depression betreffen. Wie in zahlreichen Studien gezeigt wurde, sind der Verlust einer wichtigen Beziehung, dysfunktionale Kognitionen und Stress bessere Prädiktoren für den Störungsbeginn als für einen Rückfall (Lewinsohn et al. 1998a). Weitere Unterscheidungen betreffen Faktoren, die mit folgenden Punkten zusammenhängen: Beginn vs. Fortbestehen, spezifische vs. allgemeine Risikofaktoren, proximale vs. distale Faktoren, männlich vs. weiblich und primär vs. sekundär.

Störungsbeginn vs. Rückfall

Die kognitiven Variablen (Pessimismus, Attributionen, Selbstachtung und Stress) scheinen ein erstmaliges Auftreten der Störung besser vorherzusagen als einen Rückfall. Anhand von Familiengeschichte und Geschlecht scheint sich ein Rückfall leichter vorhersagen zu lassen als das erstmalige Auftreten.

Beginn vs. Fortbestehen

Emotionale Abhängigkeit, Stress, körperliche Krankheiten/ Beschwerden, soziale Unterstützung: Familie.	Attributionsstile, Selbstbewusstsein, soziale Unterstützung: Freunde, selbstgeschätzte Gesundheit.

Spezifische vs. allgemeine Risikofaktoren

Negative Kognitionen, körperliche Krankheiten/Beschwerden.	Dürftige Bewältigungsstrategien, Verhaltensprobleme.

Proximale vs. distale Faktoren

Lebensereignisse, Konflikte mit den Eltern.	Geschlecht, Psychopathologie in der Familie, emotionale Abhängigkeit.

Männlich vs. weiblich

In den meisten Studien weisen mehr Mädchen als Jungen eine Depression auf. Nolen-Hoeksema und Girgus (1994) gehen davon aus, dass unterschiedliche Arten der Bewältigung von Stress bei Jungen und Mädchen für die erhöhte Vulnerabilität der Mädchen verantwortlich sind.

Primär vs. sekundär

Depression tritt vor den anderen Störungen auf.	Depression tritt nach den anderen Störungen auf.

Begleiterscheinungen vs. Narben

Psychosoziale Charakteristika, die vor und nach der Episode nicht auftreten.	Psychosoziale Charakteristika, die Folgen einer Episode sind.

Persönlichkeitsfaktoren vs. Zustandsfaktoren

Variablen, die vor und nach einer Episode existieren.	Faktoren, die während einer Episode existieren.

Kasten 7.1
Modifikationen der Integrativen Theorie der Depression bei Jugendlichen (aus Lewinsohn et al. 1998a, 781; übers. von der Autorin)

7.3.2 Das multifaktorielle Modell

Das multifaktorielle Modell ist eine Modifizierung des Modells von McCauley und Mitarbeitern (1995). Es zeigt das wichtige Zusammenspiel zwischen

- genetischen Faktoren und frühen Lebenserfahrungen,
- kognitiven Faktoren (wie wahrgenommene Bindung und Selbstsystem) sowie
- Familie, umwelt- und entwicklungsspezifischen Stressoren (Abb. 7.1).

Eine Komponente dieses Modells ist das Vorliegen einer Depression der Eltern. Aus zahlreichen Studien geht hervor, dass Depression familiär gehäuft auftritt. Obwohl genetische Faktoren möglicherweise für die Übertragung der Depression verantwortlich sind, sind Umweltfaktoren ebenfalls von Bedeutung. Dazu gehören:

- negative Kognitionen, Verhalten und Affekt der Eltern und
- belastende Lebensbedingungen des Kindes wie Ehekonflikte, Missbrauch und Vernachlässigung.

kognitive Repräsentation

Diese Erfahrungen formen wiederum den emotionalen Bindungsprozess der Kinder. Die Qualität der Bindung zwischen dem Kind und den Eltern beeinflusst die Entwicklung des Kindes. Das geschieht durch die Bildung kognitiver Repräsentationen vom Selbst und von anderen. In dem Maß, wie die Eltern verlässlich verfügbar sind und auf die Bedürfnisse des Kindes reagieren, geben sie dem Kind eine sichere Basis für sein Erkunden der Welt. Das Kind erlebt sich dann als erwünscht und kompetent. Und es sieht andere als vertrauenswürdige Personen, die auf seine Bedürfnisse reagieren. Kinder mit unsicherer Bindung entwickeln häufig eine negative Repräsentation ihres Selbsts. Als Folge davon kommt es zu geringer wahrgenommener Kontrolle, Kompetenz und negativen Bewältigungsstrategien. Dabei wird die eigene Person als inkompetent und wertlos wahrgenommen. Zwischenmenschliche Beziehungen werden als aversiv oder unvorhersehbar beurteilt.

Das Modell legt auch nahe, dass belastende Lebensereignisse die Auslöser der meisten depressiven Episoden sind. Wie erwähnt steigt die Prävalenz von Depression signifikant im Jugendalter. Dies deutet darauf hin, dass bestimmte Entwicklungen und damit verbundene Erfahrungen des Jugendalters besonders wichtig bei der Auslösung von Depression sein könnten. Jugendliche beginnen, sich als Teil der größe-

Multifaktorielle Modelle 119

ren Welt zu bewegen. Die Abnabelung von der Familie wird immer deutlicher, je mehr sie sich bemühen, ihre Identität zu festigen. Die meisten Jugendlichen stehen in jedem Bereich ihres Lebens wichtigen Herausforderungen gegenüber: Pubertät, Schulwechsel, erhöhter Leistungsdruck im schulischen und sportlichen Bereich. Deshalb spielen umwelt- und entwicklungsbedingte Anforderungen eventuell eine wichtige Rolle beim Beginn einer Depression. Insbesondere ist dies bei anfälligen Personen der Fall.

Ist eine Depression erst aufgetreten, sind zwei Faktoren möglicherweise für das Fortbestehen der Depression verantwortlich, nämlich interpersonale Faktoren und kognitive Prozesse. Zu den interpersonalen Faktoren gehört der Ausdruck von Depression (wie dysfunktionale Verhaltensweisen und fehlende soziale Kompetenz) sowie die Reaktion wichtiger Bezugspersonen auf das depressive Verhalten (wie Zurückweisung und mangelnde soziale Unterstützung). Zu den kognitiven Faktoren gehört die verstärkte Wahrnehmung und Interpretation negativer Reaktionen anderer, insbesondere im Hinblick auf depressionsspezifisches Verhalten.

In diesem Modell sollten auch die biologischen Eigenschaften des Kindes berücksichtigt werden. Beispielsweise gestalten die Unterschiede im kindlichen Temperament die Qualität der Eltern-Kind-Beziehung und die kindlichen Erfahrungen in anderen zwischenmensch-

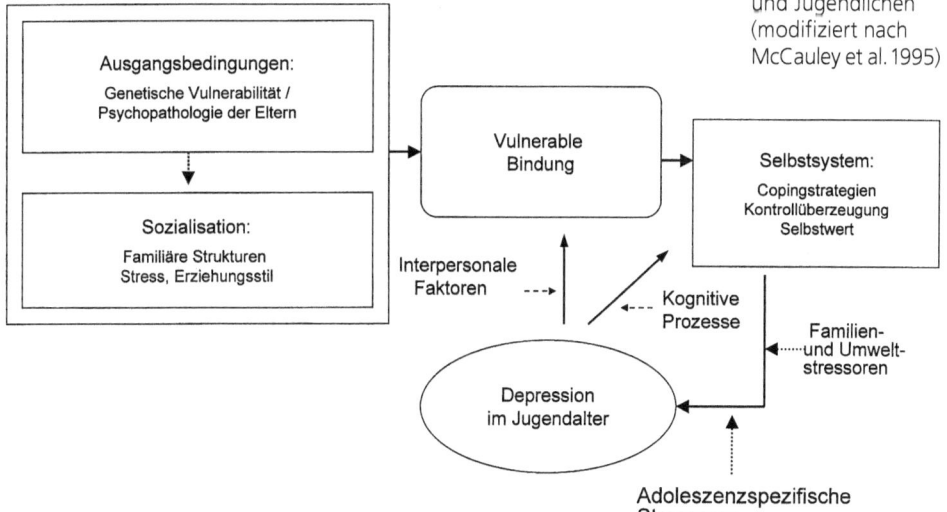

Abb. 7.1: Multifaktorielles Modell zur Entstehung und zum Fortbestehen von depressiven Störungen bei Kindern und Jugendlichen (modifiziert nach McCauley et al. 1995)

lichen Beziehungen. Eine biologische Anfälligkeit (z.B. neuroendokrine Hyperaktivität) interagiert mit psychosozialen Ressourcen (z.B. soziale Kompetenz, Kontaktfähigkeit), die die kindlichen Fähigkeiten im Umgang mit Stress festlegen.

7.4 Übungsfragen zum 7. Kapitel

76. Was besagt Becks kognitive Theorie der Depression?

77. Was versteht man unter Soziotropie?

78. Was versteht man unter Autonomie?

79. Wie würden Sie „selektive Abstraktion" definieren?

80. Erklären Sie die Depressionstheorie der gelernten Hilflosigkeit.

81. Was besagt die Hauptthese der Hoffnungslosigkeits-Depressions-Theorie?

82. Erklären Sie die fünf Komponenten des Problemlösens.

83. Können Sie das Konstrukt der Kontrollüberzeugung erklären?

84. Was besagt das assoziative Netzwerk-Modell von Bower?

85. Nennen Sie die unterschiedlichen kognitiven Funktionsweisen bei für Depression vulnerablen und nicht-vulnerablen Personen nach Teasdale.

86. Wie entsteht Depression nach dem Selbstkontrollmodell von Rehm?

87. Was besagt das „Competency-Based-Model of depression in children" nach Cole (1990)?

88. Nach Lewinsohn wird Depression als Reaktion auf mangelnde positive Verstärkung in wichtigen Lebensbereichen betrachtet. Wie wird dieser Mangel an positiver Verstärkung erklärt?

89. Was ist die Kernthese des psychoanalytischen Ansatzes zur Erklärung von Depression?

90. Wie erklärt das Integrative Modell das Auftreten von Depression?

91. Was sind die Hauptkomponenten des multifaktoriellen Modells?

8 Familiäre Faktoren

Kinder depressiver Eltern haben bis zu sechsmal höhere Depressionsraten als Kinder nicht-depressiver Eltern (s. Übersicht bei Essau/Merikangas 1999; Wüthrich et al. 1997; Steinhausen 1997; Tab. 8.1). Nicht nur die Depressionsraten sind erhöht, sondern auch das Risiko für komorbide Störungen wie Angst- und Störungen des Sozialverhaltens. Von diesen Kindern wird berichtet, sie seien gehemmter, ängstlicher und eher passiv-zurückgezogen (Kochanska 1991; Poiltano et al. 1992; Rubin et al. 1991).

In der Bremer Jugendstudie (Essau 2000) zeigte sich, dass ungefähr die Hälfte der depressiven Jugendlichen depressive Eltern bzw. ein depressives Elternteil haben. Ein hoher Anteil dieser Jugendlichen berichten auch über das Vorliegen anderer Störungen bei ihren Eltern, einschließlich Probleme mit Alkohol, Drogen und Angststörungen (Abb. 8.1). Ein wichtiges Thema ist hierbei die Spezifität: Zieht eine familiäre Geschichte von Depression eine spezifische Vulnerabilität für diese Störung bei den Familienmitgliedern nach sich, oder eine erhohte Auffälligkeit für jegliche Form psychischer Störungen – nicht nur für Depression? Das wirft die Frage nach der Spezifität der Übertragung von Depression auf.

Psychopathologie der Familienmitglieder

Klein et al. (in Druck) verglichen die Prävalenz psychischer Störungen bei Verwandten ersten Grades von Jugendlichen mit Major Depression in der Vorgeschichte, von Jugendlichen mit einer nicht-affektiven Störung in der Vorgeschichte und von Jugendlichen, die bis zum Alter von 18 Jahren keine Störungen aufwiesen. Bei den Angehörigen von Jugendlichen mit einer Major Depression in der Vorgeschichte traten Major Depression und Dysthyme Störung signifikant häufiger auf. Auch waren die Raten von Alkoholmissbrauch und Abhängigkeit bei den Familienmitgliedern signifikant erhöht. Jedoch scheint das vermehrte Auftreten von Alkoholismus auf die Komorbidität von Major Depression und Alkoholmissbrauch und Abhängigkeit zurückführbar. Die Ergebnisse hinsichtlich der Auswirkung des Geschlechtes bei der Übertragung der Major Depression in Familien zeigten ein interessantes Muster. „Major Depression trat bei weiblichen Angehörigen depressiver Probanden signifikant häufiger auf als bei männlichen Angehörigen.

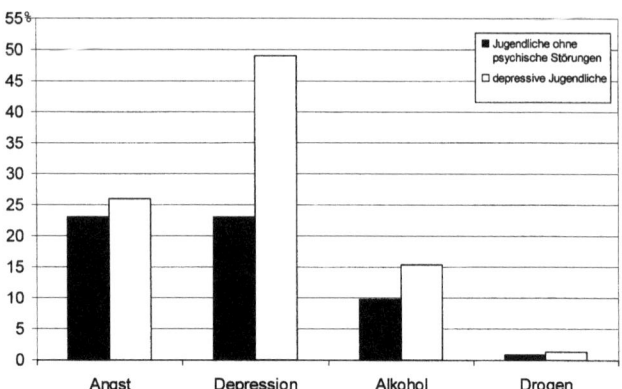

Abb. 8.1:
Psychopathologie
der Eltern bei
depressiven
Jugendlichen
(nach Essau 2000)

Im Gegensatz dazu konnte bei Angehörigen von Probanden mit Angststörungen, Verhaltensstörungen und Störungen durch Substanzkonsum *kein geschlechtsspezifisches Muster* festgestellt werden."

Kinder depressiver Eltern haben auch einen früheren Beginn der Depression (Essau/Merikangas 1999). Kinder depressiver Eltern leiden in höherem Maße an psychosozialen Beeinträchtigungen als Kinder nichtdepressiver Eltern. Eine Depression der Eltern ist nicht nur mit höheren Raten von Depression und psychosozialer Beeinträchtigung bei Kindern verbunden, sondern beeinflusst auch den Verlauf von Depression negativ (Beardslee et al. 1993a; Warner et al. 1992).

8.1 Mechanismen zur Erklärung der familiären Häufung von Depression

genetische Übertragung

Die geläufigste Erklärung der hohen Prävalenz depressiver Störungen von Kindern depressiver Eltern ist die einer genetischen Übertragung der Störung (Essau/Merikangas 1999). Es gibt jedoch keinen direkten Beweis für eine spezifische genetisch übertragene Beeinträchtigung, so dass nicht klar ist, was genau übertragen werden oder wie biologische Vulnerabilität ausgelöst werden könnte. Verschiedene Autoren betonen, dass die Eltern die Entwicklung ihres Kindes durch dyadische Interaktion, Anleiten und Lehren sowie das Organisieren sozialer Aktivitäten beeinflussen (Dodge 1990; Goodman 1992; Lee/Gotlib 1991). Diese Rollen können durch eine Depression beeinträchtigt sein, beispielsweise durch einen Krankenhausaufenthalt, Beunruhigung über die

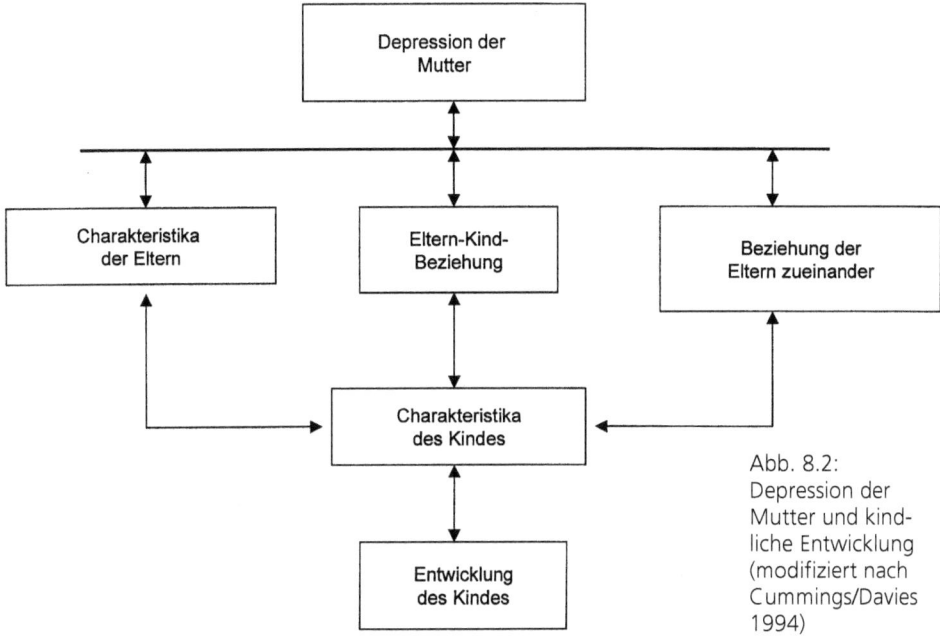

Abb. 8.2: Depression der Mutter und kindliche Entwicklung (modifiziert nach Cummings/Davies 1994)

eigene Depression, fehlendes Interesse, mangelnde Aufmerksamkeit oder mangelnde Fähigkeiten bei der Strukturierung sozialer Aktivitäten für das Kind (Kasten 8.1).

Die Depression eines Elternteils kann zu Ehestreitigkeiten oder zur Scheidung führen, wodurch das Kind möglicherweise negativen Sozialisationserfahrungen ausgesetzt wird (Feindrich et al. 1990). Cummings und Davies (1994) argumentierten ähnlich: Es ist möglich, dass sich die elterliche Depression durch die emotionale Unverfügbarkeit und kognitive Dysfunktion, die ihre Reaktionen auf das Verhalten des Kindes beeinflusst, direkt auf die Kinder auswirkt (Abb. 8.2). Goodman und Mitarbeiter (1994) zeigen, dass eine Depression der Mutter mit vermehrtem Auftreten kritischer und feindseliger Äußerungen einhergeht, die eine übermäßige emotionale Beteiligung dem Kind gegenüber ausdrücken. Diese Ergebnisse zeigten auch ein hohes Risiko für eine geringe Selbstachtung bei Kindern depressiver Mütter, das z. T. dadurch bedingt wurde, den kritischen Einstellungen der Mutter ausgesetzt zu sein. Dieses Ergebnis stützt die Annahme, dass depressive Eltern die Selbstachtung ihrer Kinder durch negatives Verhalten gegenüber dem Kind beeinträchtigen.

Sozialisationserfahrung

8.2 Studien mit depressiven Eltern

Es wurde berichtet, dass sich depressive Frauen ihren Kindern gegenüber hilflos und feindselig fühlen, und dass sie nur mäßig am täglichen Leben ihrer Kinder Anteil nehmen (Weissman/Paykel 1974). Im Vergleich zu nicht-depressiven Müttern drücken depressive Mütter hinsichtlich der Anforderungen der Elternschaft eine stärker negative Einstellung aus. Des Weiteren nehmen sie sich selbst als weniger kompetent wahr und fühlen sich als Eltern weniger in der Lage, negative Emotionen zu regulieren (Garber et al. 1991; Teri et al. 1990). Es könnte sein, dass depressive Symptome, wie das Gefühl von Hilflosigkeit, Müdigkeit, Reizbarkeit und fehlendes Interesse an vielen Aktivitäten die Fähigkeit der Eltern beeinträchtigt, ein positives emotionales Klima zu schaffen und offen für die Probleme und Bedürfnisse der Kinder zu sein.

Dem Modell zufolge sind vier mögliche Mechanismen an der Übertragung von Risiken auf Kinder depressiver Mütter beteiligt. Zwei der vorgestellten Mechanismen sind biologischer Natur: Der Schwerpunkt des einen liegt auf genetischen Faktoren (Erblichkeit von Depression oder der Vulnerabilität für Depressionen), der andere impliziert eine angeborene Dysfunktion der Neuroregulation. Der dritte Mechanismus bezieht sich auf beeinträchtigte zwischenmenschliche Prozesse zwischen depressiven Müttern und ihren Kindern. Dies schließt die Tatsache ein, dass die Kinder den negativen Kognitionen der Mutter, ihrem Verhalten und Affekt ausgesetzt sind und davon lernen. Der letzte Mechanismus konzentriert sich auf den belastenden Lebenszusammenhang der Kinder (s. Abb.).

Mechanismus I: *Durch eine depressive Mutter wird auf das Kind eine genetische Prädisposition zur Depression übertragen.* Dieser Mechanismus legt nahe, dass Kinder von Müttern, die depressiv sind oder waren, eine DNA erben, die sich von der DNA von Kindern nicht-depressiver Mütter unterscheidet. Die DNA reguliert möglicherweise biologische Mechanismen, die die Vulnerabilität für Depression erhöht oder verringert. Daher ist es möglich, dass Kinder depressiver Mütter eine Vulnerabilität für Depression erben. Eventuell erben Kinder depressiver Mütter ebenfalls eine Vulnerabilität für bestimmte Persönlichkeitszüge (z. B. gehemmtes Temperament), kognitive Stile (z. B. geringe Selbstachtung), sowie eine besondere Verletzlichkeit durch die Umwelt oder persönliche Erfahrungen (z. B. Lebensbelastungen, Ehekonflikte und Scheidung der Eltern).

Mechanismus II: *Kinder depressiver Mütter werden mit dysfunktionalen neuroregulatorischen Mechanismen geboren, die sich störend auf emotionale Regulationsprozesse auswirken und die Vulnerabilität für Depression erhöhen.* Die dysfunktionalen neuroregulatorischen Mechanismen sind möglicherweise die direkte Folge einer abnormen embryonalen Entwicklung, hervorgerufen durch die Depression der Mutter während

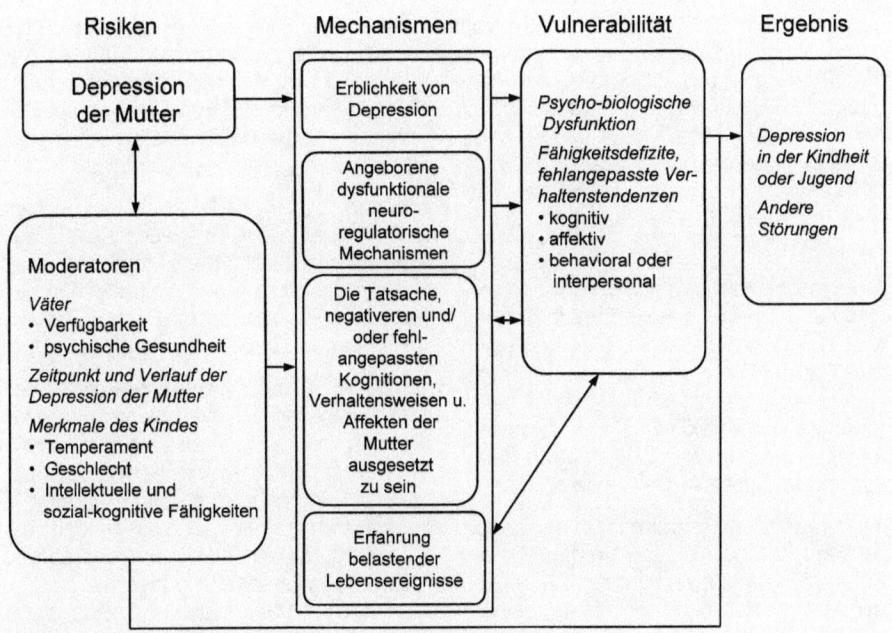

Abb.: Ein integratives Modell der Übertragung von Risiken auf Kinder depressiver Mütter (aus Goodman/Gotlib 1999; übers. von der Autorin).

der Schwangerschaft. Diese abnormen Entwicklungen können darauf zurückzuführen sein, dass der Embryo den durch die Depression der Mutter bedingten neuroendokrinen Veränderungen ausgesetzt war (sowie durch einen verringerten Blutfluss zum Fötus etc.)

Mechanismus III: *Depressive Mütter setzen ihre Kinder negativen oder fehlangepassten Kognitionen, Verhalten und Affekten aus, wodurch sich das Risiko der Kinder erhöht, eine Depression zu entwickeln.* Es wird postuliert, eine Depression der Mutter sei verbunden mit negativen Kognitionen, Verhalten und Affekten, wodurch sie nicht in der Lage seien, die sozialen und emotionalen Bedürfnisse der Kinder zu erfüllen. Ihr inadäquates Elternverhalten könnte auch die Entwicklung sozialer und kognitiver Fähigkeiten der Kinder negativ beeinflussen. Des Weiteren können Kinder negative Kognitionen, Verhalten und Affekte von ihren depressiven Müttern durch soziales oder Modell-Lernen übernehmen. Die Kombination mangelnder Fähigkeiten und depressionstypischer Kognitionen setzt die Kinder einem erhöhten Risiko aus, eine Depression zu entwickeln.

Mechanismus IV: *Der Lebenszusammenhang von Kindern in Familien mit depressiven Müttern, insbesondere die Stressoren, tragen signifikant zu psychischen Störungen der Kinder bei.* Kinder depressiver Mütter sind nicht nur der Depression ihrer Mütter ausgesetzt, sondern auch verschiedenen anderen Stressoren, die mit der Depression zusammenhängen. In dem Modell wird davon ausgegangen, dass es drei Faktoren gibt, die möglicherweise das Zusammenspiel zwischen der Depression der Mutter und der Psychopathologie der Kinder beeinflussen. Diese umfassen die Rolle des Vaters, kritische Entwicklungsperioden und das Ausmaß, in dem sie der Depression der Mutter ausgesetzt sind.

Moderator I: Väter können das Risiko psychischer Störungen bei Kindern depressiver Mütter erhöhen, wenn sie abwesend sind oder ebenfalls unter psychischen Störungen leiden. Andererseits können Väter einen potenziellen protektiven Faktor darstellen, wenn sie gesund, an der Erziehung beteiligt sind und unterstützend wirken.

Moderator II: Der Zeitpunkt und der Verlauf der Depression der Mutter beeinflussen den Zusammenhang zwischen der Depression der Mutter und negativen Folgen bei den Kindern. Die erste Erfahrung einer Depression der Mutter ist im Allgemeinen stärker und hat mehr negative Auswirkungen, wenn die Kinder jünger sind, als wenn dies in späterem Alter auftritt. Auch ist es für Kinder, die in frühem Alter eine Depression der Mutter erlebt haben, oft schwer, sich von den negativen Auswirkungen dieser Depression zu erholen. Des Weiteren können frühe negative Auswirkungen einer Depression der Mutter beim Kind zu Schwierigkeiten führen, ebenso wie seine Altersgenossen die Entwicklungsaufgaben zu erfüllen (z. B. Erwerb sozialer Fähigkeiten): Moderator II macht ebenfalls deutlich, dass ein eher chronischer Verlauf einer Depression sich auf die Kinder negativer auswirkt als eine einzelne depressive Episode.

Moderator III: Die Merkmale des Kindes (z. B. Temperament, Geschlecht, intellektuelle und sozial-kognitive Fähigkeiten) moderieren das Zusammenspiel zwischen der Depression der Mutter und den negativen Auswirkungen bei den Kindern.

Betrachtet man die Wechselwirkungen der zwischenmenschlichen Probleme durch Depression und der biologischen Risiken, die mit Depression zusammenhängen, so entsteht die Frage, warum einige Kinder anfälliger sind als andere. Wie aus einigen Studien hervorgeht, sind Kinder depressiver Mütter möglicherweise gegen die negativen Folgen von Depression geschützt, wenn sie intelligenter sind oder bessere sozial-kognitive Fähigkeiten haben (Radke-Yarrow/Sherman 1990). Abschließend lässt sich sagen, dass innerhalb dieses Modells verschiedene Prozesse diskutiert werden, mit Hilfe derer die negativen Auswirkungen einer Depression der Mutter auf ihre Kinder erklärt werden und wie diese Risikomechanismen eventuell zusammenwirken. Darüber hinaus wird auf die Rolle der Entwicklung bei der Risikoübertragung eingegangen.

Kasten 8.1 Ein integratives Modell der Übertragung von Risiken auf Kinder depressiver Mütter (Goodman/Gotlib 1999)

8.3 Studien mit Kindern depressiver Eltern

Retrospektive Berichte über die häusliche Umgebung zeigen, dass depressive Patienten in ihrer Kindheit „ungesunde" Familienbeziehungen erlebten (Steinhausen 1997). Das heißt, im Vergleich zu gesunden Kontrollpersonen berichteten Depressive, dass ihre Mütter weniger tolerant, weniger emotional warm, zärtlich und anregend, dafür eher überbeschützend, kontrollierend oder zurückweisend waren (Parker et al.

Familienbeziehung

Tab. 8.1 Klinische Diagnosen bei Kindern von Eltern mit Major Depression in einigen ausgewählten Hochrisiko-Studien

Autoren	Stichprobe	Alter	Diagnosen der Kinder (%)					
			Major Depression		Angststörungen		Andere Störungen	
			Fälle	Kontrollgruppe	Fälle	Kontrollgruppe	Fälle	Kontrollgruppe
Orvashel et al. (1988)	61 Kinder depressiver Eltern mit wiederholt auftretender Major Depression vs. 46 Kinder gesunder Kontrollpersonen	6–17 Jahre	21	4	20	9	41	15
Keller et al. (1986)	108 Kinder depressiver Eltern vs. 64 Kinder von Kontrollpersonen	6–19 Jahre	38	23	16	–	65	–
Hammen et al. (1987)	19 Kinder depressiver Mütter vs. Kinder von Müttern mit a) chronischer körperlicher Erkrankung (N = 18) und b) ohne psychische oder körperliche Erkrankung (N = 35)	8–16 Jahre	74	a) 44 b) 17	32	a) 17 b) 11	74	a) 50 b) 29
Weissman et al. (1987)	125 Kinder depressiver Eltern vs. 95 Kinder von Kontrollpersonen	6–23 Jahre	28	13	40	18	76	57
Sylvester et al. (1988)	11 Kinder depressiver Eltern vs. 47 gesunde Kontrollpersonen	7–17 Jahre	29	5	34	6	–	–

1979). Zum Beispiel untersuchten Lizardi und Mitarbeiter (1995) das Ausmaß, in dem sich gesunde Kontrollpersonen, Patienten mit einem frühen Beginn von Dysthymie und Personen mit episodisch auftretender Major Depression bis zu ihrem 15. Lebensjahr hinsichtlich der Funktionsweise ihrer Familie unterscheiden. Patienten mit Dysthymie erlebten im Vergleich mit normalen Kontrollpersonen mehr physischen und sexuellen Missbrauch, schlechtere Beziehungen zu ihren Eltern, weniger elterliche Fürsorge und mehr Überbehütung. Patienten mit episodisch auftretender Major Depression wurden in der Kindheit und im frühen Erwachsenenalter öfter sexuell missbraucht, wurden von der Mutter stärker überbehütet und hatten schlechtere Beziehungen zum Vater als Personen der Kontrollgruppen.

Die Qualität der Mutter-Kind-Beziehungen depressiver Kinder ist als beeinträchtigt beschrieben worden (Puig-Antich et al. 1985). Insbesondere waren die Mutter-Kind-Interaktionen von weniger Wärme, größerer Feindseligkeit und Defiziten im Ausmaß und in der Tiefe der Kommunikation gekennzeichnet. Die Beziehungen zu Gleichaltrigen und Geschwistern waren im Vergleich zu den psychiatrischen und den normalen Kontrollgruppen stärker beeinträchtigt. Mutter-Kind-Beziehungen waren bei Kindern, die von einer depressiven Episode genesen waren (Puig-Antich et al. 1985), besser als zu Zeiten der Krankheit. Dennoch waren im Vergleich zu normalen Kindern die Eltern-Kind-Interaktionen zuvor depressiver Kinder immer noch signifikant schlechter hinsichtlich der Kommunikation, Feindseligkeit, Wärme und Anspannung. Des Weiteren blieben die Geschwisterbeziehungen der genesenen Kinder ebenso beeinträchtigt wie die der psychiatrischen Stichprobe und beeinträchtigter als die der gesunden Stichprobe. In einer anderen Studie fanden Puig-Antich et al. (1993), dass die Beziehungen depressiver Jugendlicher zu ihren Müttern in größerem Maße negativ sind. Das zeigt sich daran, dass weniger Gedanken und Gefühle miteinander geteilt werden, weniger Kommunikation stattfindet, eine größere Spannung in der Dyade vorherrscht und dass häufiger körperliche Bestrafung stattfindet. Die depressiven Jugendlichen waren im Vergleich mit den normalen Kontrollpersonen weniger geneigt, sich ihren Vätern anzuvertrauen oder mit ihnen zu kommunizieren. Monck et al. (1994) fanden ebenfalls heraus, dass schlechte Beziehungen zum Vater oder zu Vaterfiguren stark mit depressiven und Angststörungen zusammenhängen. In der Studie von Asarnow und Mitarbeitern (1994) hatten depressive Kinder tendenziell Familien mit starkem Emotionsausdruck und waren in höherem Maße Kritik ausgesetzt als die Kontrollpersonen. Weitere familiäre Faktoren, die häufig bei depressiven Fällen gefunden wurden, umfassen eine schlechte Qualität der elterlichen Ehe und einen niedrigen sozioökonomischen Status.

8.4 Beobachtungsstudien und Depression

Wie aus Beobachtungen von Eltern-Kind-Interaktionen hervorgeht, sind depressive Mütter weniger aktiv, weniger spielerisch im Umgang mit ihren Kindern, reagieren weniger auf sie und zeigen weniger verbalen und körperlichen Kontakt in der Interaktion (Tab. 8.2). Des Weiteren verhalten sich depressive Mütter ihren Kindern gegenüber meist negativ und kritisch, weniger positiv und bestätigend. Es gibt Studien, in denen die Unterschiedlichkeit der Auswirkungen von Depressionen der Mutter auf das psychosoziale Funktionsniveau der Mutter und der Kinder untersucht wird (Hammen 1991; Teri et al. 1990). So fanden z.B. Burge und Hammen (1991) anhand von Ratings von Mutter-Kind-Interaktionen während einer Konfliktlösungsaufgabe, dass negative und kritische Interaktionen ebenso wie geringe Erfüllung der Aufgabenstellung mit depressiver Stimmung der Kinder und fehlangepasstem Schulverhalten zu einem sechs Monate späteren Follow-up-Zeitpunkt zusammenhing.

Einige Autoren legen nahe, dass sich eher anhand der Eltern-Kind-Interaktionen als anhand des diagnostischen Status der Eltern das Funktionsniveau der Kinder vorhersagen lässt. Nolen-Hoeksema et al. (1995) untersuchten Interaktionsmuster zwischen Kindern und ihren Müttern, die mit gelernter Hilflosigkeit der Kinder in Zusammenhang stehen. Ihre Ergebnisse zeigten, dass die Qualität von Mutter-Kind-Interaktionen bei der Bearbeitung frustrierender Aufgaben mit der Tendenz des Kindes zusammenhängt, Defizite im Sinne gelernter Hilflosigkeit zu entwickeln: Kinder waren bei den Puzzle-Aufgaben weniger enthusiastisch, weniger beständig und zeigten mehr Frustration, wenn die Mutter negativ reagierte und die Kinder nicht aktiv durch Dabeibleiben und Ausprobieren neuer Lösungen ermutigte, die Aufgabe zu bewältigen. Drückte die Mutter Feindseligkeit und Kritik aus, war dies mit der Tendenz der Kinder verbunden, Defizite im Sinn der gelernten Hilflosigkeit zu zeigen. Kinder, die häufig der Kritik und der Feindseligkeit ihrer Mütter ausgesetzt sind, vermeiden möglicherweise herausfordernde Aufgaben und ziehen sich bei beginnender Frustration zurück, um der Kritik der Mutter aus dem Weg zu gehen.

Nicht anhand des diagnostischen Status der Mutter lässt sich das

gelernte Hilflosigkeit

130　Theorien und Risikofaktoren

Tab. 8.2 Beobachtungsstudien von Mutter-Kind-Interaktionen

Autoren	Stichprobe	Alter der Kinder	Aufgabe	Ausgewählte Ergebnisse
Cohn et al. (1990)	Unipolar (N = 24) vs. Kontrollgruppe (N = 22).	2 Monate	3-minütige direkte Interaktion („Face-to-face-Interview").	Depressive Mütter waren negativer (d. h. reizbarer) als nicht-depressive Mütter
Field et al. (1990)	Unipolar (N = 24) vs. Kontrollgruppe (N = 24).	3 Monate	3-minütige direkte Interaktion („Face-to-face-Interview").	Im Vergleich zu nicht-depressiven Müttern waren die depressiven Mütter häufiger verärgert, abgewandt und spielten weniger mit ihren Kindern. Im Vergleich mit den Kindern der nicht-depressiven Mütter protestierten die Kinder der depressiven Mütter mehr und spielten weniger.
Hammen (1990)	Unipolar (N = 12) vs. bipolar (N = 12) vs. körperlich kranke Mütter (N = 11) vs. Kontrollgruppe (N = 23).	8–16 Jahre	5-minütige Interaktion während Leistungs- und Konfliktlösungsaufgabe.	Die Kommunikation unipolarer Mütter wurde als kritischer und negativer, weniger positiv und unterstützend als die Kommunikation der anderen Gruppen beschrieben. Des Weiteren waren sie weniger engagiert bei der Lösung der Aufgabe.
Campbell et al. (1995)	Depressive (N = 67) vs. nicht-depressive Mütter (N = 63).	Säuglinge	Beobachtung von Mutter-Kind-Interaktionen zu Hause während einer direkten Interaktion („Face-to-face"), einer Interaktion beim Füttern und einer beim Spielen.	Eine Diagnose von Depression 2 Monate nach der Geburt stand nicht im Zusammenhang mit einer beeinträchtigten Interaktion zwischen Mutter und Säugling. Jedoch waren Frauen, deren Depression noch 6 Monate nach der Geburt anhielt, während direkter Interaktion mit ihren Kindern weniger positiv. Auch die Kinder zeigten weniger Positives.

Autoren	Stichprobe	Alter der Kinder	Aufgabe	Ausgewählte Ergebnisse
Nolen-Hoeksema et al. (1995)	Depressive (N = 40) vs. nicht-depressive Mütter (N = 40).	5–7 Jahre	Beobachtung hilflosen Verhaltens von Kindern depressiver und nicht-depressiver Mütter während einer gemeinsamen Puzzle-Aufgabe.	Während einer lösbaren Puzzle-Aufgabe äußerten sich depressive Mütter negativer als nicht-depressive Mütter. Die negative Gefühlslage war signifikant verbunden mit weniger Enthusiasmus und Ausdauer sowie mehr Frustration im Verhalten der Kinder während des Puzzle-Spiels.
Teri et al. (1995)	Depressive (N = 61) vs. nicht-depressive Mütter (N = 43).	3–13 Monate	„Fremde-Situations-Test"	Eine Depression der Mutter stand in signifikantem Zusammenhang mit Bindungsunsicherheit. Mütter, denen adäquate Bindungsstrategien fehlten, waren am stärksten chronisch beeinträchtigt.
Goldsmith/ Rogoff (1995)	Dysphorische (N = 20) und nichtdysphorische Mütter (N = 20).	Durchschnittsalter 6.3 Jahre (Range: 5.11–6.9 Jahre)	Interaktion mit einem fremden Kind während zweier Ordnungsaufgaben und dreier unstrukturierter Aktivitäten.	Im Vergleich zu den nichtdysphorischen Frauen waren die dysphorischen Frauen weniger empfänglich für Zeichen des Kindes, fühlten sich unwohler und belehrten das Kind weniger.
Frankel/ Harmon (1996)	Depressive (N = 30) vs. nicht-depressive Mütter (N = 32).	Vorschulkinder	Mutter-Kind-Interaktion während freien Spiels, einer kleinen Mahlzeit, einer Problemlösungsaufgabe und dem „Fremde-Situations-Test"	Es wurden emotionale Verfügbarkeit und Negativität der Mütter geratet, ohne dass sich signifikante Unterschiede zwischen der depressiven und der nicht-depressiven Gruppe zeigten. Depressive Mütter waren in der Selbstbeurteilung negativer.

Funktionsniveau des Kindes am besten vorhersagen (Hammen 1991; Teri et al. 1990), sondern durch den Schweregrad oder die Chronizität ihrer Depression (Hammen 1991; Nolen-Hoeksema et al. 1995). Wie von Davies und Windle (1997) gezeigt wurde, hängen depressive Symptome der Mutter bei Mädchen stärker als bei Jungen mit belastenden Lebensereignissen, Ehestreitigkeiten, geringem Vertrauen in der Familie und Beeinträchtigungen bei der Erfüllung elterlicher Aufgaben zusammen. Eine Erklärung für diesen Befund könnte sein, dass Mädchen empfindlicher auf familiäre Interaktionsstörungen, die mit mütterlicher Depression in Zusammenhang stehen, reagieren. Im Zusammenspiel mit anderen Risikofaktoren wie Armut, Zugehörigkeit zu einer ethnischen Minderheit (Sameroff et al. 1993), Ehestreitigkeiten, allein erziehendem Elternteil, psychischer Störung des Vaters und geringer sozialer Unterstützung (Goodman et al. 1993; Hammen 1992) wirkt sich eine Depression der Mutter am stärksten aus. Es könnte sein, dass Mütter, die schwerer und chronisch depressiv sind, zahlreiche Stressoren wie Ehekonflikte oder Armut erleben (Teri et al. 1990). Diese Stressoren können sowohl die Mütter als auch ihre Kinder negativ beeinflussen (Hammen 1991). Wie von Goodyer und Mitarbeitern (1993) berichtet wird, zeigten Interviews mit Eltern von elf- bis 16-jährigen, dass unangenehme Lebensereignisse signifikant häufiger bei Müttern vorkamen, in deren Lebensgeschichte psychische Störungen (gleich welcher Art) aufgetreten waren, als bei Müttern ohne psychische Störungen in der Vorgeschichte. So erlebten Mütter mit einer Vorgeschichte irgendeiner Psychopathologie – und nicht Depression per se – häufiger verschiedene Lebensereignisse, die möglicherweise ihre Kinder negativ beeinflussen. Depressive Mütter berichten ebenfalls mehr soziale Isolation sowie einen schlechteren allgemeinen Gesundheitszustand (Frankel/Harmon 1996).

Den Ergebnissen dieser Übersicht zufolge treten depressive Störungen familiär gehäuft auf. Das heißt, die Raten dieser Störungen waren bei Verwandten depressiver Kinder höher als bei Verwandten normaler Kontrollpersonen. Ebenso tendieren Kinder depressiver Eltern zu höheren Depressionsraten und sind in verschiedenen Lebensbereichen stärker beeinträchtigt als Kinder, deren Eltern nicht depressiv sind. Die Ergebnisse einiger Studien müssen aufgrund methodischer Einschränkungen mit Vorsicht interpretiert werden:

- Das Fehlen von Kontrollgruppen erschwert die Untersuchung der spezifischen Auswirkungen von Depression (Beardslee et al. 1987; Keller et al. 1986).

- Die meisten Studien sind retrospektiv, wodurch sich das Problem von Erinnerungsverzerrungen ergibt.
- Ein weiteres Problem ist, dass eine depressive Stimmung vielleicht den Informationsprozess beeinflusst, besonders in Studien, in denen Selbstbeurteilungsbögen für zum Zeitpunkt der Befragung depressive Personen eingesetzt wurden.

8.5 Familiäre Interaktion

Wie eine frühere Studie von Puig-Antich und Kollegen (1993) zeigt, zeichnet sich die Mutter-Kind-Beziehung klinisch depressiver Kinder durch geringere Kommunikation, weniger Wärme und vermehrte Feindseligkeit aus, vergleicht man sie mit den Beziehungen der nicht-depressiven Kinder (mit anderen psychischen Störungen) und der Kinder aus der störungsfreien Kontrollgruppe. Bei Jugendlichen der Allgemeinbevölkerung hingen depressive Symptome zusammen: mit einer stärker negativen Einstellung den Eltern gegenüber, der Wahrnehmung eingeschränkter familiärer Unterstützung (Hops et al. 1990) und der Wahrnehmung einer weniger sicheren Eltern-Kind-Bindung (Pappini et al. 1991).

Eltern-Kind-Beziehung

In der Studie von Frank und Mitarbeitern (1997) berichteten depressive Jugendliche, die sich selbst als von ihren Eltern entfremdet beschrieben, mehr Selbstzweifel („self-critical concerns", d.h. sie kämpften darum, ein positives und effektives Bild der eigenen Person aufrechtzuerhalten). Diejenigen, die sich als abhängig beschrieben, berichteten mehr Sorgen im zwischenmenschlichen Bereich („interpersonal concerns", d.h. Angst, verlassen zu werden und Angst vor dem Verlust befriedigender zwischenmenschlicher Beziehungen). Es wurde argumentiert, dass Personen mit starken Zweifeln an sich selbst in vielen Fällen mit überaus kontrollierenden, kritischen und strengen Eltern aufwachsen, die hohe Anforderungen stellen und selten mit den Leistungen des Kindes zufrieden sind. Stark um zwischenmenschliche Beziehungen besorgte Individuen wurden von ihren Eltern mit inkonsistentem Verhalten erzogen, die Liebe und Akzeptanz mit Loyalität, excessiver Konformität und verlängerter Abhängigkeit verbanden.

Jugendliche mit Depression nahmen ihre Bindung zu den Eltern als signifikant geringer wahr, vergleicht man sie mit den Jugendlichen ohne psychische Störungen (Armsden/Greenberg 1987; Essau 2000). Jugendliche mit Depression weisen dagegen keine signifikant geringere Bindung zu Gleichaltrigen auf als Jugendliche ohne psychische Störungen (Essau 2000; Tab. 8.3). Die Ergebnisse zeigten, dass im Vergleich zu Peer-Bindungen die Bindung an die Eltern einen größeren Einfluss auf das Wohlbefinden der Jugendlichen zu haben scheint. Diese Ergebnisse legen nahe, dass die Unterstützung Jugendlicher durch Eltern und Peers möglicherweise qualitativ unterschiedliche Aspekte beinhaltet. Wahrscheinlich ist eine sichere und stabile Beziehung zu den Eltern von größerer Bedeutung als die Bindung zu Gleichaltrigen. In der Studie von Nada Raja und Mitarbeitern (1992) war eine geringe Bindung an die Eltern mit Depression sowie schwerwiegenden Verhaltens- und Aufmerksamkeitsproblemen verbunden.

Die Eltern-Kind-Beziehung depressiver Kinder wurde als feindselig, reich an Zurückweisung, unsicherer Bindung, Wut, ja sogar als von Missbrauch und Vernachlässigung geprägt charakterisiert (Puig-Antich et al. 1985). Obwohl solche Zusammenhänge bedeuten können, dass ein derartiges Verhalten der Eltern zur Depression der Kinder führt, besteht auch die Möglichkeit, dass die Depression der Kinder diese Reaktionen der Eltern hervorruft (Weisz et al. 1992). Es ist wichtig, bei der Interpretation der Beziehung zwischen familiären Faktoren und depressiven Störungen vorsichtig vorzugehen, da viele dieser Ergebnisse aus Querschnittsstudien hervorgingen. Daten aus Studien mit prospektivem Design sind sehr viel ergiebiger, wenn es darum geht, Hypothesen über Kausalzusammenhänge zu testen.

unspezifischer Risikofaktor

Eine wichtige Tatsache ist, dass schlechte Familienbeziehungen auch für viele andere Störungen wie Störungen des Sozialverhaltens ein unspezifischer Risikofaktor zu sein scheinen (Feindrich et al. 1990). Wie Lee und Gotlib (1989) berichten, haben Kinder depressiver Mütter in signifikantem Maße mehr internalisierende Probleme als Kinder der Allgemeinbevölkerung oder Kinder von Patienten mit körperlichen Erkrankungen. Obwohl bei Kindern depressiver Mütter in höherem Maße internalisierende Probleme festgestellt wurden, stellt der Mangel eines signifikanten Unterschiedes zwischen den beiden psychiatrischen Gruppen (Angst vs. Depression) die Depressionsspezifität dieses Befundes infrage. So erhöht jedenfalls die psychische Störung der Mutter das Risiko für eine internalisierende Störung der Kinder, wobei das Ausmaß der Beeinträchtigung eher mit dem Schweregrad der elterlichen Beeinträchtigung als mit der Diagnose der Eltern in Zusammenhang zu bringen ist (Lee/Gotlib 1989).

Hinzu kommt, dass nicht alle Jugendlichen mit Depression eine Vorgeschichte gestörter Familienbeziehungen haben. So fanden z.B. Kovacs et al. (1984) keine Unterschiede zwischen depressiven und nichtdepressiven psychiatrisch behandelten Gruppen hinsichtlich einer Vorgeschichte gestörter Familienbeziehungen oder zwischenmenschlicher Traumata. In der Studie von Goodyer et al. (1988) waren das Unglück der Mutter und familiäre Lebensereignisse gleichermaßen Faktoren zur Voraussage von Depression. Eine Studie von Davies und Windle (1997) hat gezeigt, dass alle vier Dimensionen von Beeinträchtigungen in der Familie (belastende Lebensereignisse, Beeinträchtigungen des Erziehungsverhaltens, Ehestreitigkeiten und ein geringes Maß an Vertrauen in der Familie) nicht nur konsistente Prädiktoren für Depression, sondern auch für Delinquenz und Alkoholprobleme sind. Insbesondere waren Ehestreitigkeiten mit depressiven Symptomen bei Mädchen sowie Delinquenz verbunden, geringes Vertrauen in der Familie stand mit Delinquenz und Alkoholproblemen in Zusammenhang.

Eine Depression der Mutter hat möglicherweise deshalb so starke Auswirkungen, weil auch andere Risikofaktoren wie Armut und Zugehörigkeit zu einer Minderheit (Sameroff et al. 1993), Ehestreitigkeiten, Status als Alleinerziehende, psychische Störungen des Vaters und wenig soziale Unterstützung hinzukommen (Goodman et al. 1993; Hammen 1992). Eine Depression der Eltern hat geringe Auswirkungen auf das Kind, wenn sie nur leicht ausgeprägt und von kurzer Dauer ist, nicht mit Familienstreitigkeiten, Konflikten und mangelnder Or-

Tab 8.3 Depression und Eltern- und Peer-Bindung (Essau 2000)

	Keine Störung M (SD)	Reine depressive Störung M (SD)	Depressive Störung mit komorbiden Störungen M (SD)	F
Bindung zu den Eltern	37.05 (6.6)[a]	34.12 (6.6)[b]	33.34 (8.0)[b]	9.29***
– Kommunikation	11.84 (2.8)[a]	10.75 (2.9)[b]	10.58 (3.5)[b]	7.17***
– Vertrauen	11.64 (2.5)[a]	10.64 (2.5)[b]	10.59 (2.8)[b]	6.06**
– Entfremdung	6.47 (2.3)[a]	7.27 (2.3)[b]	7.83 (2.5)[b]	8.79***
Bindung zu Gleichaltrigen	37.89 (5.9)	37.90 (6.3)	38.98 (5.8)	0.74
– Kommunikation	8.85 (2.0)	9.84 (2.1)	9.34 (1.9)	1.01
– Vertrauen	12.72 (2.3)	12.88 (2.4)	12.86 (2.4)	0.03
– Entfremdung	8.67 (2.3)	9.02 (2.6)	8.22 (2.3)	2.04

Anmerkungen: Mittelwerte mit unterschiedlichen Hochbuchstaben unterschieden sich signifikant; ** $p < 0.01$; *** $p < 0.001$

ganisation verbunden ist und die Ausübung der Elternrolle nicht beeinträchtigt (Frankel/Harmon 1996). Faktoren, die das Kind vor einer Depression schützen, können eine geringe psychologische Verbundenheit und Identifikation mit dem depressiven Elternteil sein (Anthony/Cohler 1987).

Zusammenfassend lässt sich sagen, dass signifikant mehr depressive Jugendliche Mütter mit diesen Störungen hatten, vergleicht man sie mit Jugendlichen ohne psychische Störungen. Jugendliche mit depressiven Störungen wiesen ebenfalls eine signifikant geringere Bindung an ihre Eltern auf als Jugendliche ohne psychische Störungen. Dieses Ergebnis unterstreicht die Wichtigkeit von Eltern-Kind-Interaktionen in dieser Altersgruppe. Weniger klar ist die kausale Rolle dieser Beziehung, d.h. die Frage, ob eine geringe Bindung an die Eltern die Ursache der Depression ist oder die Depression eine geringe Elternbindung bedingt.

8.6 Übungsfragen zum 8. Kapitel

92. Wie würden Sie die Familienbeziehungen depressiver Patienten beschreiben?

93. Es gibt eine familiäre Häufung von Depression. Wie würden Sie dies erklären?

94. Welche anderen Störungen wurden bei Eltern depressiver Kinder berichtet? Wie werden diese Ergebnisse erklärt?

95. Können Sie die Ergebnisse der Beobachtungsstudien zusammenfassen?

96. Wie wirkt sich die Depression der Mutter auf die kindliche Entwicklung aus?

97. Beschreiben Sie das integrative Modell der Übertragung von Risiken auf Kinder depressiver Mütter nach Goodman und Gotlib (1999)!

98. Warum wirken sich depressive Symptome der Mutter auf Mädchen stärker als auf Jungen aus?

99. Die Ergebnisse einiger Studien müssen aufgrund methodischer Einschränkungen mit Vorsicht interpretiert werden. Was sind dies für Einschränkungen?

9 Kognitive Faktoren

Es gibt kaum einen theoretischen Ansatz zur Erklärung von Depression, der nicht auch kognitive Faktoren einbezieht. Jedoch haben kognitive Faktoren einen unterschiedlichen Stellenwert in den jeweiligen Erklärungsmodellen. Der Begriff Kognition wird im Allgemeinen sehr weit gefasst. Gedanken, Überlegungen, Meinungen oder Einstellungen einer Person, sogar Empfindungen und Gefühle werden als „Kognitionen" bezeichnet. Unter Kognitionen versteht man, wie eine Person eine Situation einschätzt sowie ihre Auffassung von sich selbst, der Welt, der Vergangenheit und der Zukunft. Nach Hautzinger und Greif (1981) bezeichnet der Begriff Kognition jene Prozesse und Strukturen, die zwischen Stimulus und Verhalten vermitteln und folgende zwei Aspekte umfassen:

- den Prozess der Informationsaufnahme und Informationsverarbeitung und
- die Art und Weise, wie diese Prozesse organisiert sind.

Im Bereich der Depressionsforschung ist Kognition ein Konstrukt, das als intervenierende Variable zur Erklärung von Verhalten benutzt wird. Wie Tab. 9.1 zeigt, wird der Begriff „Kognitive Faktoren" von verschiedenen Autoren unterschiedlich definiert.

kognitive Modelle

Es wurde bereits eine Reihe von Studien durchgeführt, in denen die Rolle kognitiver Faktoren bei depressiven Störungen an Kindern und Jugendlichen untersucht wurde. Diese Studien sind wichtig, um das allgemeine Wissen über Depression zu vertiefen, da sie eine Validierung kognitiver Modelle dieser Störungen (die für Erwachsene entwickelt wurden) in diesen Altersgruppen ermöglichen. Des Weiteren verschaffen Untersuchungen kognitiver Faktoren von Depression bei Kindern einen Einblick, welche kognitiven Dysfunktionen für die affektiven und behavioralen Komponenten von Depression verantwortlich sind und welche weniger wichtig sind. Kognitive Faktoren sind aufgrund der stark variierenden Entwicklungsniveaus bei Kindern und Jugendlichen schwer zu untersuchen.

Tab. 9.1 Beschreibung kognitiver Faktoren

Kognitive Faktoren	Beschreibung
Hilflosigkeit (Seligman 1975)	Überzeugung, dass es keine Möglichkeiten gibt, die Umgebung durch eigenes Verhalten zu beeinflussen.
Universelle Hilflosigkeit (Abramson et al. 1978)	Überzeugung, dass andere Individuen in derselben Situation auch einem Verlust von Kontrollmöglichkeiten unterliegen.
Persönliche Hilflosigkeit (Abramson et al. 1978)	Überzeugung, dass man selbst über keine Fähigkeiten verfügt, die Konsequenzen des eigenen Verhaltens zu kontrollieren, während andere Individuen dazu in der Lage sind.
Depressive Attributionsstile (Abramson et al. 1978)	Misserfolge werden auf internale, globale und stabile Ursachen zurückgeführt; Erfolge werden external, spezifisch und variabel attribuiert.
Kognitive Fehler (Beck 1976)	Negative Einstellung des Individuums zu sich selbst, zur Umwelt und zur Zukunft.
Selbstwertgefühl/ Selbstbild (Harter 1988)	Produkt aus der Wahrnehmung des allgemeinen Selbstbildes, Selbstwertgefühls und aus wahrgenommenen Kompetenzen in unterschiedlichen Bereichen.
Kontrollüberzeugung (Weisz et al. 1989)	Überzeugung, das eigene Verhalten so zu gestalten, dass ein bestimmtes Ziel erreicht werden kann.

9.1 Kognitionen bei depressiven Jugendlichen

In Übereinstimmung mit Becks kognitiver Theorie (1976) berichten depressive Jugendliche über verminderte allgemeine Selbstachtung, einen geringen Selbstwert, irrationale Überzeugungen, negative automatische Gedanken und eine negative Einschätzung ihrer Fähigkeiten in sozialer, schulischer und verhaltensbezogener Hinsicht (Allgood-Merten et al. 1990; Garber et al. 1993; Hammen 1990; Harter 1990; Hops et al. 1990; King et al. 1993; Lewinsohn et al. 1994; Renouf/Harter 1990; Tems et al. 1993; Weisz et al. 1992). Depressive Kinder haben die Tendenz, mehr negative Ansichten über sich selbst, die Welt und die Zukunft auszudrücken als nicht-depressive Kinder. Dem Übersichtsartikel von Weisz et al. (1992) zufolge sind diese Überzeugungen in einigen Gebieten (z.B. soziale und schulische Leistungen) zutreffender als in anderen (z.B. im Bereich Verhalten). Des Weiteren tendieren depressive Kinder zu kognitiven Fehlern wie Übergeneralisierung und selektive Abstraktion. So fanden Leitenberg und Mitarbeiter (1986) heraus, dass bei depressiven Kindern im Vergleich zu ihren nicht-depressiven Altersgenossen signifikant mehr kognitive Fehler wie Übergeneralisierung, selektive Abstraktion und Personalisierungen auftreten (Tab. 9.2). Jedoch schienen sich diese kognitiven Fehler auf bestimmte Bereiche wie den sozialen Bereich zu beschränken (Robins/Hinkley 1989).

In Studien, in denen das reformulierte Modell der gelernten Hilflosigkeit untersucht wurde, fand man heraus, dass depressive Jugendliche sich durch einen negativen Attributionsstil, das Gefühl von Hilflosigkeit im Hinblick auf die Zukunft und eine als gering wahrgenommene Kontrolle auszeichnen (Hops et al. 1990; Gotlib et al. 1993; Nolen-Hoeksema et al. 1992). Der Attributionsstil depressiver Jugendlicher stimmte mit den Voraussagen der reformulierten Theorie der gelernten Hilflosigkeit überein. Das heißt, depressive Kinder attribuieren negative Ereignisse internal, stabil und global. Weisz et al. (1989) stellten fest, dass depressive Symptome bei stationär behandelten Kindern und Jugendlichen mehr mit „persönlicher Hilflosigkeit" (d.h. die Überzeugung, dass man selbst keine Reaktionen hervorrufen kann, die zu erwünschten Ergebnissen führen, andere dies aber können) als mit „universeller Hilflosigkeit" zusammenhängen (d.h. die Überzeugung, dass erwünschte Ergebnisse nicht vom eigenen Verhalten abhängig sind und auch andere nicht in der Lage sind, gewünschte Ergebnisse hervorzurufen). Ihre Ergebnisse zeigten auch, dass depressive Symptome eher mit Unsicherheit hinsichtlich der Ursachen bedeutender Ereignisse in Verbindung stehen als mit der festen Überzeugung von Nicht-Kontingenz. In einer weiteren Studie fanden Weisz et al. (1993) eine starke Verbindung zwischen depressiven Symptomen und wahrgenommener Unfähigkeit sowie wahrgenommener Nicht-Kontingenz bei einer Gruppe von Schulkindern. Die Autoren vermuteten, dass sich eine solche Unfähigkeit in dem Maße verstärkt, dass die Kinder glaubten, ihre persönlichen Erfahrungen seien nicht auf ihr Verhalten zurückzuführen und sie seien nicht in der Lage, positive Ergebnisse hervorzurufen. Eine Meta-Analyse von 27 Studien mit Jugendlichen von Joiner und Wagner (1995) bestätigte den Zusammenhang von Attributionsstil und selbstberichteter sowie klinischer De-

Attributionsstil

Tab. 9.2 Ausgewählte Studien zum Zusammenhang zwischen kognitiven Faktoren und Depression

Autoren	Probanden	Ausgewählte Ergebnisse
King et al. (1993)	30 depressive und 30 nicht-depressive Jugendliche (Durchschnittsalter: 15.3 Jahre)	– niedriges Selbstwertgefühl bei depressiven Jugendlichen; – signifikante Korrelation zwischen Depression und sozialer Anerkennung, Attraktivität und Freundschaften.
Fine et al. (1993)	47 Jugendliche (Alter: 13–17 Jahre)	– hohe Korrelation zwischen Depression und negativem Selbstbild; – stärkere Vorhersagekraft des Selbstbildes für Depression als umgekehrt.
Dalley et al. (1994)	105 Jugendliche (Durchschnittsalter: 17.3 Jahre) und deren Lehrer; drei Gruppen: (a) wenig depressive Symptome; (b) vermehrt depressive Symptome; (c) ohne depressive Symptome	– Jugendliche mit starker depressiver Symptomatik schätzen ihre soziale Kompetenz geringer ein als Jugendliche mit leichten depressiven Symptomen; – Jugendliche aus Gruppe (a) und (b) schätzen ihre soziale Kompetenz signifikant höher ein als ihre Lehrer.
Stiensmeier-Pelster/ Schürman (1991)	265 Gymnasiasten (5. Klasse)	– Zusammenhang zwischen erhöhter depressiver Symptomatik und der Tendenz zu globalen und stabilen Attributionen bei Misserfolg.
Stiensmeier-Pelster et al. (1994)	855 Schüler (4.–8. Klasse)	– eine stabile und globale Ursachenattribution für negative Ereignisse korreliert mit einem erhöhten Ausmaß an depressiven Symptomen, geringem Selbstwertgefühl und der Geringschätzung eigener Fähigkeiten.
Cole et al. (1996)	322 Schüler (Alter: 8–16 Jahre)	– signifikante Korrelation zwischen der Tendenz zur persönlichen Schuldzuschreibung und Schweregrad der Depression ab der 9. Klasse; – mit zunehmendem Alter stärkere Beziehung zwischen negativen, sozialen Ereignissen und Depression.

Autoren	Probanden	Ausgewählte Ergebnisse
Marton et al. (1993)	38 depressive ambulante Patienten, 31 nicht-depressive ambulante Patienten, 34 Schüler (Alter: 15–19 Jahre)	– depressive Jugendliche hatten ein signifikant negativeres Selbstkonzept und signifikant weniger soziales Selbstvertrauen als die der Vergleichsgruppen; – die drei Gruppen unterschieden sich nicht signifikant hinsichtlich der sozialen Problemlösefähigkeit.
Gladstone et al. (1997)	1661 Jugendliche der Allgemeinbevölkerung (Durchschnittsalter: 16.6 Jahre)	– höhere Raten von depressiven Symptomen korrelierten mit einem depressiveren Attributionsstil; diese Beziehung war bei den Mädchen stärker als bei den Jungen. – Jugendliche mit aktueller depressiver Störung nahmen mehr depressionsauslösende Attributionen vor als eine psychiatrische Kontrollgruppe, als Jugendliche mit vergangener Depression oder als Jugendliche, die niemals depressiv waren.
Orvaschel et al. (1997)	236 Kinder und Jugendliche in einem ambulanten Programm für Kinder und Jugendliche mit depressiven Störungen (Alter: 6–17 Jahre)	– schwere depressive Symptome korrelierten signifikant mit einem schlechteren Selbstkonzept; – die geringste Selbstachtung hatten die Jugendlichen mit Doppelter Depression (Major Depression mit Dysthymer Störung) und die höchste Selbstachtung die Gruppe mit „Achse I nicht-depressiven Störungen".
Rudolph et al. (1997)	81 Kinder aus der Allgemeinbevölkerung (Alter: 8–12 Jahre)	– ein höheres Ausmaß depressiver Symptome stand in Verbindung mit mehr negativen Annahmen über sich selbst, die Familie und die Freunde.

pression, ungeachtet des Alters, Geschlechtes und der Art der Stichprobe.

Studien, in denen die Selbstkontrolltheorie (Rehm 1977) überprüft wurde, ergaben, dass depressive Kinder im Vergleich mit nicht-depressiven Kindern einen geringeren Selbstwert, einen depressiveren Attributionsstil und mehr Defizite der Selbstkontrolle berichteten (z.B. McCauley et al. 1988). Depressive Kinder beurteilten sich allgemein als weniger kompetent und waren mit ihren Leistungen im sozialen und kognitiven Bereich weniger zufrieden als nicht-depressive Kinder. Bei

Kontingenz

verschiedenen Aufgaben im Labor fand man bei depressiven Kindern: eine negative Selbsteinschätzung; stringentere Kriterien für einen Fehlschlag; höhere Leistungsanforderungen; eine geringe Leistungserwartung und eine erhöhte Neigung, Selbstbestrafung eher als Belohnung zu empfehlen (Kendall et al. 1990). Weisz et al. (1993) fanden heraus, dass wahrgenommene Unfähigkeit und Nicht-Kontingenz stark mit selbstberichteten depressiven Symptomen zusammenhängen. Um zu zeigen, inwieweit diese Wahrnehmungen von Inkompetenz und Nicht-Kontingenz eher Verzerrungen als echte Wahrnehmungen der Umgebung depressiver Kinder sind, ist es erforderlich, den Grad ihrer tatsächlichen Inkompetenz zu untersuchen.

Die Ergebnisse von Vergleichen subjektiver vs. objektiver Kompetenz-Ratings sind nicht eindeutig. In einigen Studien bewerteten depressive Kinder ihre eigenen Leistungen schlechter als die der anderen, ohne dass die tatsächlichen Leistungen unterschiedlich waren (z.B. Meyer et al. 1989). Das heißt, depressive Kinder neigen im Vergleich zu nicht-depressiven Kindern eher dazu, sich ungünstiger einzuschätzen, negative Zukunftserwartungen zu haben, mehr depressionstypische Attributionen für einen Fehlschlag vorzunehmen und ihre Leistungen negativer zu bewerten (Worchel et al. 1990); hierbei ist es wichtig zu bemerken, dass diese Unterschiede der Beurteilung der Kinder nicht auf tatsächliche Leistungsunterschiede zwischen depressiven und nicht-depressiven Kindern zurückzuführen waren. Es könnte sein, dass depressive Kinder sich selbst bei der Beurteilung von objektiven, unpersönlichen Aufgaben negativer als nicht-depressive Kinder einschätzen. Wenn es jedoch um die Beurteilung zwischenmenschlicher Fähigkeiten geht, erkennen depressive Kinder die Defizite nicht, die andere bemerken.

In einer Reihe von Studien wurden von Weisz und Kollegen (1987, 1989) ähnliche Ergebnisse berichtet. In diesen Studien korrelierten die mit Hilfe des „Child Depression Inventory" erfassten Symptome hoch mit einem geringen Grad wahrgenommener Kontrolle. Ihre Ergebnisse wurden dahin gehend interpretiert, dass Kinder und Jugendliche möglicherweise Formen von Depression erleben, die mit „persönlicher Hilflosigkeit" anstelle von „universeller Hilflosigkeit" zusammenhängen. In einer Studie von King et al. (1993) lagen die Selbstwert-Scores stationär behandelter Jugendlicher signifikant niedriger im Vergleich mit Jugendlichen einer normalen Kontrollgruppe. Es zeigte sich, dass drei spezifische Bereiche der Selbstwahrnehmung signifikant mit Depression assoziiert waren: soziale Akzeptanz, Attraktivität und Freundschaft. Ihre Ergebnisse zeigten auch eine Besserung der Depression während des Krankenhausaufenthaltes, die mit der Zunahme des globalen Selbstwertes und der wahrgenommenen sozialen Akzeptanz zusammenhing. Marton et al. (1993) berichteten gleichfalls, dass das globale Selbstwertgefühl bei den depressiven im Vergleich zu den nichtdepressiven und den gesunden Jugendlichen signifikant niedriger war.

In der Bremer Jugendstudie (Essau 2000) erreichten depressive Jugendliche im Vergleich zu den Jugendlichen ohne psychische Störungen erheblich niedrigere Scores in allen drei Bereichen wahrgenommener Kontrolle (Tab. 9.3). Auf der Selbstwertskala erreichten die Jugendlichen der Gruppe „Depression und komorbide Störungen" die niedrigsten Werte in den Bereichen globaler Selbstwert, Verhalten und sportliche Fähigkeiten. Dieses Ergebnis ist interessant, da es nahe legt, dass depressive Jugendliche, die zusätzlich an anderen Störungen leiden, hinsichtlich ihrer wahrgenommenen Kompetenz sehr viel stärker beeinträchtigt sind als solche, die nur an Depression leiden. Obwohl eine eindeutige Erklärung für dieses Ergebnis noch aussteht, zeigt es doch die Bedeutung der Berücksichtigung komorbider Störungen so-

wahrgenommene Kontrolle und Kompetenz

Tab. 9.3 Kognitive Faktoren und depressive Störungen (nach Essau 2000)

	Keine Störungen		Reine Depression		Depression und komorbide Störungen		F
	$\bar{x}$	SD	$\bar{x}$	SD	$\bar{x}$	SD	
Kontrollüberzeugung							
– Schulische Leistungen	56.33	7.5[a]	54.15	7.1[b]	54.41	8.1[a,b]	4.35*
– Verhalten	20.31	3.1	19.56	3.7	19.62	3.2	3.01
– Soziale Kontakte	18.28[a]	3.2	17.41	3.2[a,b]	17.19	3.5[b]	5.56**
	17.74	3.5	17.18	3.7	17.59	3.8	0.80
Wahrgenommene Kompetenz							
– Schulische Fähigkeiten	13.64	2.8	13.13	2.7	13.15	2.5	1.88
– Soziale Anerkennung	14.75	2.8	14.47	2.7	14.45	3.3	0.58
– Sportliche Fähigkeiten	12.78	3.6[a]	12.24	3.5	11.19	3.6[b]	7.14**
– Körperliche Erscheinung	13.20	3.6	13.18	3.1	12.19	4.2	2.71
– Attraktivität	12.92	2.8	13.35	2.5	12.92	3.3	0.70
– Soziale Erwünschtheit	13.76	2.6[a]	13.10	2.9[a]	12.40	2.4[b]	10.95*
– Freundschaften	15.94	3.4	16.15	3.3	16.15	3.5	0.23
– Globales Selbstwertgefühl	14.51	3.1[a]	14.03	3.0[a]	12.95	3.7[b]	8.54***

Anmerkungen: Mittelwerte mit unterschiedlichen Hochbuchstaben unterschieden sich signifikant; * $p < 0.05$; ** $p < 0.01$; *** $p < 0.001$

wie der Einbeziehung besonderer Kompetenzen, die für Jugendliche bei der Prävention und Behandlung von Depression wichtig sind.

Ein Vergleich der zum Interviewzeitpunkt depressiven Jugendlichen mit denjenigen, die irgendwann zuvor in ihrem Leben depressiv waren, ergab hinsichtlich wahrgenommener Kontrolle keine signifikanten Gruppenunterschiede (Essau 2000). Lediglich auf der Skala des globalen Selbstwertes und der schulischen Leistungen wiesen die zum Zeitpunkt des Interviews depressiven Jugendlichen geringere Werte auf. Diese Ergebnisse scheinen nahe zu legen, dass geringe Kontrollüberzeugungen keine Begleiterscheinung einer akuten Depression, sondern vielmehr ein anhaltendes Persönlichkeitsmerkmal depressiver Jugendlicher darstellt.

9.2 Kognitive Faktoren und der Verlauf von Depression

geringes Selbstwertgefühl

Eine wichtige mögliche Rolle kognitiver Faktoren besteht in der Beeinflussung des Verlaufs einer Depression. Es zeigte sich, dass ein depressiver Attributionsstil, Pessimismus und ein eingeschränktes Selbstkonzept depressive Symptome und Diagnosen voraussagen können. In einer Längsschnittstudie von Reinherz et al. (1993b) beispielsweise tendierten depressive Mädchen, die später eine Major Depression entwickelten, zu geringem Selbstwertgefühl. Das heißt, viele Jugendliche, die in der späten Jugend an Major Depression litten, hatten bereits im Alter von neun Jahren ein geringes Selbstwertgefühl. Andere Autoren (Metalsky et al. 1993) fanden, dass sich anhand eines internalen, stabilen und globalen Attributionsstils eine Depression voraussagen lässt. Andere Forscher konnten jedoch nicht bestätigen, dass sich anhand von Kognitionen zukünftige Depressionen voraussagen lassen (Gotlib et al. 1993; King et al. 1993). In der Studie von Nolen-Hoeksema et al. (1992) wurde eine Verschlechterung des Attributionsstils nach dem Beginn einer Depression und die Stabilität pessimistischer Attributionen nach dem Abklingen der depressiven Symptome festgestellt. Dieser Befund wurde dahin gehend interpretiert, dass die Depression möglicherweise eine kognitive „Narbe" hinterlässt, indem sie beim Kind zur Entwicklung eines negativen Erklärungsstils führt.

Zahlreichen klinischen Studien zufolge geht eine Genesung von Depression mit einer Verbesserung der negativen Kognitionen der Kinder einher. Jedoch ist es wichtig festzuhalten, dass die Ergebnisse dieser Behandlungsstudien möglicherweise auf die Auswirkungen der

Psychologie- und Psychotherapiekatalog des Ernst Reinhardt Verlags 2022

Einfach scannen & das Programm online entdecken

Behandlung zurückzuführen sind und nicht einfach einen natürlichen Rückgang depressiver Symptome darstellen. So fanden z.b. Benfield und Mitarbeiter (1988), dass sich der Attributionsstil depressiver Kinder durch eine Behandlung verbesserte. In der Studie von Tems et al. (1993) berichteten depressive Kinder ein höheres Ausmaß depressiver Symptome, zeigten mehr kognitive Fehler und hatten ein geringeres Selbstwertgefühl als Kinder in den nicht-depressiven Kontrollgruppen zum Zeitpunkt eines Krankenhausaufenthaltes; bei Behandlung nahmen die depressiven Symptome jedoch ab und das Selbstwertgefühl stieg.

Bei der Bewertung der bisherigen Ergebnisse muss berücksichtigt werden, dass viele der Studien an klinischen Stichproben durchgeführt wurden (Marton et al. 1993) und die Befunde aufgrund der Schwere und der Chronizität der depressiven Symptome bei behandelten Jugendlichen nicht auf Jugendliche der Allgemeinbevölkerung übertragen werden können. Ergebnisse, die in Studien an der Allgemeinbevölkerung gewonnen wurden, basieren gewöhnlich auf Selbstbeurteilungs-Fragebögen, mit deren Hilfe depressive Symptome erfasst wurden, aber nicht das Vorliegen einer klinischen Depression nach den geläufigen Klassifikationssystemen (DSM und ICD) überprüft wurde. Ein weiteres Problem besteht darin, dass in nahezu keiner der früheren Studien Komorbiditätsanalysen vorgenommen wurden, obwohl depressive Jugendliche im Vergleich zu nicht-depressiven Jugendlichen ein signifikant höheres Risiko für andere psychische Störungen aufweisen (Essau 2000).

Es ist wichtig, die Implikationen der bisherigen Ergebnisse im Rahmen der Prävention von Depression zu berücksichtigen. Bei der Anwendung präventiver Maßnahmen bei Jugendlichen mit bestehendem Depressionsrisiko kann durch die Vermittlung von Kontrollüberzeugungen und Selbstwertgefühl die Widerstandsfähigkeit gegenüber der Entstehung depressiver Episoden gestärkt werden. In dem Maße, wie Risiko-Jugendliche eine kognitive Vulnerabilität für Depression zeigen, sollten sich Präventionsbemühungen bei diesen Personen auf spezifische kognitive Defizite konzentrieren.

9.3 Übungsfragen zum 9. Kapitel

100. Wie wird Kognition definiert?

101. Warum ist es wichtig, kognitive Faktoren von Depression bei Kindern zu untersuchen?

102. Der Terminus „kognitive Faktoren" wurde unterschiedlich definiert. Welche anderen Konstrukte fallen noch unter diesen Terminus?

103. Wie wird Kontrollüberzeugung definiert?

104. Was bedeutet „persönliche Hilflosigkeit" und „universelle Hilflosigkeit"?

105. Fassen Sie die Ergebnisse der Studien zusammen, in denen versucht wurde, die Selbstkontrolltheorie zu überprüfen!

106. Wie würden Sie die Ergebnisse der Studien zusammenfassen, in denen versucht wurde, die kognitive Theorie von Beck zu überprüfen?

107. Wie beinflussen kognitive Faktoren den Verlauf einer Depression?

108. Welche Implikationen haben die Ergebnisse der Kognitionsforschung für die Prävention und die Intervention bei Depression?

10 Lebensereignisse und Bewältigungsstrategien

Lebensereignisse werden definiert als Erfahrungen, die die bestehende Lebenssituation einer Person verändern und sie zu Maßnahmen der Bewältigung und Anpassung zwingen (Filipp, 1990). Während viele dieser Lebensereignisse oft mit dem natürlichen Lebenszyklus zusammenhängen (z. B. Heirat, Arbeitseinstieg), sind einige Ereignisse ungewöhnlich (z. B. Unfall). Für Lebensereignisse, die starke Anpassungsleistungen erfordern und möglicherweise psychosoziale Probleme verursachen können, wird oft der Begriff der „kritischen Lebensereignisse" benutzt. Ereignisse, die eine weniger starke Anpassungsleistung erfordern, dafür aber anhaltend sind, werden als „alltägliche Probleme" („daily hassles") oder „chronische Bedingungen" bezeichnet.

Es konnte in Studien allgemein gezeigt werden, dass depressive Jugendliche vermehrt negative Lebensereignisse berichten, die vor Beginn der depressiven Episode eingetreten sind (Berney et al. 1991; Kovacs et al. 1984; Nolen-Hoeksema et al. 1986; Reinherz et al. 1989). 77 % der depressiven Jugendlichen gaben an, dass ihre depressiven Episoden als Reaktion auf ein Lebensereignis auftraten (Essau 2000). Meist handelte es sich dabei um adoleszenzspezifische Erfahrungen wie Liebeskummer, aber auch um Probleme mit den Eltern und Schulschwierigkeiten. Unterscheidet man zwischen positiven und negativen Lebensereignissen und -bedingungen (d. h. Zustände, die mindestens drei Monate lang andauern), so zeigt sich, dass depressive Jugendliche von signifikant mehr negativen Lebensereignissen und -bedingungen berichten als nicht-depressive Jugendliche (Tab. 10.1). Tatsächlich gehörten Lebensereignisse zu den Variablen, die als depressionsspezifisch erkannt wurden (Lewinsohn et al. 1995).

adoleszenzspezifische Erfahrung

In zahlreichen Studien wurden die Merkmale von Lebensereignissen untersucht, die wahrscheinlich mit depressiven Störungen zusammenhängen. Goodyer und Altham (1991a, b) sammelten Daten von Eltern über die „Verluste" („exit events"; z. B. Tod, Scheidung oder Trennung) im Leben ihrer Kinder. Kinder der depressiven Gruppe hatten signifikant häufiger Verluste erlebt (mindestens zwei), verglichen mit den Kindern ohne Störungen. In der Studie von Williamson und Mitarbeitern (1995) wurde kein signifikanter Unterschied zwischen

Tab. 10.1 Depressive Störungen und Lebensereignisse/-bedingungen

	Keine Störung		Depression		Depression und komorbide Störung		F
	M	SD	M	SD	M	SD	
Ereignisse/Bedingungen							
– Alle	22.19	12.1[a]	24.41	20.4[a]	35.29	17.2[b]	25.13***
– Negative	8.22	6.7[a]	11.79	6.0[b]	17.51	10.1[c]	44.63***
– Positive	11.14	7.5[a]	9.53	5.8[a]	13.12	7.7[b]	3.16*
Ereignisse							
– Negative	6.33	5.0[a]	8.96	4.9[b]	12.14	7.3[c]	38.11***
– Positive	4.32	3.3	3.82	2.2	4.69	3.7	1.98
Bedingungen							
– Negative	1.89	2.8[a]	2.80	3.6[b]	5.37	4.7[c]	21.79***
– Positive	6.82	5.6	5.71	4.5	8.42	5.2	2.55

Anmerkungen: Mittelwerte mit unterschiedlichen Hochbuchstaben unterschieden sich signifikant; * $p < 0.05$, *** $p < 0.001$

depressiven und nicht-depressiven Jugendlichen im Hinblick auf die Anzahl der gesamten kritischen Lebensereignisse erkennbar. Unterteilt man diese Ereignisse nach Abhängigkeit bzw. Unabhängigkeit vom eigenen Verhalten (z.B. Ereignisse, in die man selber verwickelt ist wie bei einem Streit mit seinen Eltern vs. Tod des Großvaters), wurden signifikante Gruppenunterschiede für die verhaltensabhängigen Ereignisse gefunden. So berichteten depressive Jugendliche im Vergleich mit Jugendlichen der Kontrollgruppe von mehr verhaltensabhängigen Lebensereignissen, die in dem Jahr stattfanden, bevor sie interviewt wurden.

Die Arten von Lebensereignissen, die als Risikofaktoren für die Major Depression gelten, sind offenbar bei Mädchen und Jungen unterschiedlich. Reinherz et al. (1993b) fanden heraus, dass der Tod eines Elternteils vor dem 15. Lebensjahr des Kindes, eine Schwangerschaft und ein frühes Auftreten gesundheitlicher Probleme, die das tägliche Leben beeinträchtigen (z.B. Erkrankungen der Atemwege, Mononukleose, Arthritis und Kopfschmerzen) ein Risiko für ein späteres Auftreten einer Major Depression bei Mädchen darstellen; bei Jungen war es die Wiederheirat eines Elternteils (Reinherz et al. 1993b).

In einer Studie von Adrian und Hammen (1993) wurde festgestellt, dass bei Kindern depressiver Mütter signifikant mehr vom eigenen Verhalten abhängige Lebensereignisse gefunden wurden als bei Kindern, deren Mütter keine psychischen Krankheiten aufwiesen. Kinder depressiver Mütter, die selber nicht depressiv waren, hatten signifikant häufiger zwischenmenschliche Konflikte (z.B. familiäre oder Gleichaltrigenkonflikte) verglichen mit den Kindern aus der Kontrollgruppe. Diese Ergebnisse wurden so interpretiert, dass Lebensereignisse nicht nur eine Folge von depressiven Symptomen sind, sondern dass sie auch Folgen von Beeinträchtigungen im sozialen Umfeld sein können.

In einer anderen Studie zeigte sich, dass bei Kindern – die zahlreichen Stressoren ausgesetzt waren – die Wahrscheinlichkeit, depressiv zu werden, besonders dann stieg, wenn die Mütter selbst momentan eine depressive Episode hatten (Hammen/Goodman-Brown 1990). Es wurde argumentiert, dass eine für das Kind verfügbare Mutter dem Kind dabei hilft, die nachteiligen Effekte von Stressoren abzubauen. Dies ist bei depressiven Müttern nicht mehr gegeben – was das Risiko, eine Depression infolge von Stresseinwirkung zu entwickeln, erhöht.

Stressoren

In einer Studie von Goodyer et al. (1993) sind Jugendliche mit Müttern, deren Krankengeschichte psychische Störungen aufweist, häufiger kritischen Lebensereignissen ausgesetzt als jene, deren Mütter keine solche Krankengeschichte haben. Das bedeutet, dass psychisch auffällige Mütter nicht nur keine Hilfe bei der Stressbewältigung für ihre Kinder sind, sondern auch, dass sie kritische Ereignisse nicht minimieren können und sogar durch ihre eigene Krankheit zu zusätzlich belastenden Lebensereignissen beitragen (beispielsweise wenn mit einem Krankenhausaufenthalt der Mutter eine Fremdunterbringung für das Kind verbunden ist). Somit führen sowohl psychische Störungen der Mutter als auch der Umstand, kritischen Lebensereignissen erhöht ausgesetzt zu sein, zu einem deutlich erhöhten Risiko für Depression bei Jugendlichen.

In der Bremer Jugendstudie berichteten depressive Jugendliche mit depressiven Eltern signifikant mehr negative Lebensereignisse und -bedingungen als depressive Jugendliche, deren Eltern nicht-depressiv waren. Bei getrennter Analyse von negativen Lebensereignissen und -bedingungen wurde nur bei den Lebensbedingungen signifikante Unterschiede gefunden (Abb. 10.1; Essau 2000).

150 Theorien und Risikofaktoren

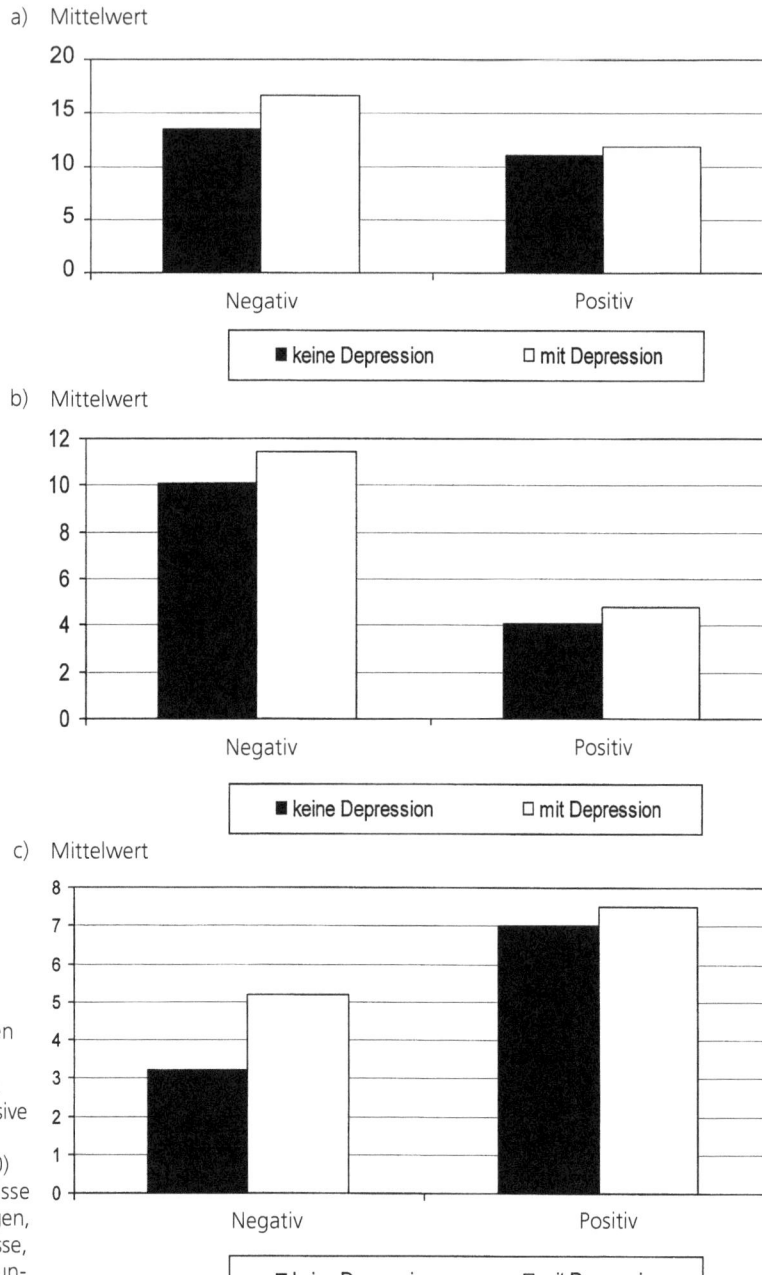

Abb. 10.1 a)–c): Lebensereignisse und -bedingungen bei depressiven Jugendlichen mit und ohne depressive Eltern (nach Essau 2000)
a) Lebensereignisse und Bedingungen,
b) Lebensereignisse,
c) Lebensbedingungen

Bitte gehe die Liste der Lebensereignisse auf den *vorigen Seiten* noch einmal durch. *Unterstreiche bitte das Ereignis, das für dich am schlimmsten war!*

Kreuze nun bitte nacheinander an, welche der aufgelisteten Verhaltensweisen du gewählt hast, um mit diesem Ereignis fertig zu werden! Für jede Verhaltensweise sind Einschätzungen von 0 („habe ich gar nicht getan") bis 4 („habe ich sehr oft getan") möglich. Kreuze die am ehesten zutreffende Zahl an!

1. Ich habe mich ins eigene Zimmer zurückgezogen und versucht, mich von jedem fernzuhalten.   0 1 2 3 4

2. Ich habe energisch diskutiert und alles versucht, um die Situation zu verändern.   0 1 2 3 4

3. Ich bin von zu Hause weggelaufen.   0 1 2 3 4

4. Ich habe versucht, in Ruhe mit meinen Eltern zu besprechen, wie das Problem zu lösen ist.   0 1 2 3 4

5. Ich habe mich betrunken oder Drogen genommen, um nicht über das Problem nachdenken zu müssen.   0 1 2 3 4

6. Ich habe mit einem gleichaltrigen Freund darüber gesprochen.   0 1 2 3 4

7. Ich wollte mich selbst verletzen, um die Situation zu verändern oder ihr zu entrinnen.   0 1 2 3 4

8. Ich habe mit einem Erwachsenen, dem ich vertraue, gesprochen, um Hilfe zu bekommen.   0 1 2 3 4

9. Ich wollte mich umbringen, um dem Problem zu entrinnen.   0 1 2 3 4

10. Ich habe versucht, das Problem einfach nicht zu beachten.   0 1 2 3 4

11. Ich habe mir selbst gesagt: „Das Leben geht weiter" und versucht weiterzumachen.   0 1 2 3 4

12. Andere *(Bitte nennen):*

_____   0 1 2 3 4

_____   0 1 2 3 4

_____   0 1 2 3 4

Kasten 10.1 Umgang mit Lebensereignissen (nach Adams/Adams (1993); deutsche Überarbeitung: Arbeitsgruppe „Bremer Jugendstudie" (Essau et al. 1998a).

10.1 Lebensereignisse und der Verlauf von Depression

Lebensereignisse können Prädiktoren für darauf folgende depressive Störungen sein. In einer Follow-up-Studie über depressive Störungen wurde herausgefunden, dass es eine signifikante Abnahme der Anzahl unerwünschter Lebensereignisse und signifikante Verbesserungen des Vertrauensverhältnisses zu den Müttern gab (Goodyer et al. 1991). Ihre Ergebnisse zeigten weiterhin, dass eine nicht erfolgte Genesung möglicherweise mit Schwierigkeiten in Freundschaften nach dem Beginn einer Depression zusammenhängt.

negative Bedingungen
Daten der Bremer Jugendstudie (Essau 2000) zeigten, dass bei Jugendlichen mit einer einzigen Episode negative Lebensereignisse häufiger auftraten als bei Jugendlichen mit wiederkehrenden Episoden. Im Gegensatz dazu war die Anzahl von negativen Bedingungen bei den depressiven Jugendlichen mit wiederkehrenden Phasen größer als bei denjenigen mit einer einzigen depressiven Episode.

In einer anderen Studie von Goodyer (1999) waren die Ergebnisse, die mit anhaltenden psychischen Störungen verbunden sind: (a) das Fehlen einer vertrauensvollen Partnerbeziehung der Mutter, (b) familiäre Dysfunktionen und (c) wenige enge Freundschaften. Die Ergebnisse lassen darauf schließen, dass es mindestens zwei voneinander unabhängige Entwicklungsverläufe gibt, die zu depressiven Störungen führen:

- Der eine „Weg" führt über familiäre Strukturen in die Störung („familiärer Weg"): Durch die Isolation der psychisch gestörten Mütter sowie andere Begleiterscheinungen ihrer Erkrankung kommt es zu familiären Dysfunktionen, die sich wiederum störend auf die Entwicklung des Kindes/Jugendlichen auswirken und möglicherweise das Erlernen sozialer Kompetenzen erschweren.
- Der andere „Weg" in die Depression führt über die Schwierigkeit, mit Gleichaltrigen angemessene Freundschaften zu schließen und zu pflegen („Gleichaltrigen-Weg").

10.2 Mechanismen und Prozesse

Es gibt starke Hinweise darauf, dass Lebensereignisse eine unspezifische Bedeutung für den Beginn von Major Depression bei Jugendlichen haben. Unklar bleibt, warum einige Jugendliche unter gleichen oder ähnlichen Bedingungen empfindlicher als andere sind. Es ist erforderlich, dass die Lebensereignis-Forschung über die Beschreibung von Ereignissen als Faktoren hinausgeht und die Zusammenhänge zwischen den Mechanismen und Prozessen bestimmt (Rutter 1994a).

Hammen und Rudolph (1996) haben zwei Modelle zur Erklärung des Zusammenhanges von Lebensereignissen und Depression entwickelt:

Das Diathese-Stress-Modell. Die Hauptannahme dieses Modells ist, dass der Einfluss von Stress möglicherweise durch individuelle Risikofaktoren gesteuert wird. So kann Depression als Interaktion zwischen persönlicher Anfälligkeit und äußerem Stress gesehen werden. Die Anfälligkeit gilt als stabile kognitive Neigung für depressionsauslösende Interpretationen oder Bewertungen von Ereignissen. Diesen Ereignissen ausgesetzt zu sein, könnte zugrunde liegende konstitutionelle kognitive Prädispositionen aktivieren. Hammen und Rudolph (1996) zufolge liegen die Hauptdeterminanten für den Beginn und die Intensität von Depression in der Kombination zwischen kognitiven individuellen Anfälligkeiten und der Art der Lebensereignisse.

Das Stress-Generations-Modell. Bezogen auf dieses Modell erzeugen depressive Menschen gerade stressreiche Umstände, die depressive Reaktionen auslösen können (Hammen 1991). Es wurde argumentiert, dass ein frühes erstmaliges Auftreten von Depression den normalen Entwicklungsverlauf vielleicht unterbricht, fehlangepasste Verhaltensweisen verursacht, die wiederum zu Stress und dem Risiko für weitere Anpassungsprobleme führen. Beispielsweise berichteten Adrian und Hammen (1993), dass Kinder depressiver Mütter signifikant höhere Raten von Lebensereignissen zeigten (z. B. Gleichaltrigenkonflikte), die sie teilweise selbst verursacht hatten.

Über diese Modelle hinaus haben einige Autoren die Rolle von sozialer Unterstützung, Attributionsstilen und Bewältigungs- oder Problemlösestrategien untersucht, um die Beziehung zwischen Lebensereignissen und Depression zu erklären.

Soziale Unterstützung. In einer Studie von Ge und Mitarbeitern (1995) wurde ein Zusammenhang zwischen negativen und unkontrollierbaren Lebensereignissen und dem Ausmaß depressiver Symptomatik untersucht. Jungen bis zum Alter von zwölf Jahren nannten mehr negative, unkontrollierbare Ereignisse und mehr depressive Symptome. Bei den Mädchen war bis zum 15. Lebensjahr ein starker Anstieg der Lebensereignisse und depressiven Symptome zu verzeichnen. Obwohl Jungen auch von mehr Lebensereignissen berichteten, blieb das Aus-

soziale Unterstützung

maß depressiver Symptomatik bei ihnen aber fast konstant. Bei Mädchen hing der Anstieg der Anzahl der Ereignisse mit einer Zunahme depressiver Symptome zusammen. Ferner zeigten die Ergebnisse, dass Mädchen, die weniger Unterstützung von ihren Müttern erhielten, das stärkste Ausmaß depressiver Symptomatik infolge von negativen Lebensereignissen aufwiesen. Die Autoren interpretierten die Ergebnisse dahin gehend, dass das stärkere Ausmaß von Depression bei Mädchen ab dem 13. Lebensjahr auf die Konfrontation mit einer größeren Anzahl von Stressoren und auf eine höhere Vulnerabilität gegenüber diesen Stressoren in den postpubertären Jahren zurückzuführen ist.

Attributionsstil. Robinson und Mitarbeiter (1995) untersuchten in einer Längsschnittstudie den Zusammenhang zwischen negativen Lebensereignissen und depressiver Symptomatik sowie den Einfluss von Selbstwertgefühl und Attributionsstil bei Schülern. Die Assoziation zwischen negativen Lebensereignissen und der depressiven Symptomatik beim zweiten Messzeitpunkt wurde durch die kognitiven Faktoren moderiert: Die Schüler mit einem niedrigen Selbstwertgefühl und einer erhöhten Anzahl negativer Lebensereignisse zeigten das stärkste Ausmaß einer depressiven Symptomatik. Jedoch konnten diese Ergebnisse weitere sechs Monate später nicht mehr wiederholt werden. Aus der Studie von Nolen-Hoeksema et al. (1992) ging hervor, dass die Verbindung zwischen Lebensereignissen und depressiven Störungen mit chronischen Veränderungen in der Umgebung des Kindes zusammenhingen. Bei Jugendlichen war es ein pessimistischer Attributionsstil, der dazu führte, dass sich nach einem negativen Lebensereignis eine Depression zeigte; bei Mädchen gab die körperliche Selbstwahrnehmung, Selbstachtung und Selbstwirksamkeit den Ausschlag.

effektives Problemlösen

Problemlösungsverhalten. Nach dem Modell von Nezu und Mitarbeitern (Nezu et al. 1989), stellt ein defizitäres und ineffektives Problemlösungsverhalten einen wesentlichen Faktor für die Entstehung und Aufrechterhaltung von Depression dar. Problemlösen bezieht sich auf den Prozess, in dem Individuen effektive Verhaltensweisen zur Bewältigung problematischer Situationen generieren und anwenden. Untersuchungsergebnisse lassen den Schluss zu, dass depressive Jugendliche Defizite in der Fähigkeit aufweisen, interpersonale und soziale Probleme effektiv zu lösen. Weiterhin konnte effektives Problemlösen als eine Copingstrategie isoliert werden, die die Auswirkungen belastender Lebensereignisse in Bezug auf Depression abfangen konnte (Hammen/Rudolph 1996).

In einer Studie von Goodman und Mitarbeitern (1995) wurde der Zusammenhang zwischen depressiver Symptomatik, Problemlösungskompetenz und dem Auftreten kritischer Lebensereignisse der vergangenen zwölf Monate untersucht. Es wurde festgestellt, dass die Effektivität (aber nicht die Anzahl der Problemlösungsvorschläge) und die wahrgenomme Belastung durch negative Lebensereignisse in einem Zusammenhang mit dem Ausmaß depressiver Symptomatik standen. Ebenso fanden sie heraus, dass der Zusammenhang zwischen negativen Lebensereignissen und Depression durch die Effektivität des Problemlösens moderiert wurde. Unter den Kindern, die ein hohes Ausmaß belastender Ereignisse erlebt hatten, berichteten diejenigen von den meisten depressiven Symptomen, die zusätzlich ineffektivere Problemlösungsfähigkeiten zeigten.

Die Bedeutung eingeschränkter interpersonaler Problemlösungsfähigkeiten bei der Generierung von Lebensereignissen im Zusammenhang mit Depression wurde von Davila und Mitarbeitern (1995) bei Mädchen im Alter von 17 bis 18 Jahren untersucht. Es konnte festgestellt werden, dass sowohl das Ausmaß depressiver Symptomatik bei der Erstbefragung als auch mangelnde Problemlösungsfähigkeiten zu einer Zunahme belastender, interpersonaler Lebensereignisse führen. Die Belastung durch interpersonale Ereignisse wiederum führte zu einer Zunahme depressiver Symptome. Die Symptombelastung bei der Erstbefragung und ein Jahr danach wurde durch das Ausmaß der Belastung durch negative Lebensereignisse moderiert. Ein hohes Ausmaß interpersonaler Belastungen führte zu einer Zunahme der depressiven Symptomatik. Die Annahme, dass der Zusammenhang zwischen belastenden Lebensereignissen und Depression durch interpersonale Problemlösungsfähigkeiten moderiert wird, konnte nicht gestützt werden.

interpersonale Problemlösungsfähigkeiten

Bewältigungsstrategien: Es zeigte sich, dass die Art und Weise, wie die Jugendlichen mit negativen Lebensereignissen umgehen, von großer Bedeutung ist. Bewältigungsstrategien wurden als ein vermittelnder Faktor zwischen Stress und Depression postuliert. Dabei wird angenommen, dass angesichts desselben Belastungsgrades Menschen mit effektiveren Bewältigungsstrategien ein besser angepasstes Verhalten zeigen und infolgedessen die Belastung als geringer erleben. Es wurde berichtet, dass depressive Jugendliche eher negative Bewältigungsstrategien einsetzen (z.B. sich betrinken oder Drogen nehmen, sich isolieren oder von zu Hause weglaufen). Nicht-depressive Jugendliche wählen dagegen im Allgemeinen positive Alternativen (z.B. die Bedeutung des Ereignisses herunterspielen), um ein negatives Lebensereignis zu bewäl-

negative Bewältigungsstrategien

tigen (Adams/Adams 1991; Essau 2000). Die Jugendlichen der Gruppe mit einem hohen Ausmaß depressiver Symptomatik hatten fast alle erfragten Lebensereignisse öfter genannt und bewerteten insgesamt die Betroffenheit durch die erlebten Ereignisse signifikant negativer. Vier Problemlösungsalternativen wurden von der Gruppe mit hohen Depressionswerten signifikant häufiger gewählt: „Ich habe mich ins eigene Zimmer zurückgezogen und versucht, mich von jedem fernzuhalten", „Ich bin von zu Hause weggelaufen", „Ich wollte mich selbst verletzen, um die Situation zu verändern oder ihr zu entrinnen" und „Ich wollte mich umbringen, um dem Problem zu entrinnen". Jugendliche mit höheren Depressionswerten entfliehen ihren Problemen signifikant häufiger, als sich mit ihnen konstruktiv auseinander zu setzen. Sie weisen ebenfalls weniger konstruktives Bewältigungsverhalten als Jugendliche mit niedrigeren Depressionswerten auf.

In einer anderen Studie untersuchten Adams und Adams (1993), ob die Veränderung der Schulnoten nach einem Semester im Zusammenhang mit den gewählten Problemlösungsalternativen auf das Ausmaß depressiver Symptomatik eine Wirkung zeigt. Das Ausmaß depressiver Symptomatik zum zweiten Messzeitpunkt konnte weder allein durch den Abfall des Schulnotendurchschnitts noch durch niedrigere Werte auf der „Perceived Problem-Solving Alternatives Scale" (PSAS) vorhergesagt werden. Den Schülern aber, die sowohl deutlich schlechtere Noten als auch einen niedrigen PSAS-Wert aufwiesen, konnte ein signifikant stärkeres Ausmaß depressiver Symptomatik zum zweiten Messzeitpunkt vorhergesagt werden.

Verschiedenen anderen Autoren zufolge besteht ein Zusammenhang zwischen Depression und „emotionsbetonten" Strategien („emotion-focused strategies"; Compas et al. 1988) und „kognitiver Vermeidung" („cognitive avoidance"; Ebata/Moos 1991). In der Studie von Nolen-Hoeksema et al. (1992) zeigte sich, dass die Auswirkungen von Lebensereignissen auf Depression durch einen pessimistischen Erklärungsstil und bei Mädchen durch das selbst wahrgenommene Körperbild sowie Selbstachtung und Selbstwirksamkeit vermittelt werden. Die Beziehung zwischen Depression und negativer Bewältigung ist noch nicht hinreichend geklärt. Es gibt zwei Alternativen zur Erklärung dieser Beziehung (Goodyer 1999):

– die depressiven Jugendlichen wählen vielleicht häufiger negative Bewältigungsstrategien aufgrund ihrer Störung, oder
– Jugendliche werden depressiv, weil sie unfähig sind, negative Ereignisse und Bedingungen angemessen zu bewältigen.

Um die Frage zu beantworten, welche der beiden Erklärungsalternativen eher zutrifft, sind weitere Studien erforderlich.

Zusammenfassend lässt sich sagen, dass ungefähr 50 % der depressiven Episoden bei Jugendlichen im Anschluss an ein unerwünschtes Ereignis oder Schwierigkeiten oder eine Kombination aus beidem entstehen (Goodyer/Altham 1991a, b). Dies führt zu der Schlussfolgerung, dass unerwünschte Ereignisse weder notwendig noch hinreichend sind, um den Beginn einer depressiven Episode zu erklären. Es ist klar, dass neben den vor kurzer Zeit aufgetretenen Ereignissen viele andere Faktoren bei der Entstehung einer Depression wichtig sind. Diese Ergebnisse sind aber für die Depression nicht spezifisch und fanden sich ebenfalls bei anderen Störungen. In jedem Fall sollte festgehalten werden, dass Lebensereignisse einen unspezifischen Risikofaktor für eine Depression darstellen. Das heißt, negative Lebensereignisse erhöhen das Risiko von Depression, aber auch von anderen psychischen Störungen. Wie Kendler et al. (1992) zeigten, war der Verlust eines Elternteils vor dem Alter von 17 Jahren signifikant mit dem Vorliegen von fünf psychischen Störungen verbunden. Andere Autoren schlossen daraus, dass Lebensereignisse möglicherweise zu Depression führen, wenn sie negativ und mit langfristigen Folgen verbunden sind und sich stark auf das Leben der betroffenen Person auswirken (Essau 2000).

10.3 Übungsfragen zum 10. Kapitel

109. Gibt es einen Zusammenhang zwischen Lebensereignissen und Depression?

110. Welche Typen von Lebensereignissen sind besonders wichtig im Zusammenhang mit Depression?

111. Nennen Sie adoleszenzspezifische Ereignisse, die meist mit dem Ausbruch von Depression einhergehen?

112. Was besagt das Diathese-Stress-Modell?

113. Was besagt das Stress-Generations-Modell?

114. Welche Faktoren moderieren den Zusammenhang zwischen Lebensereignissen und Depression?

115. Welche Rolle haben Bewältigungsstrategien als Moderatoren zwischen Lebensereignissen und Depression?

116. Welche Rolle spielen interpersonale Problemlösungsfähigkeiten im Zusammenhang zwischen Lebensereignissen und Depression?

117. Wie würden Sie die Beziehung zwischen Depression und negativer Bewältigung erklären?

118. Beschreiben Sie die Ergebnisse der Studie von Adams und Adams!

III Prävention und Intervention

11 Psychologische Prävention und Intervention

Als psychologische Interventionen gelten alle Maßnahmen, die dazu dienen sollen, psychische Belastung zu lindern, fehlangepasstes Verhalten zu reduzieren und angepasstes Verhalten durch Beratung, Trainingsprogramme oder einen Behandlungsplan zu fördern. Als Beispiele psychologischer Interventionen seien Psychoanalyse, Spieltherapie, Familientherapie, Verhaltenstherapie und kognitive Verhaltenstherapie genant. Nach Kazdins Untersuchung ist die am häufigsten angewendete Intervention die kognitive Verhaltenstherapie (Kazdin et al. 1985).

11.1 Kognitive Verhaltenstherapie

Allgemeine Merkmale dieser Therapie sind unter anderem die Struktur, genaue Vorgaben, Hausaufgaben und die Bearbeitung ganz spezieller Ziele (Weisz et al. 1999b; Tab. 11.1).

Kognitive Umstrukturierung. Sie zielt darauf ab, depressiven Kindern dabei zu helfen, ihre fehlangepassten Gedanken zu ändern. Dies bedeutet insbesondere eine Veränderung der Kausalattributionen, negativer Aussagen über die eigene Person sowie kognitiver Fehler. Dabei wird den depressiven Kindern vermittelt, wie sie (a) ihre depressionsfördernden kognitiven Fehler erkennen und benennen können; (b) den Zusammenhang zwischen ihren Kognitionen, ihrer Stimmung und ihrem Verhalten wahrnehmen; (c) ihre depressionsfördernden Gedanken an der Realität überprüfen und (d) zu treffenderen, positiveren Kognitionen gelangen können.   *Kognition*

Selbstkontrolltherapie. Die Selbstkontrolltherapie hat ihre Wurzeln in Rehms Modell (1981), demzufolge Depression auf Defizite im Hinblick auf Selbstüberprüfung, Selbstbeurteilung und Selbstverstärkung zurückzuführen ist.   *Selbstüberprüfung, Selbstbeurteilung, Selbstverstärkung*

Selbstüberprüfung beinhaltet die Beobachtung der eigenenen Person in Situationen, in die man sich begibt, und der Konsequenzen dieser Situationen. Die so gewonnenen Informationen ergänzen das Bild, das das Kind von der eigenen Person hat, und helfen dem Therapeuten, die Aktivitäten, die Belastungen und den Lebenszusammenhang des Kindes zu verstehen. Da negative Selbstbeurteilung oft ein wichtiger Aspekt von Depression ist, zielt die Selbstkontrolltherapie zum großen Teil darauf ab, dem depressiven Jugendlichen zu vermitteln, sich selbst weniger streng zu beurteilen. Des Weiteren identifizieren Therapeut und Kind bestimmte Bereiche von Fähigkeiten, in denen das Kind Schwächen aufweist, die es gerne verbessern möchte. Der Therapeut hilft dem Kind dabei, große Ziele zur Erlangung von Fähigkeiten in kleinere Teilziele zu unterteilen und die erforderlichen Schritte zu üben.

Planen angenehmer Aktivitäten. Basierend auf dem Konzept der Selbstverstärkung beinhalten einige kognitiv-behaviorale therapeutische Verfahren die Erhöhung der Anzahl angenehmer Aktivitäten. Therapeut und Kind filtern die Ereignisse heraus, die zu einer gehobenen Stimmung führen und versuchen, die Häufigkeit dieser Ereignisse zu erhöhen, indem sie in den Tagesablauf des Kindes eingebaut werden. Abgesehen davon, dass sich die Kinder durch diese Aktivitäten besser fühlen, soll das Planen angenehmer Aktivitäten dazu führen, die Aufmerksamkeit auf positive Erfahrungen zu lenken.

soziale Kompetenz **Training sozialer Kompetenzen.** Die sozialen Kompetenzen depressiver Kinder sind häufig relativ gering. Das Training sozialer Kompetenzen zielt darauf ab, die Fähigkeit des Kindes zu erhöhen, Verstärkung von anderen in Form bereichernder Interaktionen zu erhalten. Der Therapeut hilft dem Kind zu erkennen, dass einige seiner Verhaltensweisen zu Problemen mit anderen führen, und arbeitet mit dem Kind an Verhaltensänderungen und am Aufbau neuer Kompetenzen.

Entspannungstraining. Da Angst häufig mit Depression einhergeht, sind Entspannungstrainings meistens ein Teil der kognitiven Verhaltenstherapie mit depressiven Kindern. Anhand der Techniken der progressiven Muskelspannung wird den Kindern vermittelt, verschiedene Muskelgruppen anzuspannen und zu entspannen, um schließlich einen entspannten Zustand zu erreichen. Geführte Imagination kann zusammen mit dem Entspannungstraining eingesetzt werden. Dabei lernen die Kinder, sich angenehme Szenarien vorzustellen, die bei ihnen positive Gefühle hervorrufen.

Problemlösungstraining. Bei Depression treten häufig Defizite bei der Bewältigung zwischenmenschlicher Probleme auf, die durch Strategien zur schrittweisen Problemlösung bearbeitet werden können. Die Ziele des Problemlösungstrainings sind es, (a) depressiven Kindern dabei zu helfen, Lebensereignisse zu erkennen, die zu depressiven Emp-

Tab. 11.1 Wichtige Behandlungsarten der kognitiven Verhaltenstherapie (nach Weisz et al. 1999b)

Behandlung und Komponenten	Ziele	Techniken
Kognitive Umstrukturierung	Veränderung fehlangepasster Gedanken und Verhaltensweisen	Überprüfung negativer Kognitionen; positive Selbstgespräche
Selbstkontrolltherapie	Vermehrung von Selbstbeurteilung und Selbstverstärkung	Training von Selbstmanagement, Selbstbeurteilung und Belohnung
Planen angenehmer Aktivitäten	Vermehrung von Aktivitäten, die zu gehobener Stimmung führen	Systematische Planung angenehmer Aktivitäten für jeden Tag
Training sozialer Kompetenzen	Fähigkeiten im zwischenmenschlichen Umgang und befriedigende Interaktionen erhöhen	Modell-Lernen, Üben, Rollenspiele, Feedback
Entspannungstraining	Abnahme von Spannung und Angst, die mit Depression einhergehen	Progressive tiefe Muskelentspannung; geführte Imagination
Training von Problemlösungsfähigkeiten	Verbesserung von Problemlösungsfähigkeit und dadurch von Selbstbewusstsein und Kontrollüberzeugung	Lernen und Üben von Problemidentifikation, der Ausarbeitung alternativer Lösungsmöglichkeiten und Auswahl der besten Lösung

findungen führen; (b) die Effektivität von Problemlösungsstrategien zu erhöhen, indem sie neue Techniken lernen und (c) dem Kind allgemeine Fähigkeiten zu vermitteln, die ihm helfen, mit zukünftigen Belastungen besser umzugehen.

Drei Beispiele für kognitiv-behaviorale Interventionen, die für depressive Kinder und Jugendliche entwickelt wurden, sind der „Adolescent Coping with Depression Course", das „Primary and Secondary Control Enhancement Training Program" und das „Problem Solving for Life Program".

11.1.1 Der „Adolescent Coping with Depression Course" (CWD-A)

Der CWD-A ist eine modifizierte Version des CWD-Kurses für Erwachsene (Lewinsohn et al. 1994). Forschungsergebnisse zeigten, dass depressive Jugendliche ähnliche Muster psychosozialer Probleme wie depressive Erwachsene aufweisen. Daher ist der CWD-Kurs auch für depressive Jugendliche relevant (Clarke 1999). Die besonderen Aspekte des Kurses umfassen: (a) seine psychoedukative Ausrichtung; (b) die Betonung des Trainings von Fähigkeiten zur Kontrolle der eigenen Stimmung und die Förderung von Fähigkeiten zu Bewältigung problematischer Situationen; (c) den Einsatz von Gruppenaktivitäten und Rollenspielen und (d) seine Kostengünstigkeit (Lewinsohn et al. 1994).

Der CWD-A basiert theoretisch auf dem Integrativen Depressionsmodell, demzufolge Depression als Ergebnis des Zusammenwirkens von Umwelt- und dispositionellen Faktoren verstanden wird. In diesem Modell wird postuliert, dass eine Depression von Risikofaktoren oder depressionsauslösenden Ereignissen hervorgerufen wird, wodurch die angepassten Verhaltensmuster des Individuums gestört werden. Diese Störung der Interaktionsmuster zwischen der betreffenden Person und ihrer Umwelt kann zu negativen emotionalen Reaktionen führen, die im Zusammenspiel mit dem Fehlen positiver Verstärkung eine erhöhte Selbstaufmerksamkeit zur Folge haben. Dadurch kann die Person den Eindruck bekommen, gesetzte Standards nicht zu erfüllen, was dann in vermehrter Verstimmung und zahlreichen kognitiven, behavioralen und emotionalen Symptomen resultiert.

Der CWD-A wird mit Jugendlichen über eine Dauer von acht Wochen mit jeweils 16 zweistündigen Trainingssitzungen durchgeführt. In diesen Sitzungen wird angestrebt, ein plausibles Krankheitsbild zu vermitteln, soziale Fertigkeiten auszubilden – die die Selbstsicherheit stärken –, negative Kognitionen zu reduzieren, soziale Kontakte zu verbessern, Strategien zur Krisenbewältigung zu vermitteln und Kommunikations- und Problemlösungskompetenzen zu erweitern (Tab. 11.2). Um diese Ziele zu erreichen, werden folgende Hauptkomponenten eingesetzt:

Steigerung sozialer Kompetenzen. Das Training sozialer Kompetenzen zieht sich durch den gesamten Verlauf, um eine Grundlage zu schaffen, auf der andere wichtige Fähigkeiten aufgebaut werden können. Diese umfassen Konversationstechniken, die Planung sozialer Aktivitäten und Strategien, um Freundschaften zu schließen.
Steigerung angenehmer Beschäftigungen. Die Jugendlichen sollen lernen, vermehrt angenehmen Beschäftigungen nachzugehen, da eine ge-

ringe Häufigkeit positiver Verstärkung ein wichtiger Vorläufer depressiver Episoden ist. Es wird ihnen die Fähigkeit realistischer Zielsetzung vermittelt sowie die Fähigkeit zur Selbstverstärkung bei Erreichung dieser Ziele. Dies kann durch angenehme Beschäftigungen geschehen.

Angstabbau. Sitzungen, in denen Entspannungsübungen durchgeführt werden, beruhen auf der Tatsache, dass die begleitend auftretenden Angststörungen häufig die Leistungsfähigkeit in sozialen Situationen herabsetzen. Entspannungsübungen werden gleich zu Beginn des Kurses angeboten. In den ersten Sitzungen lernen die Jugendlichen progressive Muskelentspannung nach Jacobsen, in den späteren Sitzungen lernen sie eine weniger aufwändige Methode.

Verminderung depressionsfördernder Kognitionen. Es werden verschiedene Techniken zur Erkennung, Überprüfung und Veränderung negativer Gedanken und irrationaler Annahmen vermittelt. Anhand von Cartoons werden depressionstypische negative Gedanken ebenso wie positive Gedanken dargestellt, mit denen den negativen Gedanken begegnet werden kann.

Konfliktlösung. Sechs Sitzungen zielen auf Kommunikations-, Verhandlungs- und Konfliktlösungsfähigkeiten ab, die im Umgang mit Eltern und Gleichaltrigen eingesetzt werden können. Das Kommunikationstraining beinhaltet den Erwerb positiver Verhaltensweisen (z. B. angemessener Augenkontakt), Verhaltens- und Problemlösungstechniken (z. B. Problemdefinition, ohne Kritik auszuüben, Brainstorming, um alternative Lösungen zu finden).

Zukunftsplanung. Die letzten beiden Sitzungen dienen der Integration der Fähigkeiten, der Besprechung zukünftiger Probleme, der Entwicklung eines Lebensplans und der Rückfallprävention.

Unter Verwendung therapeutischer Techniken wie z.B. der protokollierten Selbstbeobachtung, Verhaltensübungen, Hausaufgaben, Videoaufzeichnungen, Gruppendiskussionen sowie Kommunikations- und Entspannungsübungen sollen die Ziele des Trainingsprogrammes verwirklicht werden (Clarke 1999).

Ein parallel dazu verlaufender Kurs für Eltern depressiver Jugendlicher basiert auf dem Konzept, demzufolge Eltern wichtiger Bestandteil des sozialen Systems von Jugendlichen sind, und aktuelle Eltern-Kind-Konflikte zum Auftreten und zur Aufrechterhaltung von depressiven Episoden beitragen. Das Ziel dieses Elternkurses ist es, die Eltern dazu anzuleiten, Jugendliche beim Erlernen neuer Fertigkeiten durch positive Verstärkung zu fördern und die Anwendung dieser Fertigkeiten in alltäglichen Situationen zu unterstützen.

Tab. 11.2 Themen im „Adolescent Coping with Depression Course" (aus Lewinsohn et al. 1997, 116)

Sitzungen	1	2	3	4	5	6	7	8	9	10	11	12	13	14	15	16
Stimmungsbeurteilung		+	+	+	+	+	+	+	+	+	+	+	+	+	+	+
Soziale Komponenten				+		+	+			+						+
Angenehme Aktivitäten			+			+	+	+	+	+	+	+			+	+
Entspannung			+	+	+	+		+	+	+	+				+	+
Konstruktives Denken																+
Kommunikation												+	+	+		+
Verhandeln und Problemlösen																+
Aufrechterhalten der Verbesserungen																

Anmerkungen:
■ = Fertigkeit wird in der Sitzung trainiert; + = Fertigkeit wird in Form von Hausaufgaben geübt

Vier Dinge, die man tun sollte, wenn man jemanden neu kennen lernt:
- Augenkontakt herstellen
- Lächeln
- die Person begrüßen
- die Person mit ihrem Namen ansprechen

Was kann man zur Begrüßung sagen?

- „Schön, dich zu treffen"
- „Ich freue mich, dich zu treffen"
- „Ich freue mich, dich kennen zu lernen"
- „Ich habe schon so viel von dir gehört"

_____

_____

_____

Meine Begrüßung:

_____

_____

_____

Kasten 11.1
CWD-A Arbeitsblatt:
Neue Leute treffen

Menschen

Schreibe die Namen von zwei Personen auf, mit denen du gerne jede Woche mehr Zeit verbringen würdest, aber gewöhnlich nicht die Gelegenheit dazu hast.

1. _____
2. _____

Ort

Schreibe zwei Orte auf, an denen du gerne mehr Zeit verbringen möchtest, aber selten die Gelegenheit dazu hast.

1. _____
2. _____

Dinge

Schreibe zwei Dinge auf, die du nicht hast und die du wirklich gerne besitzen würdest. Es sollten Dinge sein, die du dir leisten kannst (z. B. ein Buch, Kleidung)

1. _____
2. _____

Schreibe vier deiner Lieblingsspeisen und Getränke auf. Vielleicht willst du auch solche Gerichte aufschreiben, die du noch nicht oft probiert hast.

1. _____
2. _____
3. _____
4. _____

Aktivitäten

Schreibe zwei Aktivitäten auf, die du gern häufiger tun würdest.

1. _____
2. _____

Belohnung

Nun wähle die drei Belohnungen aus der Liste aus, die du am liebsten hättest

1. _____
2. _____
3. _____

Kasten 11.2
CWD-A Arbeitsblatt: Auswahl von Belohnungen

168 Prävention und Intervention

> Für die nächste Woche habe ich mir zum Ziel gesetzt, jeden Tag mindestens _____ Dinge zu tun, die Spaß machen. Jeden Tag, an dem ich es schaffe _____ solche Dinge zu tun, belohne ich mich mit
>
> _____
> (kleine Belohnung).
>
> Wenn ich mein Ziel an fünf von sieben Tagen der nächsten Woche erreiche, belohne ich mich mit
>
> _____
> (größere Belohnung).
>
> gezeichnet _____ Datum _____
>
> | Ziel erreicht | ☐ Mo | ☐ Di | ☐ Mi | ☐ Do | ☐ Fr | ☐ Sa | ☐ So |
> |---|---|---|---|---|---|---|---|

Kasten 11.3
CWD-A Arbeitsblatt: Vertrag über angenehme Aktivitäten

Kasten 11.4
CWD-A Arbeitsblatt: Irrationale Gedanken

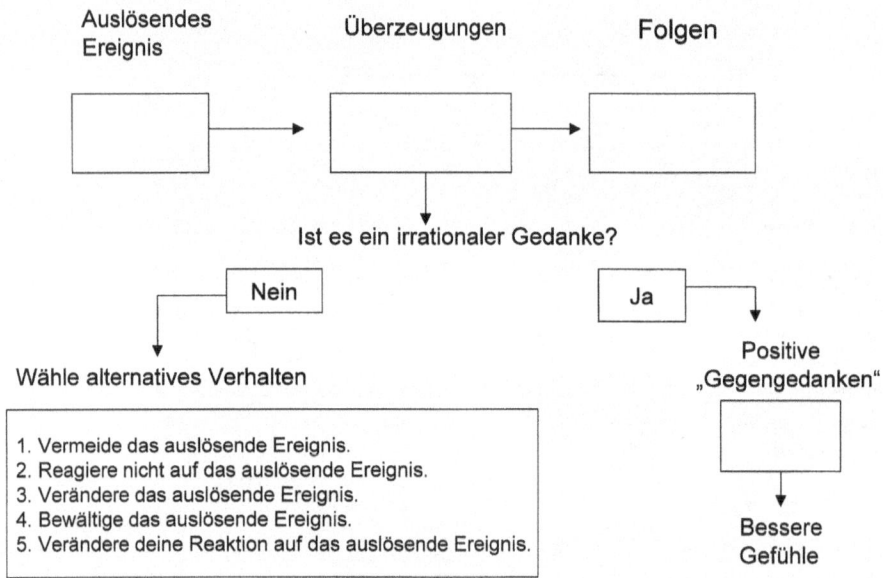

11.1.2 Das „Primary and Secondary Control Enhancement Training Program" (PASCET)

Das PASCET-Programm ist ein kognitiv-verhaltenstherapeutisches Interventionsprogramm, das 14 45-minütige Einzelsitzungen mit dem Kind (acht bis 15 Jahre) und drei Sitzungen mit den Eltern umfasst (Tab. 11.3). Theoretisch orientiert sich das PASCET am Zwei-Prozess-Kontrollmodell (Weisz et al. 1997) sowie an dem Befund, dass depressive Individuen häufig soziale Defizite und negative Kognitionen aufweisen. Diesem Modell zufolge bedeutet *primäre Kontrolle,* objektive Bedingungen nach eigenen Wünschen zu gestalten, um eine Belohnung zu erhalten oder um Bestrafung zu vermeiden. *Sekundäre Kontrolle* bedeutet im Gegensatz dazu die eigene Anpassung an objektive Bedingungen. Es wird argumentiert, dass eine Depression vermindert werden kann, indem man lernt, primäre Kontrolle in veränderbaren Situationen und sekundäre Kontrolle in den Situationen auszuüben, die nicht veränderbar sind (Weisz et al. 1997).

Zwei-Prozess-Kontrollmodell

Das Material für das PASCET beinhaltet ein Therapeutenmanual und Materialien für Kinder. Das Therapeutenmanual enthält (a) die Struktur einer Sitzung, in der angegeben wird, wo ein Video eingesetzt werden kann, an welcher Stelle Übungen mit dem Kind erforderlich sind, und wann der Therapeut sich Notizen machen soll; (b) ein detailliertes Skript für die Sitzung; und (c) einen Elternhandzettel, der während des kurzen Treffens mit Eltern und Kind am Ende der Sitzung ausgegeben wird. Die Hauptkomponenten des PASCET bestehen darin,

- die Kinder über den Zusammenhang zwischen ihrem Handeln/Copingverhalten und ihren Gefühlen aufzuklären,
- negative Kognitionen zu reduzieren,
- Fähigkeiten zu entwickeln, mit deren Hilfe die sozialen, Kommunikations- und Problemlösungskompetenzen verbessert werden können,
- Copingstrategien für veränderbare und unveränderbare Situationen zu erarbeiten und
- den Kindern Entspannungstechniken zu vermitteln.

Um den Kindern dabei zu helfen, sich an die Hauptpunkte des Trainings zu erinnern, werden zahlreiche Akronyme eingesetzt: in der TUN- und DENKEN-Liste (Tab. 11.4); im TIEF-HOCH-SCHEMA (Tab. 11.5).

Einzelsitzungen mit dem Kind. Die Kinder und Jugendlichen werden individuell von einem Therapeuten behandelt, der in der Anwen-

Tab. 11.3 Das PASCET-Programm (nach Weisz et al. 1997)

1. Einführung in das PASCET-Programm	• Persönliche Beziehung zum Kind aufbauen • Informationen über den Therapieverlauf • Erläuterung von: Übungsbuch, Belohnungen, Elterngesprächen, Gründen und Symptomen, sich gut oder schlecht zu fühlen
2. Angenehme Aktivitäten unternehmen; Zusammenhang zwischen Aktivitäten und Gefühlslage	• Aktivitäten mit Menschen, die man mag – angenehme Gefühle • Aktivitäten außer Haus – Ablenkung von Problemen • Anderen Menschen helfen – sich selbst gut fühlen
3. Entspannungsverfahren	• Entspannung – positive Beeinflussung von Gefühlen • Techniken: progressive Muskelentspannung, kurze Entspannungsverfahren
4. Positive Selbstdarstellung	• Lernziel: positive und optimistische Selbstdarstellung im Umgang mit anderen • Videoaufnahmen von negativem und positivem Verhalten • Besprechung und Bewertung der Videoaufnahmen
5. Talente und Fähigkeiten	• Talente und Fähigkeiten können in drei Schritten erlernt werden: Ziel setzen; kleine Schritte zur Zielerreichung planen; so lange üben, bis das Ziel erreicht ist
6. Positiv Denken	• Negative Gedanken erkennen und durch positive ersetzen
7. Gute Dinge tun, wenn Schlechtes passiert	• Gute und schlechte Seite von Erfahrungen erkennen • Ob man sich gut oder schlecht fühlt, hängt von der eigenen Einstellung ab
8. Ideen, um sich gut zu fühlen	• Lernen, ein Stimmungsdetektiv zu sein: Was verursacht schlechte Stimmung?; Was verursacht gute Stimmung?; Wie kann man schlechte Stimmung in gute Stimmung umwandeln?
9. Zusammenfassung der Sitzungen 1 bis 8	
10. bis 14. Weitere spezifische Sitzungen zum Einüben der während der Behandlung erworbenen Fähigkeiten.	

Tab. 11.4 Die TUN- und DENKEN-Liste

	Die TUN-Liste
Tu was	– um deine Probleme zu lösen – dir Spaß macht – mit jemandem, den du magst – das anderen hilft – bleibe immer aktiv
Ungeheuer ruhig	– bleiben: entspanne dich und sei zuversichtlich – glaube an dich und zeige es
Neue Talente	– ein besonderes Talent entwickeln, Ziele setzen, kleine Schritte planen, um sie zu erreichen, und dann üben
	Die DENKEN-Liste
Denke positiv	– sieh nicht nur schwarz
Einer kann nicht so viel wie zwei	– Hilfe suchen – sprich mit jemandem, dem du vertraust
Neue Seiten entdecken	– das Gute am Schlechten
Keine düsteren Gedanken wiederholen	– denk nicht an Dinge, die dich traurig machen, denk an was anderes
Einmal ist keinmal	– Übung macht den Meister
Nicht aufgeben	– du kannst es schaffen

Tab. 11.5 Tief-Hoch-Schema

Tief-Schema
Trübsinnig das Schlimmste erwarten
Immer die Fehler bei mir selbst suchen
Es wird eine Katastrophe geschehen (übertreiben)
Frage mich ständig, ob andere mich mögen
Hoch-Schema
Heiter das Beste erwarten
Ob andere auch mal Schuld haben
Chancen gibt es überall
Herausfinden, was wirklich passiert ist

primäre und sekundäre Kontrolle

dung des PASCET-Programmes geschult ist. Alle Sitzungen erfolgen im Abstand von einer Woche. Für die ersten neun Sitzungen ist das Programm festgelegt, die folgenden fünf Sitzungen werden auf die Bedürfnisse des Kindes zugeschnitten.

In einem illustrierten Übungsbuch für Kinder werden die Aktivitäten der Sitzungen wie Rollenspiele, Spiele, Video und Hausaufgaben detailliert aufgelistet. Primäre und sekundäre Kontrolle werden in den Sitzungen als Bewältigungsstrategien für Situationen, die oft mit Depression bei Kindern in Verbindung stehen, gelernt und geübt. Fähigkeiten *primärer Kontrolle* umfassen das Erkennen und Aufnehmen stimmungsverändernder Tätigkeiten und Einüben durch Zielsetzen und Praktizieren von Aktivitäten, die für das Kind von Bedeutung sind (Abb. 11.1). Fähigkeiten *sekundärer Kontrolle* umfassen das Erkennen und Modifizieren von Gedanken, die zu Depressionen führen, kognitive Techniken zur Stimmungsänderung, Entspannung und positive Imagination. Neben den spezifischen Zielen jeder Sitzung folgen alle Sitzungen nach demselben Muster:

- Zusammenfassung der vorherigen Sitzung;
- Besprechung der praktischen Übungen und Belohnung;
- Illustration von Schlüsselbegriffen anhand von Video-Clips und Rollenspielen;
- Quiz über den Inhalt der Sitzung, gefolgt von Rekapitulation der Ideen, die nicht klar verstanden worden sind;
- Zusammenfassung der Hauptgedanken der Sitzung;
- kurzes Treffen mit Eltern und Kind am Ende jeder Sitzung, Übergabe der Handzettel an die Eltern.

Sitzung mit den Eltern. Die Behandlung umfasst auch drei Einzelsitzungen mit den Eltern, wovon eine zu Beginn der Behandlung und zwei weitere später im Verlauf der Behandlung stattfinden. Die Hauptziele sind: (1) die Eltern über das Programm zu informieren, (2) die elterliche Sicht des Kindes kennen zu lernen und (3) dem Therapeuten zu ermöglichen, Hinweise auf Kontext, Vorgeschichte und aufrechterhaltende Bedingungen, die charakteristisch für die Depression des Kindes sind, zu erhalten.

Zusätzlich zu den drei Sitzungen, an denen nur die Eltern teilnehmen, treffen sich die Eltern am Ende jeder Sitzung kurz mit dem Therapeuten. Ziel ist es, die Eltern über den Inhalt jeder Sitzung und über die praktischen Aufgaben für jede Woche zu informieren. Dies ermöglicht die Unterstützung durch die Eltern bei

- der Erledigung der praktischen Aufgaben und
- der Arbeit mit den Kindern, die Lektionen des Behandlungsprogrammes in ihr tägliches Leben zu integrieren.

Des Weiteren dient es dazu,

- die Eltern über Depression zu informieren sowie darüber, wie sie sich bei Kindern und Jugendlichen zeigt;
- Informationen über die Stimmung des Kindes, seine Funktionsweisen, Bewältigungsstrategien und Komorbidität zu erhalten,
- den Behandlungsplan für Depression zu überprüfen, und
- die Wichtigkeit elterlicher Beteiligung zu erläutern.

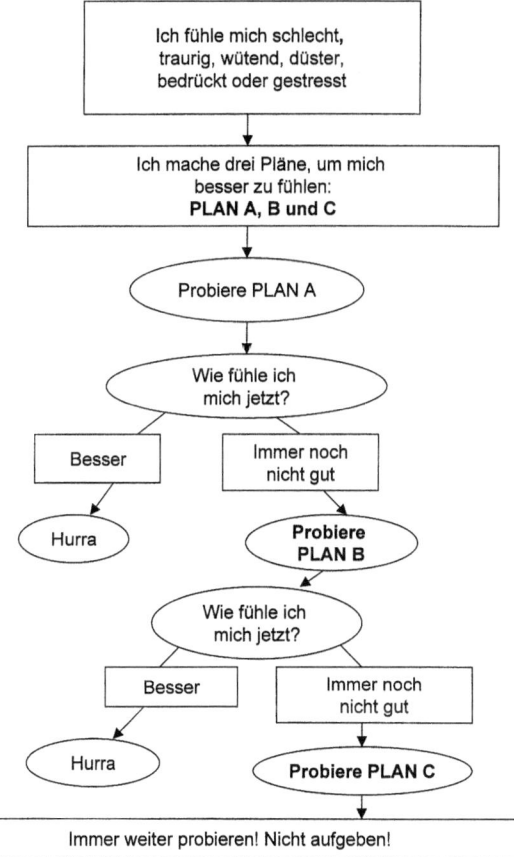

Abb. 11.1: Ein Beispiel für einen Tagesbericht des PASCET (nach Weisz et al. 1999a)

11.1.3 Das „Problem Solving for Life Program"

Präventions-programm

Das „Problem Solving for Life Program" (Spence et al. 1997, Spence/Sheffield 2000) zielt darauf ab, Copingfähigkeiten, eine optimistische Art zu denken sowie Problemlösungsfähigkeiten zu fördern, um die Widerstandsfähigkeit gegen die Entwicklung von Depression zu erhöhen. Dieses Präventionsprogramm beinhaltet zwei Hauptbereiche. Im Zentrum des ersten Bereiches stehen Wege kognitiver Problembewältigung, wobei die Tatsache betont wird, dass das, was man über ein Ereignis denkt, beeinflusst, wie man sich fühlt und wie man handelt. Im Zentrum des zweiten Bereiches stehen die Fähigkeiten, die zur effektiven Lösung von Problemen benötigt werden.

Das Programm besteht aus acht Sitzungen: Das „Denken-Fühlen-Handeln-Modell" („Think-Feel-Do Model"; Abb. 11.2) betont, dass es nicht die Ereignisse selbst sind, die beeinflussen, wie wir uns fühlen und was wir tun, sondern unsere Gedanken über diese Ereignisse.

Kinder und Jugendliche lernen, hilfreiche und wenig hilfreiche Gedanken zu erkennen, und üben, wenig hilfreiche Gedanken durch hilfreiche zu ersetzen. Ebenso wird der Zusammenhang zwischen Denkweisen und Problemlösung hergestellt (Abb. 11.3). Die Kinder und Jugendlichen lernen anhand verschiedener Aktivitäten, dass es große und kleine Probleme gibt, und dass Probleme nicht grundsätzlich schlecht sind. In Gruppenarbeit ordnen die Jugendlichen folgenden Überschriften verschiedene Probleme zu: internationale Probleme, gesellschaftliche Probleme, persönliche Probleme und alltägliche Probleme. Die Trainer betonen, dass sich nicht alle Probleme lösen lassen (z.B. der Tod einer geliebten Person) und dass es bei diesen Problemen eher darum geht, sie zu bewältigen als sie zu lösen. Am Ende dieser Übung verstehen die Teilnehmer besser, dass es auf vielen verschiedenen Ebenen Probleme gibt und dass ihre eigenen Probleme den Problemen ihrer Altersgenossen ähneln.

Wenn die Kinder verstanden haben, dass man Probleme positiv und negativ sehen kann und dass alle Menschen Probleme in verschiedenen Bereichen und von verschiedenem Ausmaß haben, lernen sie die vier Schritte des Problemlösens (Tab. 11.6):

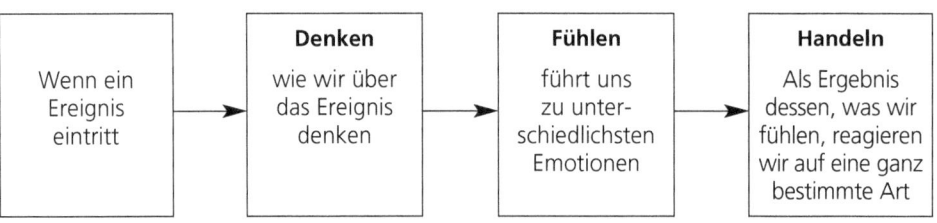

Abb. 11.2: Das Denken-Fühlen-Handeln-Modell (Think-Feel-Do-Model) (nach Spence et al. 1997)

Stop: Bei jeder Konfrontation mit einem Problem ist der erste Schritt, anzuhalten und die Situation zu beurteilen. Die Kinder werden daran erinnert, sich zu entspannen, sich selbst zu sagen, dass sie die Situation bewältigen können, und eine Lösung für das Problem zu finden.

Schritte des Problemlösens

Feststellen: Die Kinder lernen, sich spezifische, realistische und erreichbare Ziele zu setzen.

Suchen: Die Kinder lernen, mögliche Lösungen für spezifische Probleme zu finden, ebenso wie die Konsequenzen jeder Lösung vorauszusehen und zu beurteilen (im Rahmen eines Kosten-Nutzen-Ansatzes).

Lösen: Des Weiteren lernen die Kinder, einen Plan zu entwickeln und Strategien in die Tat umzusetzen, wobei die Pläne spezifisch (wie, wann und wo soll etwas getan werden) und durchführbar sein müssen.

Fast 3.000 13-jährige Schüler aus Brisbane nahmen an dem „Problem Solving for Life Program" teil (Spence/Sheffield 2000). Obwohl das Programm und seine Evaluation noch nicht abgeschlossen ist, zeigen erste Ergebnisse kurzfristige positive Effekte. Die Jugendlichen, die am „Problem Solving for Life Program" teilnahmen, zeigten nach Beendigung des Programmes eine signifikante Verringerung selbstberichteter Symptome von Depression. Sie zeigten ebenfalls signifikant größere Verbesserungen ihrer Problemlösungsfertigkeiten als die Jugendlichen, die nicht teilgenommen hatten.

Tab. 11.6 Das Poster „Die Stufen des Problemlösens"

Stufe 1 – Stop	• Bleib ruhig • Versuche, Dich zu entspannen • Denke hilfreiche Gedanken
Stufe 2 – Feststellen	• Was ist das Problem? • Welche Ziele will ich erreichen?
Stufe 3 – Suchen	• Was könnte ich tun? • Was könnte als nächstes passieren? • Was ist davon am besten? • Auf der Hut sein vor nicht hilfreichen Gedanken
Stufe 4 – Lösen	• Mache einen Plan • Handle danach • Wie war ich?

176 Prävention und Intervention

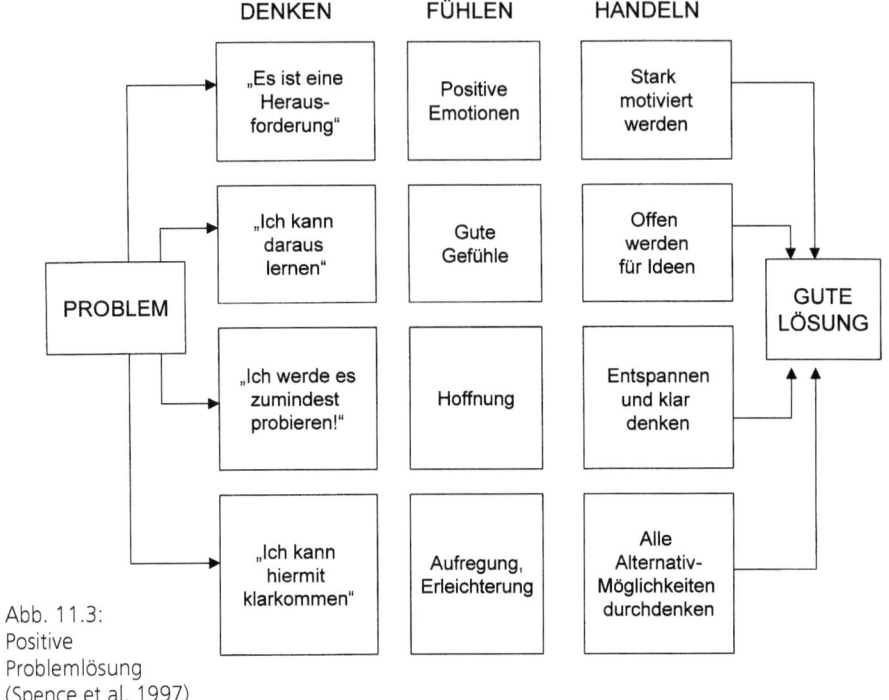

Abb. 11.3: Positive Problemlösung (Spence et al. 1997)

Kasten 11.5
Beispiel einer Aktivität im „Problem Solving for Life Program" (nach Spence et al. 1997)

Übung: Lärm in der Nacht

Ziel: Die Schüler sollen verstehen, dass, wenn ein Ereignis eintritt, das, was wir über dieses Ereignis denken (weniger das Ereignis selbst), bestimmt, wie wir fühlen und was wir tun.

Situation: Stell dir vor, dass du allein zu Hause bist. Du liegst im Bett und es ist dunkel. Dann hörst du ein lautes Geräusch und du denkst: „Vielleicht ist es ein Einbrecher!" (Abb. A)

Stellen Sie den Kindern die folgenden Fragen und schreiben Sie ihre Antworten in die passenden Kästchen:

a) Was könntest du fühlen?
b) Was könntest du tun?

Kognitive Verhaltenstherapie 177

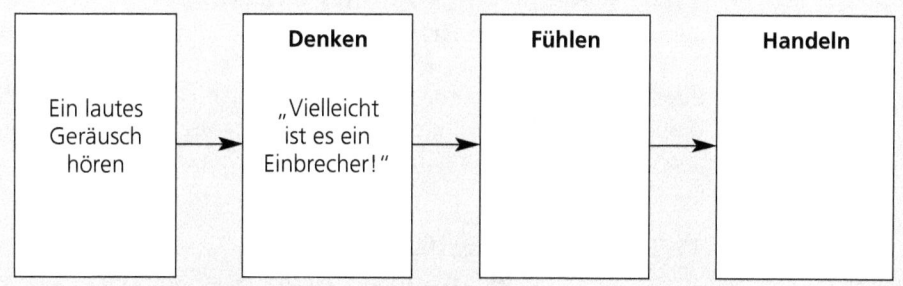

Abb. A: Lärm in der Nacht

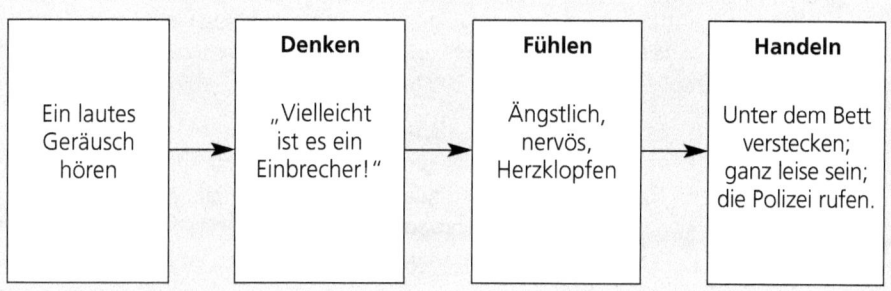

Abb. B: Beispiel-Antwort 1

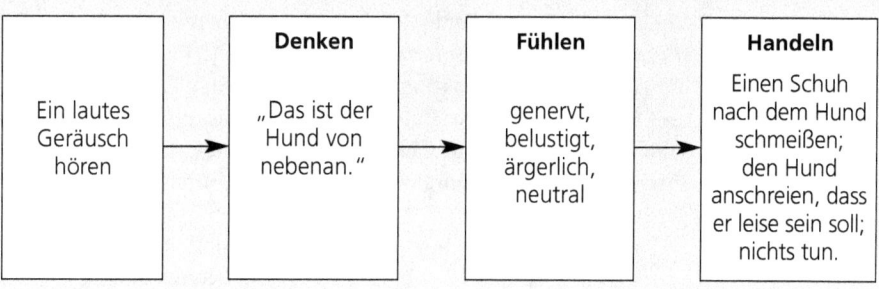

Abb. C: Beispiel-Antwort 2

11.2 Präventionsprogramme für Kinder mit hohem Risiko

Zur Depressionsprävention bei Kindern mit hohem Risiko wurde eine Reihe von Programmen entwickelt: das „New Beginnings Program" und das „Programm für Kinder depressiver Kinder".

11.2.1 „Lust An Realistischer Sicht & Leichtigkeit Im Sozialen Alltag" (LARS & LISA)

Das universale Präventionsprogramm zur Vorbeugung von Depression LARS & LISA (Pössel et al. 2004a, b) wurde auf der Grundlage des Modells der sozialen Informationsverarbeitung von Dodge (1993) entwickelt. Das Programm setzt auf den einzelnen Stufen der sozialen Informationsverarbeitung an, um der Entwicklung einer Depression vorzubeugen. Die fünf Schwerpunkte des Präventionsprogramms LARS & LISA (Pössel et al. 2004a) sind:

- Formulierung persönlicher Ziele
- Zusammenhang zwischen Kognitionen, Emotionen und Verhalten
- Exploration und Veränderung dysfunktionaler Kognitionen
- Training sozialer Kompetenzen
- Selbstsicherheitstraining

Auf der Stufe der mentalen Repräsentation wird die Bedeutungszuschreibung sozialer Stimuli dadurch verändert, dass dysfunktionale automatische Gedanken der Jugendlichen erkannt, in Frage gestellt und schließlich durch funktionalere Gedanken ersetzt werden. Dazu ist es notwendig, dass die Jugendlichen zunächst den Zusammenhang zwischen Kognitionen, Emotionen und Verhalten kennenlernen. Auf der Stufe der Vorbereitung der Reaktion werden bereits vorhandene Reaktionsmöglichkeiten gesammelt oder neue generiert, die auf der Stufe der Evaluation der Reaktion im Hinblick auf ihre Konsequenzen beurteilt werden. Als letzte Stufe des Informationsverarbeitungsprozesses wird eine Reaktionsalternative, die diese beiden Stufen der sozialen Informationsverarbeitung erfolgreich durchlaufen hat, in die Tat umgesetzt.

Um möglichst viele hilfreiche Reaktionsalternativen zu generieren, werden die Methoden des Trainings sozialer Kompetenzen genutzt. In Rollenspielen haben die Jugendlichen Gelegenheit, neue und funktionale Reaktionsalternativen auszuprobieren und ihre eigenen Reaktionen wie auch die Reaktionen anderer zu beobachten. Darüber hinaus umfasst LARS & LISA einen weiteren Baustein, in dem die Schüler ihre persönlichen Ziele formulieren. Auf der Grundlage ihrer Ziele wird den Teilnehmern im Verlauf des Programms vermittelt, wie ihnen die neu erlernten Kompetenzen helfen können, ihre Ziele zu erreichen. Durch dieses Verfahren soll die Motivation der Jugendlichen erhöht und ihre aktive Mitarbeit gefördert werden.

Bislang wurde zwei Studien mit jeweils ca. 300 Jugendlichen zur Evaluation von LARS & LISA durchgeführt. Dabei wurde das Programm zur universalen Prävention in achten Klassen eingesetzt. Auf die Frage nach der Akzeptanz von LARS & LISA (Pössel et al. 2003) zeigte sich in der ersten Evaluationsstudie, dass mehr als zwei Drittel der Schüler sowohl den kognitiven als auch den sozialen Schwerpunkt positiv einschätzten. Die Mehrheit der Jugendlichen (67,6 %) gab an, durch die Stunden mit kognitivem Schwerpunkt etwas für ihren Alltag gelernt zu haben. 60,9 % hatten aus den Stunden mit sozialem Schwerpunkt Nutzen gezogen und 57,1 % äußerten sich dahingehend, dabei über sich und ihr Verhalten nachgedacht zu haben. Beim kognitiven Schwerpunkt war dies bei 46,5 % der Jugendlichen der Fall. Insgesamt wurde LARS & LISA von den Jugendlichen mit der Durchschnittsnote „gut" bewertet, was für eine altersgerechte Vermittlung der Inhalte spricht. Darüber hinaus zeigten sich in der ersten Evaluationsstudie (Pössel et al. 2004a; Pössel et al. 2004b) durchweg positive Effekte. Ein signifikanter Anstieg der Depressivität konnte bei unauffälligen Jugendlichen verhindert werden und war bei Schülern einer Risikogruppe sogar rückläufig. Das heißt, neben dem präventiven Effekt über den Untersuchungszeitraum von neun Monaten ließ sich auch ein Interventionseffekt bei der Risikogruppe feststellen.

Differentielle Analysen zeigten, dass sowohl Jugendliche mit geringer allgemeiner Selbstwirksamkeit als auch Jugendliche mit verschiedenen Symptombelastungen (unauffällig, Risikogruppe, klinisch auffällig) von einer Teilnahme an LARS & LISA profitierten. Diese Ergebnisse konnten in einer zweiten Evaluationsstudie repliziert werden (Pössel et al., in Druck).

11.2.2 Das „New Beginnings Program"

Das „New Beginnings Program" wurde entwickelt, um Kindern geschiedener Eltern in den ersten zwei Jahren nach der Scheidung die Anpassung an die neue Situation zu erleichtern (Lustig et al. 1999).

psychoedukatives Gruppensetting

Das Programm richtet sich an die Mütter, bei denen die Kinder leben – als Vermittlerinnen von Veränderung. Es ist ein hochstrukturiertes Programm, in dem in einem psychoedukativen Gruppensetting Fähigkeiten erworben und gefördert werden. Das Programm besteht aus elf 1¾-stündigen wöchentlichen Gruppensitzungen sowie zwei einstündigen Einzelsitzungen nach der dritten und sechsten Woche zur Lösung individueller Probleme und zur Förderung der Anwendung der vermittelten Fähigkeiten. Die Gruppen sind strukturiert, jede Sitzung besteht aus folgenden Komponenten: (a) kurzer Vortrag über die Themen der Sitzung mit aktiver Beteiligung der Teilnehmerinnen; (b) Demonstration der Fähigkeiten durch die Gruppenleiter; (c) Übungen für die Teilnehmerinnen einschließlich Rollenspiel und Feedback; (d) Hausaufgabe zur Anwendung der Fähigkeiten mit den Kindern zu Hause; und (e) Hausaufgaben-Besprechung mit der Gruppe und Lösung von Problemen bei der Hausaufgabe.

In den ersten Sitzungen erwerben die Teilnehmerinnen Fähigkeiten zur Förderung der Beziehungsqualität von Mutter und Kind sowie zur Verbesserung negativer Kommunikationsabläufe zwischen Mutter und Kind. Die mittleren Sitzungen zielen darauf ab, die Kinder vor negativen Erfahrungen zu schützen, die mit der Scheidung zusammenhängen, insbesondere vor Konflikten zwischen den Eltern. Die Mütter lernen, wie sie ihre Kinder aus Konflikten heraushalten können, die oft zwischen Müttern – bei denen die Kinder leben – und Vätern – die die Kinder nicht betreuen – entstehen. In den späteren Sitzungen werden Strategien zur Disziplinierung vermittelt. Betont wird die Bedeutung klarer Erwartungen an die Kinder sowie konsistenter, klarer und effektiver Methoden zur Durchsetzung von Regeln. In der letzten Sitzung findet ein zusammenfassender Rückblick und ein Abschluss der Gruppe statt. Es werden verschiedene Methoden des Lernens und Übens eingesetzt, einschließlich Rollenspiele und videogestütztes Modell-Lernen (Tab. 11.7).

Die Techniken zur Förderung der Qualität der Mutter-Kind-Beziehung umfassen effektives Zuhören, Ermutigung zur Kommunikation und zum Geben und Nehmen in Interaktionen und Erhöhung von Wärme und liebevoller Zuwendung. In zahlreichen Aktivitäten lernen und üben die Mütter Fähigkeiten wie das Organisieren positiver Familienaktivitäten, das Wahrnehmen und Verstärken positiven Verhaltens des Kindes und die Fähigkeit zum Zuhören. Techniken zur Vermittlung von Disziplinierungs-Strategien wurden auf der Grundlage von Pattersons Arbeit entwickelt (1975), die die Effektivität klarer und konsistenter Disziplinierung betont. Es sollen Fähigkeiten der Selbstbe-

Tab. 11.7 Mediatoren und Interventionstechniken

Mediatoren	Interventionstechniken
Qualität der Mutter-Kind-Beziehung	Positive Aktivitäten in den Familien, Zuwendung für angemessenes Verhalten; Fähigkeit zum Zuhören
Effektive Disziplin	Klare Erwartungen und Regeln; Wahrnehmung von Fehlverhalten und der Einsatz wirkungsvoller Konsequenzen; erhöhte Konsistenz
Vater-Kind-Kontakt	Information über die Wichtigkeit der Vater-Kind-Beziehung; Verringerung von Besuchshindernissen
Negative Ereignisse im Zusammenhang mit der Scheidung	Fähigkeiten zur Bewältigung von Ärger; Fähigkeit zum Zuhören

herrschung vermittelt werden, Disziplinierungs-Strategien und die Eltern sollen in die Lage versetzt werden, erwünschtes Verhalten konsistent zu verstärken.

Das „Anger management training" (Novaco 1975) wurde eingesetzt, um Konflikte zwischen den Eltern zu verringern, deren negative Wirkung auf die Kinder gezeigt wurde, insbesondere, wenn sie offenen Konflikten ausgesetzt sind. Eines der Ziele des Trainings ist es, dazu beizutragen, die Kinder vor Konflikten zu schützen, die häufig zwischen dem Elternteil, bei dem die Kinder leben, und dem anderen Elternteil auftreten. Es wird auf die Bedeutung der Beziehung des Kindes zu dem Elternteil eingegangen, das getrennt vom Kind lebt, wie auch auf die Auswirkungen dieser Beziehung auf das Wohlbefinden des Kindes. Dem erziehenden Elternteil soll geholfen werden, Hindernisse in dieser Beziehung zu erkennen und zu beseitigen, wie die Einschränkung von Telefonaten, inflexible Besuchsvereinbarungen, Streitereien während des Abholens und Zurückbringens des Kindes. Schließlich erhalten die Teilnehmer Gelegenheit, die erlernten Fähigkeiten zu üben und darüber Feedback zu bekommen sowie Probleme mit deren Umsetzung in der Sitzung anzusprechen. Sie erhalten Handzettel, die sie mit nach Hause nehmen können, und die Therapeuten ge-

Anger management training

ben ihnen Rückmeldung über ihre Bemühungen und Anerkennung für das, was sie bereits erreicht haben.

Zusätzlich zu den Gruppensitzungen gibt es für alle Teilnehmer zwei Einzelsitzungen. In der ersten Einzelsitzung werden Probleme oder Hindernisse besprochen, die bei der Umsetzung der neu erworbenen Fähigkeiten auftreten. Diese Sitzung gibt dem Gruppenleiter die Möglichkeit, das Programm auf die individuellen Bedürfnisse jedes Elternteils zuzuschneiden und sicherzustellen, dass alle Teilnehmer mit dem Programm arbeiten können. In der zweiten Einzelsitzung werden Themen aufgegriffen, die mit dem nicht Sorge tragenden Elternteil zusammenhängen und mit der Zeit, die das Kind mit diesem Elternteil verbringt. In dieser Sitzung werden sensible Bereiche angesprochen, die mit der Interaktion des Kindes mit dem Vater zusammenhängen sowie mit der zusammen mit ihm verbrachten Zeit; und es ist hilfreich, diese Themen individuell in einem Rahmen zu besprechen, der es erlaubt, die Sorgen der Mutter näher zu untersuchen.

Einer der wichtigsten Aspekte des Programmes sind die wöchentlichen Hausaufgaben. Da es sich bei dem Programm um eine Intervention mit den Eltern handelt, die zum Ziel hat, die psychische Gesundheit der Kinder zu fördern, müssen die Eltern das Programm zu Hause mit ihren Kindern umsetzen. Darüber hinaus wird von den Eltern erwartet, ihre Erfahrungen mit dem Einsatz der neuen Fähigkeiten wöchentlich in der Gruppe zu besprechen – dadurch werden sie unterstützt, und es entstehen Gruppenerwartungen im Hinblick auf die Umsetzung des Programmes zu Hause.

11.2.3 Das Präventionsprogramm für Kinder depressiver Eltern

familienzentrierte Perspektive

Von Beardslee et al. (1997) wurde ein Präventionsprogramm entwickelt, um Depression bei Kindern depressiver Eltern durch eine Verringerung der Auswirkungen von Risikofaktoren und durch die Förderung von Widerstandskraft vorzubeugen. Die Entwicklung dieses Programmes wurde von vier Prinzipien geleitet:

– Das Programm beruht auf der Sicht eines dynamischen Zusammenspiels familiärer, biologischer, sozialer und kognitiver Faktoren. Die Zielgruppe besteht aus nicht-depressiven Kindern zwischen acht und 15 Jahren, da bei Kindern dieses Alters das Risiko, zum ersten Mal eine Depression zu entwickeln, sehr hoch ist.
– Da sich eine Depression negativ auf kognitive und zwischenmenschliche Funktionsbereiche wie auch auf das Zusammenspiel in

Ehe und Familie auswirkt, wurde das Programm aus einer familienzentrierten Perspektive heraus konzipiert. Ziel ist es, die Eltern bei der Unterstützung der Kinder im Umgang mit entwicklungsbedingten Herausforderungen zu stärken und die Depressionsanfälligkeit der Kinder dadurch gering zu halten.
– Das Programm wurde für den Einsatz bei Allgemeinärzten konzipiert, da sich die meisten depressiven Erwachsenen von Allgemeinärzten behandeln lassen.
– Der Hauptfokus des Programmes liegt auf dem Bereich von Prävention und zielt auf langfristige Veränderungen im familiären Zusammenleben ab.

Die Wirksamkeit dieser Präventionsstrategie wurde auf zwei unterschiedliche Weisen untersucht: zum einen in einer von einem Kliniker geleiteten Gruppe, zum anderen in einer Gruppe, in der Vorträge zum Thema Depression gehalten wurden. Die angesprochenen Inhalte waren ähnlich, die Unterschiede bestanden in dem Grad der Einbeziehung der Kinder und dem Ausmaß, in dem individuelle Erfahrungen der Familie mit dem dargebotenen Material in Beziehung gesetzt wurden. **psychoedukatives Format**

Die von einem Kliniker geleitete Intervention umfasste 6–10 Sitzungen. An den meisten Sitzungen nahmen nur die Eltern teil, die Kinder hatten eine Einzelsitzung mit dem Kliniker und nahmen an einer Familiensitzung teil.

Die Intervention in Form von Vorträgen fand in zwei einstündigen Sitzungen im Abstand von einer Woche statt. Die Eltern besuchten die Vorträge allein. Die Vorträge wurden in kleinen Gruppen durchgeführt, und es gab Raum für Diskussionen der Eltern.

Aus den Ergebnissen ging hervor, dass die Teilnehmer beider Gruppen aus der Intervention Nutzen zogen, Veränderungen im Hinblick auf krankheitsbezogene Einstellungen und Verhaltensweisen stattfanden und die Teilnehmer ein mittleres Maß an Zufriedenheit ausdrückten. Eltern aus beiden Gruppen berichteten, dass die Interventionen dazu beigetragen hätten, für ihre Kinder Hilfe zu suchen. Ebenso sei ihr Verständnis davon, wie die Kinder die Krankheit erleben, gestiegen. Darüber hinaus erfuhren sie mehr über das erhöhte Risiko ihrer Kinder, an Depression zu erkranken.

Diese Ergebnisse legen nahe, dass die Interventionen die Fähigkeit der Eltern erhöht haben, ihren Kindern angemessen Aufmerksamkeit zu schenken.

11.3 Psychoanalytische bzw. psychodynamische Ansätze

In den psychoanalytischen Ansätzen ist es das Hauptziel der Therapie, die Bindung zur Bezugsperson zu verstehen und zu fördern (Minde/Minde 1981). Ein Theoretiker drückte es so aus: „Da das Hauptinterventionsziel die effektive Dyade ist, ist das Mittel, dieses Ziel zu erreichen, die Herstellung eines kontinuierlichen wechselseitigen Regulationssystems innerhalb der Dyade" (Trad 1987, 347). Ein anderer Schwerpunkt liegt auf den Übertragungen und Themen wie Schuld, Scham oder wahrgenommene Minderwertigkeit; derartige Themen werden häufig im Zusammenhang mit den frühen Erfahrungen des Kindes mit seiner Bezugsperson untersucht. Bereits mit Kindern im frühen Alter von fünf Jahren werden zu diesen Themen einsichtsorientierte Therapiesitzungen durchgeführt. In einem psychoanalytischen Rahmen können Sitzungen dreimal wöchentlich stattfinden, um eine Beziehung zwischen Therapeut und Patient zu entwickeln (Sours 1978). Neben dem Verständnis der aktuellen Situation des Patienten ist es auch wichtig, seine Entwicklungsgeschichte zu verstehen.

11.3.1 Spieltherapie

Bei der psychoanalytischen Behandlung von Kindern kommt der Spieltherapie eine wichtige Rolle zu. Dabei können sich die Kinder direkt mit dem Therapeuten unterhalten, aber auch Phantasien anhand von Spielen mit Spielzeug, Ton oder anderen künstlerischen Materialien ausagieren. Ein wichtiges Ziel der Spieltherapie ist es, dem Kind zu erleichtern, Themen auszudrücken, die möglicherweise schwer in Worte zu fassen sind.

Die Rolle des Therapeuten ist es, die Welt aus der Perspektive des Kindes wahrzunehmen (Glenn 1978). Die Spieltherapie ist unstrukturiert, nondirektiv und der Therapeut folgt keinem bestimmten Plan. Es wird angenommen, dass das Kind in der sicheren Umgebung der Spieltherapie eher Gefühle von Hass oder Wut ausdrücken kann, die zuvor vielleicht unterdrückt oder geleugnet wurden. Neben dem freien Ausdruck von Gefühlen soll dem Kind in der Spieltherapie die Möglichkeit gegeben werden, sich selbst als erfolgreich zu erleben und dadurch sein Selbstwertgefühl zu fördern (Weller/Weller 1984).

11.4 Familientherapie

Wie in Kapitel 8 beschrieben, kommen depressive Kinder und Jugendliche häufig aus Familien mit Problemen wie psychische Störungen der Eltern, anhaltende Schwierigkeiten in der Ehe oder Probleme mit der Elternschaft. Daher sollte die Behandlung depressiver Kinder und Jugendlicher eine genaue Untersuchung der Familie miteinschließen; manchmal kann es auch notwendig sein, mit den Familienmitgliedern zu arbeiten. Nach Harrington (1995) kann Familienarbeit auf unterschiedliche Weise erfolgen:

- Beratung und Aufklärung über die Depression und ihre Symptome;
- Einsatz der Familienmitglieder als Behandelnde;
- Familie als Interventionsschwerpunkt.

In letzter Zeit wurden verschiedene Therapieansätze entwickelt, bei denen der Schwerpunkt auf der Familie liegt. Ein Beispiel dafür ist die „Family Therapy for Depressed Adolescents" (Familientherapie für depressive Jugendliche; FTDA).

11.4.1 Die „Family Therapy for Depressed Adolescents"

Ein zentrales Ziel der FTDA ist es, depressive Symptome zu verringern und das Funktionieren der Jugendlichen zu verbessern – und zwar durch eine Veränderung fehlangepasster Interaktionsmuster in der Familie, die möglicherweise für den Beginn und/oder die Verschlimmerung der Depression verantwortlich sind. Durch eine Verringerung elterlicher Kritik und der Isolation des Jugendlichen, die Förderung des Familienzusammenhaltes und durch mehr Unterstützung für die Eltern versucht der Familientherapeut, konstruktivere Beziehungen zwischen den Familienmitgliedern zu schaffen (Diamond/Siqueland 1995).

Der FTDA-Therapeut konzentriert sich in seiner Arbeit darauf, gesunde Bindungen zwischen Eltern und Kindern herzustellen oder wiederherzustellen. Der Therapeut bemüht sich darum, die Bindung zu erneuern, indem er empathisches, fürsorgliches Verhalten der Eltern fördert (Diamond/Siqueland 1995).

Die FTDA kann in drei Phasen unterteilt werden. In der ersten Phase baut der Therapeut einen Kontakt zur Familie auf und stellt die mit der Depression zusammenhängenden Probleme in einen neuen Rahmen, indem er sie als dysfunktionale interpersonale Beziehungen beschreibt, und nicht als stabile Eigenschaften des Jugendlichen. In der zweiten Phase hilft der Therapeut der Familie dabei, ihre Gefühle (die mit den negativen Interaktionen zwischen Eltern und Kind zusammenhängen) auf konstruktive Weise auszudrücken und ihre interpersonalen Fähigkeiten zu verbessern. In der dritten Phase geht es darum, die Familie als „Sozialisationskontext" wiederherzustellen. Das heißt, der Therapeut ermutigt die Familie, relevante Themen (z.B. Aufgaben, Verabredungen) offen zu besprechen, wobei die Eltern den Jugendlichen bei seinen Schritten in Richtung Autonomie unterstützen.

11.4.2 Interpersonale Psychotherapie

Im Rahmen der Interpersonalen Psychotherapie (IPT) wird davon ausgegangen, dass Depression im Kontext fehlangepasster zwischenmenschlicher Beziehungen entsteht. Daher haben die therapeutischen Sitzungen das Ziel, problematische soziale Bedingungen (z.B. Familienkonflikte, Defizite sozialer Kompetenzen) zu erkennen und zu verändern. Dabei liegt der Schwerpunkt der Therapie mehr auf derzeitigen als auf vergangenen zwischenmenschlichen Beziehungen. Die IPT wurde 1991 von Moreau und Mitarbeitern für die Behandlung depressiver Jugendlicher modifiziert (IPT-A). Im Rahmen der IPT-A werden häufige, mit der Entwicklung von Jugendlichen zusammenhängende Themen wie Trennung von den Eltern, Erfahrung von Autorität in der Beziehung zu den Eltern, die Entwicklung von Zweierbeziehungen, erste Erfahrungen mit dem Tod von Verwandten oder Freunden und Druck von Altersgenossen behandelt. Ein weiteres Problemfeld – Familien mit allein erziehendem Elternteil – wurde zusätzlich aufgenommen, aufgrund der Schwierigkeiten, die sich für Jugendliche ergeben können, die in solchen Familien leben. Einige Aufgaben, die in der Eingangsphase bearbeitet werden, umfassen:

- die Erfassung depressiver Symptome bei Jugendlichen;
- die Erfassung der sozialen und familiären Beziehungen des Jugendlichen;
- die Identifizierung von Problembereichen;
- die Erklärung der Behandlungsrichtlinien;
- das Eingehen eines Behandlungsvertrages mit dem Patienten;
- die Erklärung der vom Patienten in der Therapie erwarteten Rolle.

In der mittleren Phase der IPT-A werden die depressiven Symptome mit den in der Eingangsphase identifizierten Problemen in Zusammenhang gebracht. So treten in der Adoleszenz häufig entwicklungsbedingt Konflikte mit den Eltern auf, die die Themen Autorität oder Sexualität zum Zentrum haben. Auf diese Konflikte reagieren manche Jugendliche durch selbstbestrafendes Verhalten. Die Aufgabe des Therapeuten ist es, einen Zusammenhang zwischen diesem Verhalten und Gefühlen herzustellen und die Entwicklung dieser Gefühle zu fördern. Während der Behandlung werden die Patienten in Abständen darauf hingewiesen, dass gegen Ende der Therapie ein Wiederauftreten der Symptome in abgeschwächter Form stattfinden könnte.

11.4.3 Die „Interpersonal Family Therapy"

Die Hauptthese der „Interpersonal Family Therapy" (IFT; Racusin/Kaslow 1991) ist, dass eine Linderung depressiver Symptome bei Kindern am besten durch die Konzentration auf aktuelle Probleme erreicht werden kann, die sich in dysfunktionalen familiären Interaktionsprozessen zeigen. Abgesehen von der Verringerung depressiver Symptome steht die Verbesserung kognitiver, affektiver und interpersonaler Funktionsfähigkeit.

In der Eingangsphase der IFT stellt der Therapeut Kontakt zur Familie her, um die Situation zu erfassen und die Familie über Depression zu informieren. Die Erhebung konzentriert sich auf das betroffene Kind, die übrigen Familienmitglieder und ihre Interaktionen miteinander. Dabei werden Bereiche wie das Vorliegen psychischer Symptome, Lebensereignisse, kognitives, affektives und interpersonales Funktionsniveau sowie angepasstes Verhalten erfasst.

Die während dieses Erhebungsprozesses erhaltenen Informationen sind erforderlich, um zu entscheiden, ob eine Familientherapie durchgeführt werden soll. Ist die Entscheidung für eine Familientherapie gefallen, liegt die nächste Aufgabe des Therapeuten darin, die vorliegenden Symptome und Funktionsdefizite zu verstehen, die sich in der Entwicklung des betroffenen Kindes, in der Entwicklung anderer Familienangehöriger und in der Funktionsweise der Familie als Ganzes niederschlagen. Das vorliegende Problem wird als Ergebnis des Zusammenwirkens zwischen den Symptomen des Kindes und den Funktionsabläufen in der Familie beschrieben. Es wird betont, dass eine Verringerung der Depression des Kindes möglicherweise Veränderungen bei allen Familienmitgliedern erfordert. Probleme und Ziele werden auf Verhaltens- und interpersonaler Ebene definiert.

Um eine Verbesserung psychischer Symptome, der Qualität familiärer Interaktionen und dem Funktionsniveau in verschiedenen Lebensbereichen zu erzielen, müssen unter Umständen strukturelle Veränderungen in der Familie stattfinden. Diese Veränderungen können auch die Hierarchie der Familie betreffen und Veränderungen der Familienregeln begünstigen. Die Familie wird darin unterstützt, besser angepasste Interaktionsmuster zu entwickeln, wie auch effektives Coping und Problemlösungsfähigkeiten. Die neuen Fähigkeiten werden in den Therapiesitzungen geübt, so dass der Therapeut darüber Feedback geben kann.

In der Abschlussphase liegt der Schwerpunkt darauf, die Trauer zu bearbeiten, die als Reaktion auf das Ende der Therapie entsteht. Eine weitere Aufgabe besteht darin, neu erworbene Kompetenzen der Familie zu stärken, besser mit belastenden Lebensereignissen umzugehen und die Familie als eine Quelle zur Bewältigung solcher Ereignisse zu nutzen.

Kasten 11.6
Neue Trends
in der Evaluationsforschung

In den USA und in vielen anderen Ländern hat sich der Druck verstärkt, den Nutzen psychologischer Interventionen zu belegen. Ziel ist, die Effektivität der Interventionsstrategien für bestimmte Störungsbilder festzuhalten, gleichzeitig die Qualität zu verbessern und Gesundheitskosten zu verringern. Dies hat dazu geführt, dass die „Division 12 (klinische Psychologie) of the American Psychological Association" im Jahre 1993 einen „Wissenschaftlichen Beirat zur Förderung und Verbreitung von psychologischen Verfahren" (Task Force on the Promotion and Dissemination of Psychological Procedures) gründete. In diesem wissenschaftlichen Beirat wurden:

– sowohl Kriterien zur empirischen Bewertung von psychologischen Interventionen aufgestellt als auch
– Empfehlungen zur Trainingsmethode gegeben.

Darüber hinaus gibt der wissenschaftliche Beirat dem Gesundheits-Versorgungssystem und der Gesellschaft Empfehlungen hinsichtlich der „gut etablierten psychologischen Intervention". Um die Kriterien zur Evaluation psychologischer Intervention objektiver zu gestalten, hat der wissenschaftliche Beirat zwei Richtlinien entwickelt. Dies sind zum einen die „gut etablierten" Behandlungen, zum anderen solche, die „möglicherweise effektiv" sind.

Die Einführung der Kriterien für „gut etablierte psychologische Interventionen" hat auch andere Länder dahin gehend beeinflusst, psychotherapeutische Dienste zu überprüfen. In England hat z. B.

der „National Health Service" vor kurzem einen Bericht in Auftrag gegeben, der für seine strategische Gesundheitsplanung für die psychotherapeutischen Dienste genutzt wird. In Neuseeland und Australien hat das „Quality of Assurance Project" verschiedene Richtlinien für die Behandlung von psychischen Störungen im „Australian and New Zealand Journal for Psychiatry" veröffentlicht. In den USA und Kanada haben sich einige Konsequenzen aus den Kriterien der „Division 12" ergeben, und zwar in den Bereichen:

- Universitäre Ausbildung für Psychologie;
- Praktische Anwendung bzw. Finanzierung derselben;
- Forschung bzw. Projektförderung.

In Deutschland waren die Reaktionen auf diese Kriterien eher gering (Strauss/Kaechele 1998, 158):

„Es wurden jedoch auch Irritationen geäußert, da auf die potenzielle Gefahr einer politischen Tendenz hingewiesen wurde, die mit solch einer Festlegung auf bestimmte manualisierte Behandlungsmethoden für DSM-Diagnosen, die als wissenschaftlich validiert und als vorgeschlagene Behandlungsmethode vom Gesundheitssystem finanziert werden sollen, einhergeht. Es ist jedoch nicht unrealistisch anzunehmen, dass eine Initiative, wie es die ‚Division 12' der APA ist, auch in Deutschland von großer Relevanz sein könnte. Wurden doch schon viele Importe der USA akzeptiert, die weitaus kritischer zu betrachten sind." (Übers. v. C. E.)

11.5 Effektivität der psychologischen Interventionen bei Jugendlichen

Tab. 11.8 stellt eine Zusammenfassung von sieben Evaluationsstudien bei depressiven Jugendlichen dar (Weisz et al. 1999b). Das Alter der in dieser Studie untersuchten Jugendlichen variiert zwischen sieben und 18 Jahren. Mit Ausnahme einer Studie beinhalten alle ein bis zwei Behandlungsgruppen und eine Kontrollgruppe. Die meisten Interventionen finden in Gruppenarbeit statt. Die Interventionen wurden entweder in Schulen oder ambulanten Kliniken durchgeführt und betrugen jeweils weniger als 16 Sitzungseinheiten. In den meisten Studien waren die Interventionen kognitiv-behavioral, mit Selbstkontrolltraining, Problemlösestrategien, Entspannung, Sozialkompetenztrainings und kognitiver Umstrukturierung.

Kriterien für „gut etablierte psychologische Intervention"

1. Mindestens zwei von unterschiedlichen Arbeitsgruppen angemessen durchgeführte Studien mit Gruppendesign, aus denen hervorgeht, dass die Behandlungen entweder
   - besser als Placeboeffekte oder andere Behandlungsmethoden oder
   - gleichwertig mit einer bereits etablierten Behandlung sind (mit angemessener statistischer Aussagekraft untersucht).

   oder

2. Eine große Anzahl von Einzelfallstudien (N > 9), welche beide
   - ein gutes Experimentaldesign benutzen und
   - die Intervention mit anderen Behandlungen vergleichen.

   und

3. Vorzugsweise werden für die Intervention Behandlungsmanuale benutzt.

   und

4. Die Stichproben müssen genau spezifiziert sein.

Kriterien für die „möglicherweise effektiven psychologischen Interventionen"

1. Zwei Studien, die belegen, dass die Intervention effektiver ist als keine Behandlung (z. B. Vergleichs-Wartegruppe).

   oder

2. Zwei Gruppendesign-Studien, die die Kriterien für eine gut etablierte Behandlung erfüllen und vom gleichen Team durchgeführt wurden.

   oder

3. Eine kleine Anzahl von Einzelfalluntersuchungen (N > 3), die ansonsten die Kriterien von Punkt zwei für gut etablierte Behandlungen erfüllen.

   und

4. Vorzugsweise werden für die Intervention Behandlungsmanuale benutzt.

   und

5. Stichproben müssen spezifiziert werden.

Um die Ergebnisse miteinander vergleichen zu können, bedienten sich Weisz und Kollegen (1999b; Tab. 11.9) der Effektgröße. Hierbei handelt es sich um einen Index, der die Größe und Richtung von Behandlungseffekten beschreibt und somit auch den Vergleich von Studien mit verschiedenen Stichprobengrößen erlaubt. Die Effektgröße kann einen positiven Wert haben, wenn die Behandlung erfolgreich war, bei Null liegen, wenn die Behandlung überhaupt keine Behandlungseffekte zeigt, oder negativ sein, wenn sie nachteilige Effekte aufweist. Nach Cohen (1988) wird eine Effektgröße von 0.20 als „kleiner Effekt", eine Größe von 0.50 als „mittlerer" und eine Größe von 0.80 als „großer Effekt" gesehen.

Effektgröße

Im Allgemeinen zeigt sich nach der Behandlung eine Milderung der Depression. Positive Behandlungseffekte zeigen sich unabhängig von der Behandlungsmodalität (z.B. Gruppen-, Individual- oder Familientherapie) oder der Integration von Elternarbeit. Interessant sind die starken Effekte der Studien von Reynolds und Coats (1986) sowie die von Kahn und Kollegen (1990). In diesen beiden Studien hatten relativ einfache Behandlungsformen – nämlich Entspannungsverfahren – beeindruckend hohe Werte erzielt. Der therapeutische Erfolg blieb über eine Zeitspanne von fünf Wochen bis zu einem Jahr konstant (Clarke 1999; Weisz et al. 1999b).

Eine interessante Frage ist: Wer profitiert von psychologischen Interventionen (also im Hinblick auf eine Reduktion depressiver Symptome)? In Lewinsohns Studie (1998b) hängen die Erfolge mit verschiedenen Faktoren zusammen, wie z.B. einer geringen Anzahl von Symptomen von Depression und einer Vielzahl angenehmer Aktivitäten vor der Behandlung. Eine stärkere Einbeziehung der Eltern in die Therapie wirkte sich positiv auf die Behandlungsergebnisse aus. Familiäre Belastungen machten sich negativ bemerkbar. In klinischen Stichproben zeigte sich, dass Jugendliche mit einem längeren Krankenhausaufenthalt und Doppelter Depression mit großer Wahrscheinlichkeit erneut hospitalisiert wurden.

Aufgrund methodologischer Probleme sollten diese Ergebnisse vorsichtig interpretiert werden. Gruppentherapie war in Interventionsstudien bei depressiven Jugendlichen die Therapie der Wahl; dabei verfolgten die meisten Behandlungen einen Breitbandansatz, wodurch alle Depressionsformen mehr oder weniger gleich behandelt wurden. So schließen beispielsweise Behandlungen nach dem vollständigen Manual kognitiv-behaviouraler Therapie kognitive Umstrukturierung und das Training sozialer Kompetenzen ein, ungeachtet der Tatsache, ob die Kinder wirklich in jedem Bereich Schwierigkeiten haben. In der

Gruppentherapie

Tab. 11.8 Behandlungserfolgsmaße bei Behandlungs-Evaluationsstudien mit depressiven Kindern und Jugendlichen (nach Weisz et al. 1999b; übers. durch die Autorin)

Studien/Therapie	Therapie-Ende		Follow-up-Zeitpunkt	
	Depr.*	Andere**	Depr.*	Andere**
Butler et al. (1980): Fünft- und Sechstklässler – Rollenspiel – Kognitive Umstrukturierung	.30 .09	– –	– –	– –
Kahn et al. (1990): 10- bis 14-Jährige – Kognitiv-behaviourale Therapie – Entspannungstechniken – „Self-Modelling"	1.37 .97 .98	1.11 .79 .54	1.05 .67 .57	.72 .69 .21

Lewinsohn et al. (1990):
14- bis 18-Jährige
– Depressionsbewältigungskurs
  für Jugendliche
– Depressionsbewältigungsskurs
  für Jugendliche und Eltern
	.69
	
	1.34
		.34
		
		.67
			–
			
			–
				–
				
				–

Liddle/Spence (1990): 7- bis 11-Jährige – Training sozialer Kompetenzen	.36	.11	.31	.22
Reynolds/Coats (1986): Highschool-Studenten – Kognitiv-behaviourale Therapie – Entspannungstraining	1.58 1.55	.65 1.25	1.23 1.19	.98 1.50
Stark et al. (1987): 9- bis 12-Jährige – Selbstkontrolle – Behaviourale Problemlösung	.66 .59	.39 .23	– –	– –
Weisz et al. (1997): 8- bis 12-Jährige – Training Primärer und Sekundärer Kontrolle	.46	–	.67	–

Anmerkungen: * „Depr." bezieht sich auf spezifische Depressionsmaße (z. B. CDI, Diagnose von Depression); ** „Andere" bezieht sich auf alle anderen Behandlungserfolgsmaße außer Depression (z. B. Angstskalen, Selbstwert-Fragebögen).

Folge wurden einige Kinder in Bereichen trainiert, in denen sie durchaus schon Fähigkeiten besaßen. Zukünftig sollten jedoch mehr individuell zugeschnittene Ansätze verfolgt werden, die besser auf die spezifischen Charakteristika der behandelten Jugendlichen abgestimmt sind.

Die meisten Behandlungsprogramme für Depression gehören zur so genannten Forschungstherapie (s. Weisz et al. 1992, 1995), die normalerweise in universitären Settings mit leicht depressiven Jugendlichen vorgenommen werden (Tab. 11.9). Eine formale Diagnose von klinischer Depression ist erforderlich: eine, die lebensnahe Situationen miteinschließt, die klinisch relevant sind und in der verschiedene klinische (komorbide Störungen) und psychosoziale Bedingungen (z.B. elterliche Psychopathologie) miteinbezogen werden, die die Wirkung von Interventionen möglicherweise begrenzen.

Forschungstherapie

Depression überlappt sich mit Störungen des Sozialverhaltens und/oder oppositionellem Trotzverhalten und mit Angststörungen (Essau 2000; Nottelmann/Jensen 1999). Bei diesen hohen Komorbiditätsraten muss entschieden werden, ob nur Jugendliche mit „reiner" Depression miteinbezogen werden sollen – wodurch die Studie weniger verallgemeinerbar, aber präziser würde – oder ob die komorbiden Fälle miteinbezogen werden sollen – wodurch die Repräsentativität erhöht und die Interpretierbarkeit erschwert wird. In vielen älteren Studien, wie der von Stark et al. (1987) und Reynolds und Coats (1986), wurde Komorbidität nicht erhoben, da der Komorbidität zu der Zeit wenig Aufmerksamkeit geschenkt wurde. Andere (z.B. Clarke et al. 1995; Lewinsohn et al. 1990) blendeten zahlreiche nicht depressive Störungen aus, um eine reine Stichprobe zu erhalten. Es ist wichtig zu erforschen, wie sich Komorbidität bei der Behandlung von Depression auswirkt. Dabei ist es sinnvoll, verschiedene Komorbiditätsgruppen einander gegenüberzustellen und sie ebenfalls mit einer Gruppe „rein" Depressiver im Hinblick auf den Therapieerfolg zu vergleichen. Solch ein Vorgehen würde Informationen über die Bedeutung von Komorbidität für den Therapieerfolg liefern, die zur Entwicklung und Verfeinerung von Interventionsverfahren beitragen können.

Auch wenn ein Behandlungsprogramm als Ganzes positive Effekte besitzt, ist es nicht klar, warum diese Effekte auftreten. Deshalb muss überprüft werden, auf welche Komponenten der Behandlung die positiven Effekte zurückzuführen sind und ob die erworbenen Fertigkeiten von den Jugendlichen auf den Alltag übertragen werden.

Wenig ist bekannt über die Faktoren, die über Behandlungserfolg und -misserfolg sowie über Therapieabbruch entscheiden. In zukünf-

Tab. 11.9 „Forschungstherapie" vs. „klinische Therapie"

Forschungstherapie	Klinische Therapie
„Nicht-klinische" Fälle (geringerer Schweregrad, selten mit komorbider Störung)	Klinische Patienten (höherer Schweregrad, häufig mit komorbider Störung)
Homogene Gruppen	Heterogene Gruppen
Behandlung in der Schule oder Universität	Behandlung im klinischen Setting
Behandlung durch Wissenschaftler	Behandlung durch Kliniker
Kurze, zeitlich begrenzte Behandlung, mit einer festgelegten Stundenzahl	Längere Behandlungsdauer
Behandlungsmethode durch das Behandlungsmanual vorgegeben	Flexibel, weniger strukturiert, ohne strukturiertes Behandlungsmanual
Störungsbezogene Beratung	Individuell ausgewählte, psychodynamische, allgemeine Beratung
Gruppentherapie	Individualtherapie
Vorher festgelegte Ein- bzw. Ausschlusskriterien	Wenig, wenn überhaupt, vorher festgelegte Ein-bzw. Ausschlusskriterien

tigen Studien sollten die Prädiktoren von Therapieabbrüchen untersucht werden, denn Kinder mit hohem Abbruchrisiko könnten so identifiziert werden und im Vorfeld Maßnahmen ergriffen werden, um frühe Behandlungsausfälle zu verhindern.

Indem wir diesen Aspekten Rechnung tragen, werden wir hoffentlich die Frage beantworten können, welche Behandlung bei wem unter welchen Umständen wirkungsvoll ist.

11.6 Übungsfragen zum 11. Kapitel

119. Nennen Sie die Hauptmerkmale kognitiver Verhaltenstherapie!

120. Was versteht man unter „kognitiver Umstrukturierung"?

121. Was sind die Komponenten der Selbstkontrolltherapie nach Rehm?

122. Welches Ziel hat das Training sozialer Kompetenzen?

123. Warum ist ein Entspannungstraining ein wichtiger Bestandteil einer kognitiven Verhaltenstherapie?

124. Auf welchem theoretischen Modell basiert der „Adolescent Coping with Depression Course"?

125. Können Sie die Hauptkomponenten des „Adolescent Coping with Depression Course" beschreiben?

126. Auf welchem theoretischen Modell basiert das „Primary and Secondary Control Enhancement Training Program"?

127. Können Sie die Hauptkomponenten des „Primary and Secondary Control Enhancement Training Program" beschreiben?

128. Warum ist es wichtig, die Eltern in die Sitzungen mit einzubeziehen?

129. Was bedeutet das „Denken-Fühlen-Handeln-Modell"?

130. Welche sind die vier Schritte des Problemlösens nach dem „Problem Solving for Life Program"?

131. Für welche Zielgruppe wurde das „New Beginnings Program" entwickelt?

132. Welche Interventionstechniken werden im „New Beginnings Program" eingesetzt?

133. Warum wurde das „Anger management training" in das „New Beginnings Program" integriert?

134. Können Sie zwei wichtige Richtungen der Familientherapie nennen?

135. Welche Ziele verfolgt Spieltherapie bei Kindern?

136. Wie sieht das Präventionsprogramm für Kinder depressiver Eltern nach Beardslee aus?

137. Welche Trends gibt es in der Evaluationsforschung, vor allem in den USA?

138. Wie effektiv sind psychologische Interventionen bei Kindern und Jugendlichen?

139. Warum ist es wichtig, zwischen „Forschungstherapie" und „klinischer Therapie" zu unterscheiden?

12 Psychopharmaka

Der Einsatz von Psychopharmaka bei Depression kann in drei Arten von Antidepressiva unterteilt werden: trizyklische Antidepressiva, serotoninspezifische Wiederaufnahmehemmer und Monoaminooxidase-Hemmer.

Viele *antidepressive Medikamente*, die Erwachsenen verschrieben werden, wurden auch zur Behandlung von Kindern eingesetzt, insbesondere Trizyklika wie Imipramin und Amitryptilin (Kutcher 1997). Bei einigen Kindern kann eine antidepressive Medikation eine depressive Episode abkürzen und so eine Bewältigung wichtiger Entwicklungsaufgaben der Kindheit und des Jugendalters ermöglichen (Ambrosini et al. 1993). Obwohl Antidepressiva bei Erwachsenen sehr effektiv sind, zeigen kontrollierte Studien mit Kindern weitaus weniger deutliche Ergebnisse. Wie von Kutcher (1997) dargestellt wurde, zeigte sich in Studien mit Nortriptylin, Desipramin und Amitriptylin, dass mit diesen Medikamenten keine besseren Ergebnisse erzielt werden als mit Placebos. Hinzu kommt, dass TCA-Medikamente eine Reihe von Nebenwirkungen wie Schläfrigkeit, Übelkeit, Verstopfung und Mundtrockenheit auslösen können.

Einige Fachleute vertreten die Ansicht, dass *selektive Serotonin-Wiederaufnahmehemmer* die Depressionsbehandlung erster Wahl darstellen, denn sie haben weniger Nebenwirkungen, die gleiche Effektivität und eine bessere Verträglichkeit als Antidepressiva (Kutcher 1999). Unkontrollierte klinische Studien berichten eine 70–90-prozentige Wirksamkeit von Fluoxetin zur Behandlung von Jugendlichen mit Major Depression (Birmaher et al. 1996). Jedoch berichten kontrollierte Studien bis auf eine Ausnahme keinen Unterschied. Diese Ausnahme ist eine Doppel-Blind-Studie mit fast 100 Jugendlichen mit Major Depression im Alter von 7 bis 12 Jahren, bei der eine signifikante Verbesserung bei Patienten, die Fluoxetin bekamen (33%) festgestellt wurde (Emslie et al. 1997a). Trotz der statistisch signifikanten Raten, mit der die Jugendlichen auf die Medikation ansprachen, zeigte sich bei zahlreichen Jugendlichen nur eine teilweise Verbesserung, was nahelegt, dass sowohl unterschiedliche Behandlungsdosen und Dauern der Behandlung ebenso wie kombinierte Interventionen erforderlich sein könnten (Birmaher et al. 1996). Darüber hinaus scheint dieses Medikament nur bei etwa der Hälfe der behandelten Jugendlichen zu wirken.

In Studien mit *Monoaminooxidase-Hemmern* (Phenelzin oder Tranylcypronin) konnte keine höhere Wirksamkeit als bei Placebos nachgewiesen werden (Kutcher 1999). Während des Einsatzes dieser Medikamente ist eine besondere tyraminarme Diät erforderlich, und es ist unklar, inwieweit Kinder in der Lage sind, sich an strikte Diätregeln zu halten. Dadurch steigt das Risiko von zu hohem Blutdruck.

Glossar

Adoleszenz: umfasst die Zeitspanne zwischen dem 14. und dem 21. Lebensjahr.
Affekt: Ein beobachtetes Verhaltensmuster als Ausdruck eines subjektiv empfundenen Gefühlszustandes (Emotion). Geläufige Beispiele für Affekte sind: Ärger, Traurigkeit
Affektive Störungen: Die affektiven Störungen sind Störungen, die sich besonders durch eine Veränderung der Stimmungslage auszeichnen. Sie lassen sich in einer groben Einteilung in depressive und Bipolare Störungen gliedern.
Agoraphobie: Die Angst, sich an Orten aufzuhalten, an denen eine Flucht schwer möglich oder peinlich wäre, oder an denen im Fall einer Panikattacke oder panikartiger Symptome keine Hilfe zu erwarten wäre.
Alter bei Störungsbeginn: Definiert als das Jahr, von dem der Betroffene angab, zum ersten Mal an der Störung gelitten zu haben.
American Psychiatric Association: Staatliche Vereinigung amerikanischer Psychiater, deren ärztliche Mitglieder sich auf die Diagnose und Behandlung psychischer Störungen spezialisiert haben. Die Ziele dieser Vereinigung umfassen eine Förderung und Verbesserung der Versorgung von Menschen mit psychischen Störungen durch Öffentlichkeitsarbeit und Weiterbildung.
Antisoziale Persönlichkeitsstörung: Hauptmerkmale dieser Störung ist ein durchgängiges Muster der Missachtung und Verletzung der Rechte anderer, das in der Kindheit oder frühen Adoleszenz beginnt und sich bis ins Erwachsenenalter fortsetzt.
Attributionsstil: Art und Weise, wie eine Person Ursachenzuschreibungen für Ereignisse vornimmt.
Aufmerksamkeitsdefizit/Hyperaktivitätsstörung: Ein durchgängiges Muster mangelnder Aufmerksamkeit und/oder Hyperaktivität/Impulsivität, das häufiger und schwerwiegender ist, als es bei Personen auf vergleichbarer Entwicklungsstufe typischerweise beobachtet wird.

Ausschlusskriterien: Kriterien, in denen festgelegt wird, dass bestimmte Diagnosen nicht gleichzeitig vergeben werden dürfen, mit dem Ziel, eine einzige Diagnose zu erstellen. Dieser Ansatz wurde häufig kritisiert, da der Ausschluss von Diagnosen zu einem Informationsverlust führen kann, wodurch das Verständnis der Beziehungen zwischen einzelnen Störungen beeinträchtigt wird.

Berksons Verzerrungen: Sie entstehen dadurch, dass Personen mit mehr als einer Störung mit größerer Wahrscheinlichkeit hospitalisiert oder behandelt werden. Diese Verzerrungen sind nach dem Arzt benannt, der sie zuerst beobachtete.

Codierungsregeln: Regeln zur Protokollierung der Antworten in einem Interview.
Copingverhalten: Verhalten, das dem Ziel dient, ein Problem zu bewältigen.

depressives Äquivalent: umfasst somatische Beschwerden wie Kopf- und Bauchschmerzen.
Diagnose: Prozess der Informationssammlung über die Symptome einer Person und die Zuordnung der Symptome zu einem bestimmten Störungsbild.
diagnostische Algorithmen: Algorithmen, die Kriterien spezifischer psychischer Störungen enthalten (z.B. Alter und Anzahl von Symptomen, Dauer und potenzielle Ausschlusskriterien) – basierend auf Kriterien von Klassifikationssystemen – die die Ableitung der diagnostischen Kategorien erlauben.
diagnostische Hierarchien: Rangordnung von Störungen, derzufolge die Diagnose einer Störung, die niedriger in der Hierarchie angesiedelt ist, nicht erfolgt, wenn die Kriterien einer Störung erfüllt sind, die höher in der Hierarchie steht.

Diagnostisches und Statistisches Manual Psychischer Störungen (DSM): Ein kategoriales Klassifikationssystem, das psychische Störungen anhand von Kriterienlisten mit definierten Merkmalen in Typen aufgliedert. In der neusten Ausgabe, im DSM-IV, sind psychische Störungen in 16 diagnostische Hauptklassen unterteilt, wovon sich die erste Sektion auf Störungen bezieht, die gewöhnlich zuerst im Kleinkindalter, in der Kindheit oder Adoleszenz diagnostiziert werden. Jede Störung wird nach folgender Gliederung beschrieben: Diagnostische Merkmale, Subtypen und Zusatzcodierungen, Codierungsregeln, zugehörige Merkmale und Störungen, besondere kulturelle, Alters- und Geschlechtsmerkmale, Prävalenz, Verlauf, familiäres Verteilungsmuster und Differenzialdiagnose.

Doppelte Depression: Das Vorliegen von Major Depression und Dysthymie.

Einfache Phobie: Eine Phobie, die mit spezifischen Objekten oder Situationen in Zusammenhang steht. Ist die Person dem phobischen Reiz ausgesetzt, löst dies nahezu unmittelbar eine Angstreaktion aus, die die Form einer Panikattacke annehmen kann. Der phobische Reiz wird vermieden oder vielleicht auch unter Belastung ertragen.

Epidemiologie: Die Wissenschaft von der Untersuchung der Häufigkeit einer Störung und ihrer Verteilung innerhalb unterschiedlicher Populationen.

Episode: Vorliegen einer bestimmten Anzahl von Symptomen eines bestimmten Schweregrades während einer bestimmten Anzahl von Tagen.

explizite diagnostische Kriterien: Klare Darstellung der Kriterien diagnostischer Kategorien.

externalisierende Störungen: umfassen aggressive und delinquente Verhaltenssyndrome.

Familienevaluationsmethoden: Methoden zur Beurteilung von Familieninteraktionen (Rating-Skalen oder Interviews), die es dem Kliniker ermöglichen, die Ansichten der Familienmitglieder kennen zu lernen.

Familientherapie: Der Hauptfokus der Intervention liegt auf der Familie, ausgehend von der These, dass Depression bei Kindern durch den Kontext dysfunktionaler Interaktionsprozesse in der Familie bestimmt und aufrechterhalten wird.

Follow-up-Zeitpunkt: Zeitpunkt der Nachuntersuchung bei Längsschnittstudien.

Generalisierte Angststörung: Eine übermäßige und unkontrollierbare Angst und Sorge hinsichtlich einer Reihe von Ereignissen und Aktivitäten an den meisten Tagen für die Dauer von mindestens sechs Monaten.

goldener Standard: Ideal eines allgemein akzeptierten Standards, z. B. zum Umgang mit unterschiedlichen Informationen von verschiedenen Informationsquellen.

Hochrisiko-Studien: Studien, in denen die Prävalenz einer bestimmten Störung bei Personen mit Merkmalen untersucht wird, die die Wahrscheinlichkeit der Entwicklung einer psychischen Störung erhöht. Solche Faktoren umfassen eine psychische Störung der Eltern, Ehekonflikte der Eltern und niedrigen sozioökonomischen Status.

Internationale Klassifikation psychischer Störungen (ICD): Ein Klassifikationssystem, dessen fünftes Kapitel (F) sich auf psychische Störungen bezieht. Das Kapitel ist in zehn Abschnitte unterteilt, jeder Abschnitt ist mit dem Buchstaben F gekennzeichnet, die Hauptabschnitte sind von 1 bis 10 durchnummeriert.

Inzidenz: Anzahl neuer Fälle einer Störung innerhalb einer Population in einem bestimmten Zeitraum.

Klassifikation: Einteilung oder Einordnung von Phänomenen, die durch bestimmte gemeinsame Merkmale charakterisiert sind, in ein nach Klassen gegliedertes System. Teil der Klassifikation ist es, einzelne Störungsmuster voneinander abzugrenzen und nach übergeordneten Gesichtspunkten der Ähnlichkeit zu gruppieren.

Klassifikationssysteme: Beschreibungen diagnostischer Kategorien, die es Klinikern und Wissenschaftlern ermöglichen, psychische Störungen zu diagnostizieren, zu untersuchen, zu behandeln und sich darüber zu verständigen. Die zwei gebräuchlichsten Klassifikationssysteme sind die „Internationale Klassifikation psychischer Störungen" – Kapitel V – der zehnten revidierten Fassung (ICD-10) und das „Diagnostische und Statistische Manual Psychischer Störungen" – der vierten revidierten Fassung (DSM-IV).

klinische Fälle: Individuen einer definierten Population, die die diagnostischen Kriterien einer psychischen Störung erfüllen.

klinische Studien: Die untersuchten Kinder werden aus Krankenhäusern und psychiatrischen Diensten rekrutiert.

Kognitionen: Die Art, wie eine Person eine Situation einschätzt sowie ihre Auffassung von sich selbst, der Welt, der Vergangenheit und der Zukunft.

Kognitive Schemata: Stabile, überdauernde Muster einer kognitiven Organisation; die einerseits bestimmen, wie Stimuli selektiert, dekodiert und interpretiert werden, andererseits eine zentrale Rolle in der Regulation von Handeln, Fühlen, Problemlösen und Erinnern spielen.

Kognitive Triade: Negative Einstellung des Individuums zu sich selbst, zur Umwelt und zur Zukunft; beeinflusst die Orientierung, die Wahrnehmung und das Denken von depressiven Personen nachhaltig.

Kognitive Umstrukturierung: Veränderung fehlangepasster Gedanken und Verhaltensweisen.

Kohorteneffekt: tritt auf, wenn unterschiedliche Krankheitsraten mit gemeinsamen Erfahrungen einer bestimmten Zeit zusammenhängen (z.B. Geburtsjahr oder -dekade).

Komorbidität: Das Auftreten von mehr als einer spezifischen Störung bei einer Person in einem bestimmten Zeitabschnitt.

Kontingenz: Verknüpfungshäufigkeit von verschiedenen Ereignissen (Reizen, Reaktionen, Konsequenzen).

Kontrollüberzeugung/wahrgenommene Kontrolle: Die Überzeugung, ein erwünschtes Ziel erreichen bzw. eine unerwünschte Richtung im Geschehen vermeiden zu können.

Laieninterviewer: Interviewer ohne klinische Qualifikation, die ohne ein standardisiertes Interview nicht in der Lage sind, eine Diagnose zu stellen.

Längsschnittstudien: In Längsschnittstudien wird versucht, Stichproben über einen ausgedehnten Zeitraum zu verfolgen, wobei unterschiedliche Variablen in bestimmten Intervallen untersucht werden.

larvierte Depression: Der Begriff wird benutzt, um eine zugrunde liegende dysphorische Stimmung zu beschreiben, die von anderen Symptomen überlagert wird, die für gewöhnlich nicht mit Depression in Verbindung gebracht werden (z.b. Schuleschwänzen und Wutausbrüche).

Lebensereignisse: Erfahrungen, die die alltäglichen Aktivitäten und die bestehende Lebenssituation einer Person verändern. Durch solche Erfahrungen kann eine Veränderung des Verhaltens dieser Person verursacht werden. Für Lebensereignisse, die starke Anpassungsleistungen erfordern und möglicherweise psychosoziale Probleme verursachen können, wird oft der Begriff der „kritischen Lebensereignisse" benutzt. Ereignisse, die eine weniger starke Anpassungsleistung erfordern, dafür aber anhaltend sind, werden als „alltägliche Probleme" oder „chronische Bedingungen" bezeichnet.

Mediatoren: Prozesse, die durch die Behandlungsform beeinflusst werden und die wiederum selber zeitweilig die Ergebnisse beeinflussen.

medizinische Krankheitsfaktoren: Körperliche Bedingungen, die möglicherweise für den Umgang mit der psychischen Störung oder für deren Verständnis relevant sind. Solche medizinischen Faktoren können mit psychischen Störungen in unterschiedlicher Weise verbunden sein. Sie können: (a) die direkte Ursache für die Entwicklung oder Verschlechterung der psychischen Symptomatik darstellen; (b) für die Behandlung von Bedeutung sein (z.B. Anpassungsstörung mit depressiver Reaktion bei Krebserkrankung).

multiaxiale Systeme: Ein multiaxiales System erfordert eine Beurteilung auf verschiedenen Achsen, von denen jede sich auf einen anderen Bereich von Informationen bezieht, und den Untersucher bei der Behandlungsplanung und Prognose helfen können. Die Anwendung des multiaxialen Systems erleichtert die umfassende und systematische Beurteilung unter Beachtung der verschiedenen psychischen Störungen und medizinischen Krankheitsfaktoren, der psychosozialen Probleme, der Probleme des Umfeldes und des Funktionsniveaus.

Nosologie: bezieht sich im Zusammenhang mit der Klassifikation von Krankheiten auf den Versuch einer eindeutigen und logischen Unter-, Neben- und Überordnung beschriebener Krankheiten nach einheitlichen Gesichtspunkten.

Panikstörung: Das wiederholte Auftreten spontaner Panikattacken, gefolgt von mindestens einem Monat mit anhaltender Besorgnis, eine weitere Panikattacke zu erleiden, mit Sorgen über mögliche Begleiterscheinungen oder Konsequenzen der Panikattacke oder mit deutlichen Verhaltensveränderungen aufgrund der Attacke.

persönliche Hilflosigkeit: Die Überzeugung, dass man selbst keine Reaktionen hervorrufen kann, die zu erwünschten Ergebnissen führen, andere dies aber können.

Posttraumatische Belastungsstörung: Die Entwicklung charakteristischer Symptome als Folge des Erlebens einer extrem traumatischen Situation. Das Ereignis kann eine tödliche Bedrohung, ernstliche Verletzung oder eine andere Bedrohung der physischen Integrität beinhalten. Die Reaktion der betroffenen Person beinhaltet intensive Angst, Hilflosigkeit oder Entsetzen.

Prävalenz: bezieht sich auf die Anzahl kranker Personen in einer Population. Es gibt verschiedene Arten von Prävalenz. Die Punktprävalenz ist der Anteil kranker Personen in einer Population zu einem bestimmten Zeitpunkt. Die Sechs-Monats-Prävalenz beschreibt das Vorliegen bestimmter psychischer Störungen innerhalb der sechs Monate, die dem Erhebungszeitpunkt vorausgehen. Die Lebenszeitprävalenz bezieht sich auf den Anteil von Personen in einer Population, die zu irgendeinem Zeitpunkt ihres Lebens die untersuchte Störung aufwiesen.

Problemlösen: bezieht sich auf den Prozess, in dem Individuen effektive Verhaltensweisen zur Bewältigung problematischer Situationen generieren und anwenden.

Prüffragen: Fragen, die im diagnostischen Interview nach den Hauptsymptomen einer Störung gestellt werden. Wenn diese Fragen negativ beantwortet werden, werden weitere Symptome nicht abgefragt, und es wird zur nächsten diagnostischen Kategorie übergegangen.

Psychische Störung: Nach dem DSM-IV ein klinisch bedeutsames Verhaltens- oder psychisches Syndrom oder Muster, das bei einer Person auftritt und das mit momentanem Leiden oder einer Beeinträchtigung oder mit einem stark erhöhten Risiko einhergeht, zu sterben oder Schmerz, Beeinträchtigung oder einen tief greifenden Verlust an Freiheit zu erleiden.

psychologische Interventionen: Alle Maßnahmen die dazu dienen sollen, psychische Belastung zu lindern, fehlangepasstes Verhalten zu reduzieren und angepasstes Verhalten durch Beratung, Trainingsprogramme oder einen Behandlungsplan zu fördern.

psychometrische Eigenschaften: Eigenschaften von Testverfahren, die sich auf die Gütekriterien zur Messung psychologischer Phänomene beziehen.

psychosoziale Beeinträchtigung: Definiert als das Ausmaß, in dem die Symptome oder Störung(en) des Kindes seine Anpassung in verschiedenen Lebensbereichen beeinflussen. Eine Beeinträchtigung kann die Rollenübernahme des Kindes oder seine Funktionsweise in der Familie, der Schule oder bei gemeinschaftlichen Aktivitäten grundlegend einschränken.

Pubertät: Die Entwicklung in der Pubertät bringt die einschneidendsten Veränderungen während der Adoleszenz mit sich. Bei beiden Geschlechtern verändert sich Größe, Fett- und Muskelgewebe. Bei Mädchen Brustentwicklung und Beginn der Menstruation, bei Jungen Tieferwerden der Stimme und Bartwachstum.

Querschnittsstudien: Eine einmalige Untersuchung der an der Studie teilnehmenden Probanden. So können Korrelate psychischer Störungen überprüft werden.

Rate: Quantitative Maßeinheit, die die Häufigkeit einer Störung angibt. Man erhält sie, indem man die Anzahl der Fälle durch die Anzahl der Personen der Gesamtpopulation dividiert – unter Berücksichtigung des Zeitpunktes, zu dem die Fälle aufgetreten sind.

Reliabilität: Die Reliabilität eines Erhebungsinstruments bezieht sich auf seine Konsistenz bzw. Stabilität, d. h. die Möglichkeit, bei einer wiederholten Messung dasselbe Ergebnis zu erhalten.

Remission: Zeitraum, in dem ein Individuum symptomfrei ist oder lediglich minimale Symptome zeigt, unabhängig von der Behandlung.

Risikofaktoren: Bedingungen, die die Wahrscheinlichkeit erhöhen, dass eine Person eine Störung entwickelt. Beispiele für Risikofaktoren sind Armut, ein schwieriges Temperament, eine psychische Störung der Eltern.

Rückfall: Auftreten einer neuen depressiven Episode zum Follow-up-Zeitpunkt.

Schizophrenie: Psychische Störung, die mindestens sechs Monate lang anhält; während mindestens eines Monates müssen zwei oder mehr der folgenden Symptome vorliegen: Wahnvorstellungen, Halluzinationen, desorganisierte Sprache, grob desorganisiertes oder katatones Verhalten, negative Symptome.

Screening: Ein Screening-Verfahren ist eine Vorauswahl von Probanden einer Gesamtpopulation, in der ein bestimmtes Merkmal untersucht werden soll. Personen, die auf einer Rating-Skala oder in einem Fragebogen einen vorher festgelegten Score in Bezug auf diese Merkmal erreichen (den so genannten Cutoff-Wert), werden im Laufe der Erhebung weiter untersucht.

Somatoforme Störung: Hauptmerkmal dieser Störung ist das Vorliegen körperlicher Symptome, die einen medizinischen Krankheitsfaktor nahe legen, die aber durch einen medizinischen Krankheitsfaktor, durch die direkte Wirkung einer Substanz oder durch andere psychische Störungen nicht vollständig erklärt werden können.

soziale Kompetenzen: Fähigkeiten im zwischenmenschlichen Umgang, die befriedigende Interaktionen erhöhen.

Soziale Phobie: Gekennzeichnet durch eine ausgeprägte und anhaltende Angst vor sozialen Situationen oder Leistungssituationen, in denen Peinlichkeiten auftreten können. Zur Spezifischen Sozialen Phobie gehört die Angst vor einer klar abgegrenzten Situation, wie z. B. in der Öffentlichkeit eine Rede zu halten. Personen mit vielfältigen Ängsten, wie z. B. Angst vor den meisten Arten des Sozialkontaktes, werden mit der Diagnose der Generalisierten Sozialen Phobie klassifiziert.

Sozialisation: Prozess der Persönlichkeitsentwicklung im Zusammenspiel mit kulturellen, sozialen, ökonomischen und ökologischen Faktoren.

starker Emotionsausdruck: Hohe Werte für kritisierendes Verhalten, Feindseligkeit und übermäßige emotionale Beteiligung – gemessen anhand des „Camberwell Family Interview".

Störung des Sozialverhaltens: Ein sich wiederholendes Verhaltensmuster, das die Verletzung grundlegender Rechte anderer Personen sowie wichtiger, altersrelevanter Normen und Regeln umfasst.

Störung mit oppositionellem Trotzverhalten: Ein Muster wiederkehrender, trotziger, ungehorsamer und feindseliger Verhaltensweisen gegenüber Autoritätspersonen.

Störung mit Trennungsangst: Eine übermäßige Angst vor einer Trennung von zu Hause oder von Hauptbezugspersonen (d. h. von Eltern oder älteren Geschwistern). Eine solche Angst muss angesichts des Alters des Kindes und des erwarteten Entwicklungsstandes unangemessen sein.

Störung mit Überängstlichkeit: Die übermäßige Sorge über eine Reihe allgemeiner Lebensbereiche, die die Zukunft, vergangenes Verhalten und Kompetenz in verschiedenen Bereichen wie Sport, Schule und Beziehungen mit Altersgenossen umfasst.

Störungen durch Substanzkonsum: umfassen sowohl Alkohol- als auch Drogenmissbrauch und -abhängigkeit.

Substanzabhängigkeit: Die Hauptmerkmale dieser Störung sind eine Reihe kognitiver, behavioraler und physiologischer Symptome, die darauf hinweisen, dass die betroffene Person die Substanz weiterhin anwendet, obwohl signifikante Probleme vorliegen, die auf den Substanzgebrauch zurückzuführen sind. Dieser Gebrauch führt gewöhnlich zu Toleranzentwicklung, sozialem Rückzug und zwanghaftem Substanzkonsum.

Substanzmissbrauch: Ein fehlangepasstes Muster von Substanzgebrauch, das sich durch wiederkehrende und in signifikantem Maße negative Konsequenzen in Zusammenhang mit dem wiederholten Substanzgebrauch manifestiert. Es kann dabei gehäuft zu Nichterfüllung wichtiger Rollenverpflichtungen kommen: wiederholter Substanzgebrauch in Situationen, in denen eine körperliche Gefahr besteht, zahlreiche Probleme mit dem Gesetz sowie wiederkehrende soziale und zwischenmenschliche Probleme.

„Symptom progression model": Diesem Modell zufolge kann das Vorliegen spontaner Panikattacken zur Entwicklung von Agoraphobie, Erwartungsangst (Generalisierte Angststörung) und diese wiederum zu Demoralisierung (Major Depression) und hilfesuchendem Verhalten (Substanzmissbrauch) führen.

Taxonomie: Systematische Ordnung nach festen Regeln.

Temperament: beschreibt die Art, wie ein Kind mit seiner Umwelt interagiert. Ein „schwieriges" Temperament stellt einen Risikofaktor für die Entwicklung des Kindes dar.

universelle Hilflosigkeit: Die Überzeugung, dass erwünschte Ergebnisse nicht vom eigenen Verhalten abhängig sind und auch andere nicht in der Lage sind, gewünschte Ergebnisse hervorzurufen.

unterschwellige Depression: Symptome von Depression unterhalb der Schwelle einer klinischen Diagnose.

Validität: Definiert als das Ausmaß, in dem ein Test oder Instrument das erhebt, was er zu messen vorgibt.

Verhaltensbeobachtung: Die Beobachtung und Erfassung des offenen motorischen und/oder verbalen Verhaltens von Kindern anhand operationalisierter Definitionen. Der Hauptschwerpunkt liegt dabei auf der Untersuchung der Beziehung zwischen Kontingenzen und Umgebung und Verhalten des Kindes. Verhaltensbeobachtung kann in der natürlichen Umgebung durchgeführt werden oder in analogen Settings. In der natürlichen Umgebung wird das Verhalten zu Hause, im Klassenzimmer oder auf dem Spielplatz direkt beobachtet.

Vulnerabilität: Anfälligkeit für eine psychische Störung. Vulnerabilitätsfaktoren sind anhaltende Lebensbedingungen, die zu Fehlanpassungen beitragen.

Zwangsstörung: Gekennzeichnet durch entweder wiederholt auftretende Zwangsgedanken oder Zwangshandlungen. Zwangsgedanken sind wiederkehrende und anhaltende Gedanken, Bilder oder Impulse, die als aufdringlich und unangemessen empfunden werden. Zwangshandlungen sind wiederholte Verhaltensweisen oder auch geistige Handlungen, die als Reaktion auf einen Zwangsgedanken darauf ausgerichtet sind, die Angst oder das Unwohlsein zu verhindern, das mit aversiven Gedanken und Zwängen verbunden ist.

Zwei-Prozess-Kontrollmodell: Dieses Modell umfasst primäre und sekundäre Kontrolle. Primäre Kontrolle bedeutet, objektive Bedingungen nach eigenen Wünschen zu gestalten, um eine Belohnung zu erhalten oder um Bestrafung zu vermeiden. Sekundäre Kontrolle bedeutet im Gegensatz dazu die eigene Anpassung an objektive Bedingungen.

Literatur

Abramson, L. Y., Metalsky, G. I., Alloy, L. B. (1989). Hopelessness depression: A theory based subtype of depression. Psychological Review 96, 358–372.
–, Seligman, M. E. P., Teasdale, J. D. (1978). Learned helplessness in humans: Critique and reformulation. Journal of Abnormal Psychology 87, 49–74.
Achenbach, T. M. (1991a). Manual for the Child Behavior Checklist/4–18 and 1991 profile. Burlington: University of Vermont Department of Psychiatry.
– (1991b). Manual for the Youth Self-Report and 1991 profile. Burlington: University of Vermont Department of Psychiatry.
–, Edelbrock, C. (1986). Manual for the Teacher's Report Form und teacher version of the Child Behavior Profile. Burlington: University of Vermont Department of Psychiatry.
Adams, J., Adams, M. (1996). The association among negative life events, perceived problem solving alternatives, depression, and suicidal ideation in adolescent psychiatric patients. Journal of Child Psychology and Psychiatry 37, 715–720.
–, – (1993). Effects of a negative life event and negative perceived problem-solving alternatives on depression in adolescents: A prospective study. Journal of Child Psychology and Psychiatry 34, 743–747.
–, M., –, J. (1991). Life events, depression, and perceived problem solving alternatives in adolescents. Journal of Child Psychology and Psychiatry 32, 811–820.
Adrian, C., Hammen, C. (1993). Stress exposure and stress generation in children of depressed mothers. Journal of Consulting and Clinical Psychology 61, 354–359.
Allgood-Merten, B., Lewinsohn, P. M., Hops, H. (1990). Sex differences and adolescent depression. Journal of Abnormal Psychology 99, 55–63.

Alloy, L. B., Kelly, K. A., Mineka, S., Clements, C. M. (1990). Comorbidity in anxiety and depressive disorders: A helplessness-hopelessness perspective. In Maser, J. D., Cloninger, C. R. (Eds.), Comorbidity of mood and anxiety disorders. Washington, DC: American Psychiatric Press, 499–542.
American Psychiatric Association (1994). Diagnostic and statistical manual of mental disorders. 4th ed. Washington, DC: American Psychiatric Association.
– (1987). Diagnostic and statistical manual of mental disorders. 3rd rev. ed. Washington, DC: American Psychiatric Association.
– (1980). Diagnostic and statistical manual of mental disorders. 3rd ed. Washington, DC: American Psychiatric Association.
American Psychological Association (1985). Standards for educational and psychological testing. Washington, DC: American Psychological Association.
Anderson, J. C., McGee, R. (1994). Comorbidity of depression in children and adolescents. In Reynolds, W. M., Johnston, H. F. (Eds.), Handbook of depression in children and adolescents. New York: Plenum Press, 581–601.
–, Williams, S., McGee, R., Silva, P. A. (1987). DSM-III disorders in preadolescent children. Prevalence in a large sample from the general population. Archives of General Psychiatry 44, 69–76.
–, J. R., Bower, G. H. (1973). Human associative memory. New York: Halstead Press.
Angold, A., Costello, E. J., Worthman, C. M. (1998). Puberty and depression: the roles of age, pubertal status and pubertal timing. Psychological Medicine 28, 51–61.
– Prendergast, M., Cox, A., Harrington, R., Sumonoff, Rutter, M. (1995). The Child and Adolescent Psychiatric Assessment (CAPA). Psychological Medicine, 25, 739–753.

–, Erkanli, A., Rutter, M. (1996). Precision, reliability and accuracy in the dating of symptom onsets in child and adolescent psychopathology. Journal of Child Psychology and Psychiatry 37, 657–664.

–, Costello, E. J. (1995). A test-retest reliability study of child-reported psychiatric symptoms and diagnoses using the Child and Adolescent Psychiatric Assessment (CAPA-C). Psychological Medicine 25, 755–762.

–, – (1993). Depressive comorbidity in children and adolescents: Empirical, theoretical, and methodological issues. American Journal Psychiatry 150, 1779–1791.

–, Rutter, M. (1992). The effects of age and pubertal status on depression in a large clinical sample. Development and Psychopathology 4, 5–28.

–, Weissman, M. M., John, K., Merikangas, K. R., Prusoff, P., Wickramaratne, G., Gammon, G. D., Warner, V. (1987). Parent and child reports of depressive symptoms in children at low and high risk of depression. Journal of Child Psychology and Psychiatry 28, 901–915.

Anthony, E., Cohler, B. (1987). The invulnerable child. New York: The Guilford Press.

Arbeitsgruppe Bremer Jugendstudie (1999). Angststörungen und Major Depression bei Jugendlichen. Unveröffentlichter Forschungsbericht: Universität Bremen.

Arbel, N., Stravinsky, A. (1991). A retrospective study of separation in the development of adult avoidant personality disorder. Acta Psychiatrica Scandinavica 81, 518–522.

Armsden, G. C., Greenberg, M. T. (1987). The inventory of parent and peer attachment: Individual differences and their relationship to psychological well-being in adolescence. Journal of Youth and Adolescence 16, 427–453.

Aro, H. (1994). Risk und protective factors in depression: A developmental perspective. Acta Psychiatrica Scandinavica 377, 59–64.

Asarnow, J. R., Tompson, M., Hamilton, E. B., Goldstein, M. J., Guthrie, D. (1994). Family-expressed emotion, childhood-onset depression, and childhood-onset schizophrenia spectrum disorders: Is expressed emotion a non-specific correlate of child psychopathology or a specific risk factor for depression? Journal of Abnormal Child Psychology 22, 129–146.

–, Goldstein, M. J., Tompson, M., Guthrie, D. (1993). One-year outcomes of depressive disorders in child psychiatric in-patients: Evaluation of the prognostic power of a brief measure of expressed emotion. Journal of Child Psychology and Psychiatry 34, 129–137.

–, –, Carlson, G. A., Perdue, S., Bates, S., Keller, J. (1988). Childhood-onset depressive disorders: A follow-up study of rates of rehospitalization and out-of-home placement among child psychiatric in-patients. Journal of Affective Disorders 15, 245–253.

Beardslee, W. R., Keller, M. B., Seifer, R., Lavori, P. W., Staley, J., Podorefsky, D., Shera, D. (1996). Prediction of adolescent affective disorder: Effects of prior parental affective disorders and child psychopathology. Journal of the American Academy of Child and Adolescent Psychiatry 35, 279–288.

–, –, Lavori, P. W., Staley, J., Sacks, N. (1993a). The impact of parental affective disorder on depression in offspring: A longitudinal follow-up in a nonreferred sample. Journal of the American Academy of Child and Adolescent Psychiatry 32, 723–730.

–, Salt, P., Porterfield, K., Rothberg, P. C., van de Velde, P., Swatling, S., Hoke, L., Moilanen, D. L., Wheelock, I. (1993b). Comparison of preventive interventions for families with parental affective disorder. Journal of the American Academy of Child and Adolescent Psychiatry 32, 254–263.

–, Schulz, L. H., Selman, R. L. (1987). Level of socio-cognitive development, adaptive functioning, and DSM-III diagnoses: Implications of the development of the capacity for mutuality. Developmental Psychology 23, 807–815.

Beck, A. T. (1976). Cognitive therapy and the emotional disorders. New York: International Universities Press.

– (1967). Depression: Clinical, experimental, and theoretical aspects. New York: Harper & Row.

Benfield, C. Y., Palmer, D. J., Pfefferbaum, B., Stowe, M. L. (1988). A comparison of depressed and nondepressed disturbed children on measures of attributional style, hopelessness, life stress, and temperament. Journal of Abnormal Child Psychology 16, 397–410.

Berney, T., Bhate, S., Kolvin, I., Famuyiwa, O., Barrett, M., Fundudis, T., Tyrer, S. (1991). The context of childhood depression: The Newcastle Childhood depression project. British Journal of Psychiatry 159, 28–35.

Bibring, E. (1953). The mechanism of depression. In Greenacre, P. (Ed.), Affective disorders. New York: International Universities Press, 13–48.

Biederman, J., Faraone, S., Mick, E., Lelon, E. (1995). Psychiatric comorbidity among referred juveniles with major depression: Fact or artifact? Journal of the American Academy of Child and Adolescent Psychiatry 34, 579–590.

Bird, H. R., Gould, M. S. (1995). The use of diagnostic instruments and global measures of functioning in child psychiatry epodemiological studies. In Verhulst, F. C., Koot, H. M. (Eds.), The epidemiology of child and adolescent psychopathology. Oxford: Oxford University Press, 86–103.

–, –, Staghezza, B. M. (1993). Patterns of diagnostic comorbidity in a community sample of children aged 9 through 16 years. Journal of the American Academy of Child and Adolescent Psychiatry 32, 361–368.

–, Yager, T., Staghezza, B. M., Gould, M. S., Canino, G. J., Rubio-Stipec, M. (1990). Impairment in the epidemiological measurement of childhood psychopathology in the community. Journal of the American Academy of Child and Adolescent Psychiatry 29, 796–803.

–, Canino, G. J., Rubio-Stipec, M., Gould, M. S., Ribera, J., Sesman, M., Woodbury, M., Huertas-Goldman, S., Pagan, A., Sanchez-Lacay, A., Moscoso, M. (1988). Estimates of the prevalence of childhood maladjustment in a community survey in Puerto Rico. Archives of General Psychiatry 45, 1120–1126.

Birleson, P. (1981). The validity of depressive disorders in childhood and the development of a self-rating scale: A research report. Journal of Child Psychology and Psychiatry 22, 73–88.

Birmaher, B., Ryan, N., Williamson, D. (1996). Childhood and adolescent depression: A review of the past 10 years. Part 1. Journal of the American Academy of Child and Adolescent Psychiatry 35, 1427–1439.

Bland, R. C., Orn, H., Newman, S. C. (1988). Lifetime prevalence of psychiatric disorders in Edmonton. Acta Psychiatrica Scandinavica 77, 24–32.

Bowlby, J. (1980). Loss: Sadness and depression. New York: Basic Books.

Boyle, M. H., Offord, D. R., Racine, Y., Fleming, J. E., Szatmari, P., Sanford, M. (1993). Evaluation of the revised Ontario Child Health Study scales. Journal of Child Psychology and Psychiatry 34, 189–213.

Brady, E. U., Kendall, P. C. (1992). Comorbidity of anxiety and depression in children and adolescents. Psychological Bulletin 111 244–255.

Brooks-Gunn, J., Petersen, A. (1991). Studying the emergence of depression and depressive symptoms during adolescence. Journal of Youth and Adolescence 20, 115–119.

Brown, G. W., Rutter, M. (1966). The measurement of family activities and relationships: A methodological study. Human Relations 19, 241–263.

Burge, D., Hammen, C. (1991). Maternal communication: Predictors of outcome at follow-up in a sample of children at high and low risk for depression. Journal of Abnormal Psychology 100, 174–180.

Burhans, K. K., Dweck, C. S. (1995). Helplessness in early childhood: The role of contingent worth. Child Development 66, 1719–1738.

Butler, L., Miezitis, S., Friedman, R., Cole, E. (1980). The effect of two school-based intervention programs on depressive symptoms in preadolescents. American Educational Research Journal 17, 111–119.

Campbell, S. B., Cohn, J. F., Meyers, T. (1995). Depression in first-time mothers: Mother-infant interaction and depression chronicity. Developmental Psychology 31, 349–357.

Canals, J., Domenech, E., Carbajo, G., Blade, J. (1997). Prevalence of DSM-III-R and ICD-10 psychiatric disorders in a Spanish population of 18-year-olds. Acta Psychiatrica Scandinavica 96, 287–294.

Canino, G. J., Bird, H. R., Schrout, P. E., Rubio-Stipec, M., Bravo, M., Martinez, R., Sesman, M., Guevara, L. M. (1987). The prevalence of specific psychiatric disorders in Puerto Rico. Archives of General Psychiatry 44, 727–735.

Cantwell, D. P., Lewinsohn, P. M., Rohde, P., Seeley, J. R. (1997). Correspondence between adolescent report and parent report of psychiatric diagnostic data. Journal of the American Academy of Child and Adolescent Psychiatry 36, 610–619.

Carlson, G. A., Kashani, J. H. (1988). Phenomenology of major depression from childhood through adulthood: Analysis of three studies. American Journal of Psychiatry 145, 1222–1225.

Caron, C., Rutter, M. (1991). Comorbidity in child psychopathology: Concepts, issues, and research strategies. Journal Child Psychology and Psychiatry 32, 1063–1080.

Christ, A. E., Adler, A. G., Isacoff, M., Gershansky, I. S. (1981). Depression: Symptoms versus diagnosis in 10.412 hospitalized children and adolescents. American Journal of Psychotherapy 35, 400–412.

Cicchetti, D. (1984). The emergence of developmental psychopathology. Child Development 55, 1–7.

Clark, L. A., Watson, D. (1991). Tripartite model of anxiety and depression: Psychometric evidence and taxonomic implications. Journal of Abnormal Psychology 100, 316–336.

Clarke, G. N. (1999). Prevention of depression in at-risk samples of adolescents. In Essau/Petermann (1999), 341–360.

Clarke, G. N., Hawkins, W., Murphy, M., Sheeber, L., Lewinsohn, P. M., Seeley, J. R. (1995). Targeted prevention of unipolar depressive disorder in an at-risk sample of high school adolescents: A randomized trial of a group cognitive intervention. Journal of the American Academy of Child and Adolescent Psychiatry, 34, 312–321.

Cohen, J. (1988). Statistical power analysis for the behavioral sciences. Hillsdale, NJ: Lawrence Erlbaum.

–, P., Cohen, J., Kasen, S., Velez, C. N., Hartmark, C., Johnson, J., Rojas, M., Brook, J., Streuning, E. L. (1993). An epidemiological study of disorders in late childhood and adolescence – I: Age- and gender-specific prevalence. Journal Child Psychology and Psychiatry 34, 851–866.

Cohn, J. F., Campbell, S. B., Matias, R., Hopkins, J. (1990). Face-to-face interactions of postpartum depressed and nondepressed mother-infant pairs at 2 months. Developmental Psychology 26, 15–23.

Cole, D. A., Peeke, L. G., Ingold, C. (1996). Characterological and behavioral self-blame in children: Assessment and development considerations. Development and Psychopathology 8, 381–397.

– (1990). Relation of social and academic competence to depressive symptoms in childhood. Journal of Abnormal Psychology 99, 422–429.

Compas, B. E., Malcarne, V. L., Fondacaro, K. M. (1988). Coping with stressful events in older children and young adolescents. Journal of Consulting and Clinical Psychology 56, 405–411.

Cooper, P. J., Goodyer, I. M. (1993). A community study of depression in adolescent girls: I. Estimates of symptom and syndrome prevalence. British Journal of Psychiatry 163, 369–374.

Costello, A. J., Edelbrock, C., Dulcan, M. K., Kalas, R., Klaric, S. (1987). The Diagnostic Interview Schedule for Children (DISC). Pittsburgh: University of Pittsburgh.

–, E. J., Costello, A. J., Edelbrock, C., Burns, B. J., Dulcan, M. K., Brent, D., Janiszewski, S. (1989). Psychiatric disorders in pediatric primary care. Archives of General Psychiatry 45, 1107–1116.

–, Edelbrock, C., Costello, A. J., Dulcan, M. K., Burns, B. J., Brent, D. (1988). Psychopathology in pediatric primary care: The new hidden morbidity. Pediatrics 82, 415–424.

–, Edelbrock, C. S., Costello, A. J. (1985). Validity of the NIMH diagnostic interview schedule for children: A comparison between psychiatric and pediatric referrals. Journal of Abnormal Child Psychology 13, 579–595.

Cross-National Collaborative Group (1992). The changing rate of major depression: Cross-national comparison. JAMA 268, 3098–3105.

Cummings, E. M., Davies, P. T. (1994). Families, conflict, and conflict resolution: The children's perspective. New York: The Guilford Press.

Cyranowski, J. M., Frank, E., Young, E., Shear, M. K. (2000). Adolescent onset of the gender difference in lifetime rates of major depression. Archives of General Psychiatry 57, 21–27.

Cytryn, L., McKnew, D. H. (1972). Proposed classification of childhood depression. American Journal of Psychiatry 129, 149–155.

Dalley, B. D., Bolocofsky, D. N., Karlin, N. J. (1994). Teacher-ratings and self-ratings of social competency in adolescents with low- and high-depressive symptoms. Journal of Abnormal Child Psychology 4, 477–485.

Davies, P. T., Windle, M. (1997). Gender-specific pathways between maternal depressive symptoms, family discord, and adolescent adjustment. Developmental Psychology 33, 657–668.

Davila, J., Hammen, C., Burge, D., Paley, B., Daley, S. E. (1995). Poor interpersonal problem solving as a mechanism of stress generation in depression among adolescent women. Journal of Abnormal Psychology 104, 592–600.

Derogatis, L. R. (1977). SCL-90-R, administration, scoring & procedures manual for the (Revised) version. Baltimore: Johns Hopkins University School of Medicine.

Deykin, E. Y., Levy, I. C., Wells, V. (1987). Adolescent depression, alcohol and drug abuse. American Journal of Public Health 77, 178–182.

Diamond, G., Siqueland, L. (1995). Family therapy for the treatment of depressed adolescents. Psychotherapy 32, 77–90.

Dilling, H., Mombour, W., Schmidt, M. H. (1995). Internationale Klassifikation psychischer Störungen. ICD-10 Kapitel V (F) Klinisch-diagnostische Leitlinien. Bern: Verlag Hans Huber.

Dodge, K. A. (1993). Social-cognitive mechanisms in the development of conduct disorder and depression. Annual Review of Psychology 44, 559–584.

– (1990). Developmental psychopathology in children of depressed mothers. Developmental Psychology 26, 3–6.

Dubow, E. F., Lovko, K. R., Kausch. D. C. (1990). Demographic differences in adolescents' health concern and perceptions of helping agents. Journal of Clinical Child Psychology 19, 44–54.

Dulcan, M. K., Costello, E. J., Costello, A. J., Edelbrock, C., Brent, D., Janiszewski, S. (1990). The pediatrician as gatekeeper to mental health care for children: Do parents' concerns open the gate? Journal of the American Academy of Child and Adolescent Psychiatry 29, 453–458.

Ebata, A. T., Moos, R. H. (1991). Coping and adjustment in distressed and healthy adolescents. Journal of Applied Developmental Psychology 12, 33–54.

Eddy, B. A., Lubin, B. (1988). The Children's Depression Adjective Check Lists (C-DACL) with emotionally disturbed adolescent boys. Journal of Abnormal Psychology 16, 83–88.

Emslie, G. J., Rush, A. J., Weinberg, W. A., Gullion, C. M., Rintelmann, J., Hughes, C. W. (1997). Recurrence of major depressive disorder in hospitalized children. Journal of the American Academy of Child and Adolescent Psychiatry 36, 785–792.

–, –, –, Kowatch, R. A., Hughes, C. W., Carmody, T., Rintelmann, J. (1997a). A double-blind, randomized, placebo-controlled trial of fluoxetine in children and adolescents with depression. Archives of General Psychiatry 54, 1031–1037.

Essau, C. A. (2000). Angst und Depression bei Jugendlichen. Habilitationsschrift. Bremen: Universität of Bremen.

–, Conradt, J., Petermann, F. (2000a). Frequency, comorbidity, and psychosocial impairment of anxiety disorders in adolescents. Journal of Anxiety Disorders 14, 263–279.

–, –, – (2000b). Frequency, comorbidity, and psychosocial impairment of depressive disorders in adolescents. Journal of Adolescent Research 15, 470–481.

–, Merikangas, K. R. (1999). Familial and genetic factors in depressed children and adolescents. In Essau/Petermann (1999), 261–285.

–, Petermann, F. (Eds.) (1999). Depressive disorders in children and adolescents: Epidemiology, risk factors, and treatment. Northvale, NJ: Jason Aronson.

–, Conradt, J., Petermann, F. (1999). Course and outcome. In Essau/Petermann (1999), 105–135.

–, Petermann, U. (1998). Depression. In Petermann, F. (Hrsg.), Lehrbuch der Klinischen Kinderpsychologie. 3., korr. Aufl. Hogrefe: Göttingen, 241–264.

–, Karpinski, N. A., Petermann, F., Conradt, J. (1998a). Häufigkeit und Komorbidität psychischer Störungen bei Jugendlichen: Ergebnisse der Bremer Jugendstudie. Zeitschrift für Klinische Psychologie, Psychiatrie und Psychotherapie 46, 105–124.

–, –, –, – (1998b). Häufigkeit, Komorbidität und psychosoziale Beeinträchtigung von Depressiven Störungen bei Jugendlichen: Ergebnisse der Bremer Jugendstudie. Zeitschrift für Klinische Psychologie, Psychiatrie und Psychotherapie 46, 316–329.

–, Petermann, F. (Eds.) (1997a), Developmental psychopathology: Epidemiology, diagnostics and treatment. London: Harwood.

–, Petermann, U. (1997b). Mood depression. In Essau/Petermann (1997a), 265–310.

–, Feehan, M., Üstun, B. (1997a). Classification and assessment strategies. In Essau/Petermann (1997a), 63–95.

–, Petermann, F., Feehan, M. (1997b). Research methods and designs. In Essau/Petermann (1997a), 19–62.

–, Scheithauer, H., Groen, G., Petermann, F. (1997c). Forschungsmethoden innerhalb der Entwicklungspsychopathologie. Zeitschrift für Psychologie, Psychiatrie und Psychotherapie 45, 245–263.

–, Petermann, F., Conradt, J. (1996). Depressive Symptome und Syndrome bei Jugendlichen. Zeitschrift für Psychologie, Psychiatrie und Psychotherapie 44, 150–157.

–, –, Conradt, J. (1995). Symptome von Angst und Depression bei Jugendlichen. Praxis der Kinderpsychologie und Kinderpsychiatrie 44, 322–328.

–, Wittchen, H.-U. (1993). An overview of the Composite International Diagnostic Interview (CIDI). International Journal of Methods in Psychiatric Research 3, 79–85.

Esser, G., Schmidt, M. H., Woerner, W. (1990). Epidemiology and course of psychiatric disorders in school-age children – results of a longitudinal study. Journal of Child Psychology and Psychiatry 31, 243–263.

Faravelli, C., Degl'Innocenti, B. G., Aizzi, L., Incerpi, G., Pallanti, S. (1990). Epidemiology of mood disorders: A community survey in Florence. Journal of Affective Disorders 20, 135–141.

Feehan, M., McGee, R., Nada-Raja, S., Williams, S. M. (1994). DSM-III-R disorders in New Zealand 18-year-olds. Australian and New Zealand Journal of Psychiatry 28, 87–99.

–, –, Williams, S. M. (1993). Mental health disorders from age 15 to age 18 years. Journal of the American Academy of Child and Adolescent Psychiatry 32, 1118–1126.

Feindrich, M., Warner, V., Weissman, M. M. (1990). Family risk factors, parental depression, and psychopathology in offspring. Developmental Psychology 26, 40–50.

Ferdinand, R. F., Verhulst, F. C. (1995). Psychopathology from adolescence into young adulthood: An eight-year follow-up study. American Journal of Psychiatry 34, 336–347.

Fergusson, D. M., Horwood, L. J., Lynskeyl, M. T. (1993). Prevalence and comorbidity of DSM-III-R diagnoses in a birth cohort of 15 year olds. Journal of the American Academy of Child and Adolescent Psychiatry 32, 1127–1134.

Field, T., Healy, B., Goldstein, S., Guthertz, M. (1990). Developmental psychopathology in children of depressed mothers. Developmental Psychology 26, 7–14.

Fine, S., Haley, G., Gilbert, M., Forth, A. (1993). Self-image as a Predictor of Outcome in Adolescent Major Depressive Disorder. Journal of Child Psychology and Psychiatry 8, 1399–1407.

Fleming, J. E., Boyle, M. H., Offord, D. R. (1993). The outcome of adolescent depression in the Ontario Child Health Study follow-up. Journal of the American Academy of Child and Adolescent Psychiatry 32, 28–33.

–, Offord, D. R. (1990). Epidemiology of childhood depressive disorders: A critical review. Journal of the American Academy of Child and Adolescent Psychiatry, 29, 571–580.

–, –, Boyle, M. H. (1989). Prevalence of childhood and adolescent depression in the community: Ontario Child Health Study. British Journal of Psychiatry 155, 647–654.

Filipp, S.-H. (1990): Ein allgemeines Modell für die Analyse kritischer Lebensereignisse. In Filipp, S.-H. (Hrsg.). Kritische Lebensereignisse. München: Psychologie Verlagsunion, 3–52.

Fombonne, E. (1995). Depressive disorders: Time trends and possible explanatory mechanisms. In Rutter, M., Smith, D. J. (Eds.), Psychosocial disorders in young people: time trends and their causes. Chichester, NY: John Wiley & Sons, 544–615.

Forehand, R., Brody, G. H., Long, N., Fauber, R. (1988). The interactive influence of adolescent and maternal depression on adolescent social and cognitive functioning. Cognitive Therapy and Research 12, 341–350.

Frank, S. J., Poorman, M. O., Van Egeren, L. A., Field, D. T. (1997). Perceived relationships with parents among adolescent in-patients with depressive preoccupations and depressed mood. Journal of Clinical Child Psychology 26/2, 205–215.

Frankel, K. A., Harmon, R. J. (1996). Depressed mothers: They don't always look as bad as they feel. Journal of the American Academy of Child and Adolescent Psychiatry 35, 289–298.

Freud, S. (1917). Mourning and melancholia. In Collected Works (Vol. 14). London: Hogarth Press.

Friedman, W., Reams, R., Jacobs, J. (1982). Depression and suicidal ideation in nearly adolescents. Journal of Youth and Adolescence 11, 403–407.

Garber, J., Weiss, B., Shanley, N. (1993). Cognitions, depressive symptoms, and development in adolescents. Journal of Abnormal Psychology 102, 47–57.
–, Braafladt, N., Zeman, J. (1991). The regulation of sad affect: An information-processing perspective. In Garber, J., Dodge, K. (Eds.), The development of emotion regulation and dysregulation. New York: Cambridge University Press, 208–240.
–, Kriss, M. R., Koch, M., Lindholm, L. (1988). Recurrent depression in adolescents: A follow-up study. Journal of the American Academy of Child and Adolescent Psychiatry 27, 49–54.
–, J. A., Lewinsohn, P. M., Seeley, J. R., Brooks-Gunn, J. (1997). Is psychopathology associated with the timing of pubertal development? Journal of the American Academy of Child and Adolescent Psychiatry 36, 1768–1776.
Ge, X., Conger, R. D., Lorenz, F. O., Shanahan, M., Elder, G. H. Jr. (1995). Mutual influences in parent and adolescent psychological distress. Developmental Psychology 31, 406–419.
Geller, B., Fox, L. W., Clark, K. A. (1994). Rate and predictors of prepubertal bipolarity during follow-up of 6- to 12-year-old depressed children. Journal of the American Academy of Child and Adolescent Psychiatry 33, 461–468.
Gettinger, M., Kratochwill, T. R. (1987). Behavioral assessment. In Frame, C. L., Matson, J. L. (Eds.), Handbook of assessment in childhood psychopathology: Applied issues in differential diagnosis and treatment evaluation. New York: Plenum Press, 131–161.
Giaconia, R., Reinherz, H. Z., Silverman, A. B., Pakiz, B., Frost, A. K., Cohen, E. (1994). Ages of onset of psychiatric disorders in a community population of older adolescents. Journal of the American Academy of Child and Adolescent Psychiatry 33, 706–717.
Gladstone, T. R. G., Kaslow, N. J., Seeley, J. R., Lewinsohn, P. M. (1997). Sex differences, attributional style, and depressive symptoms among adolescents. Journal of Abnormal Child Psychology 25, 297–305.
Glenn, J. (1978). The psychoanalysis of prelatency children. In Glenn, J. (Ed.), Child analysis and therapy. Northvale, NJ: Jason Aronson, 163–203.

Goldsmith, D. F., Rogoff, B. (1995). Sensitivity and teaching by dysphoric and nondysphoric women in structured versus unstructured situations. Developmental Psychology 31, 388–394.
Goodman, S. H., Gotlib, I. H. (1999). Risk for psychopathology in the children of depressed mothers: A developmental model for understanding mechanisms of transmission. Psychological Review 3, 458–490.
–, Gravitt, G. W., Kaslow, N. J. (1995). Social problem solving: A moderator of the relation between negative life stress and depression symptoms in children. Journal of Abnormal Child Psychology 23, 473–485.
–, Adamson, L. B., Riniti, J., Cole, S. (1994). Mothers' expressed attitudes: Associations with maternal depression and children's self-esteem and psychopathology. Journal of the American Academy of Child and Adolescent Psychiatry 33, 1265–1274.
–, Brogan, D., Lynch, M. E., Fielding, B. (1993). Social and emotional competence in children of depressed mothers. Child Development 64, 513–531.
– (1992). Understanding the effects of depressed mothers on their children. In Walker, E. F., Cornblatt, B. A., Dworkin, R. H. (Eds.), Progress in experimental personality and psychopathology research. New York: Springer, 47–109.
Goodyer, I. (1999). The influence of recent life events on the onset and outcome of major depression in young people. In Essau/Petermann (1999), 237–260.
–, Herbert, J., Secher, S., Pearson, J. (1997a). Short term outcome of major depression: I. Comorbidity and severity at presentation as predictors of persistent disorder. Journal of the American Academy of Child and Adolescent Psychiatry 36, 179–187.
–, –, Tamplin, A., Secher, S., Pearson, J. (1997b). Short term outcome of major depression: II. Life events, family dysfunction and friendship difficulties as predictors of persistent disorder. Journal of the American Academy of Child and Adolescent Psychiatry 36, 474–480.
–, Cooper, P. J. (1993). A community study of depression in adolescent girls. II: The clinical features of identified disorder. British Journal of Psychiatry 163, 374–380.

–, –, Vize, C. M., Ashby, L. (1993). Depression in 11–16-year-old girls: The role of past parental psychopathology and exposure to recent life events. Journal of Child Psychology and Psychiatry 34, 1103–1115.

– (1991). Life events, development and childhood psychopathology. Chichester, NY: John Wiley & Sons.

–, Altham, P. (1991a). Lifetime exit events in anxiety and depression in school age children: I. Journal of Affective Disorders 21, 219–228.

–, – (1991b). Lifetime exit events in anxiety and depression in school age children: II. Journal of Affective Disorders 21, 229–238.

–, Germany, E., Gowrusankur, J., Altham, P. (1991). Social influences on the course of anxious and depressive disorders in school-age children. British Journal of Psychiatry 158, 676–684.

–, Wright, C., Altham, P. (1988). Maternal adversity and recent stressful life events in anxious and depressed children and adolescents. Journal of Child Psychology and Psychiatry 29, 651–667.

Gotlib, I. H., Sommerfeld, B. K. (1999). Cognitive functioning in depressed children and adolescents: A developmental perspective. In Essau/Petermann (1999), 195–236.

–, Lewinsohn, P. M., Seeley, J. R. (1995). Symptoms versus a diagnosis of depression: Differences in psychosocial functioning. Journal of Consulting and Clinical Psychology 63, 90–100.

–, –, –, Rohde, P., Redner, J. E. (1993). Negative cognitions and attributional style in depressed adolescents: An examination of stability and specificity. Journal of Abnormal Psychology 102, 607–615.

Hammen, C., Rudolph, K. D. (1996). Childhood depression. In Mash, E. J., Barkley, R. A. (Eds.), Child psychopathology. New York: The Guilford Press, 153–195.

–, Burge, D., Daley, S. E., Davila, J., Paley, B., Rudolph, K. D. (1995). Interpersonal attachment cognitions and prediction of symptomatic responses to interpersonal stress. Journal of Abnormal Psychology 104, 436–443.

– (1992). Cognitive, life stress, and interpersonal approaches to a developmental psychopathology model of depression. Development and Psychopathology 4, 191–208.

– (1991). Depression runs in families: The social context of risk and resilience in children of depressed mothers. New York: Springer.

– (1990). Cognitive approaches to depression in children: Current findings and new directions. In Lahey, B. B., Kazdin, A. E. (Eds.), Advances in clinical psychology. New York: Plenum Press, 139–173.

–, Goodman-Brown, T. (1990). Self-schemas and vulnerability to specific life stress in children at risk for depression. Cognitive Therapy and Research 14, 215–227.

–, Burge, D., Burney, E., Adrian, C. (1990). Longitudinal study of diagnoses in children of women with unipolar and bipolar affective disorder. Archives of General Psychiatry 47, 1112–1117.

–, Adrian, C., Gordon, D., Burge, D., Jaenicke, C., Hiroto, D. (1987). Children of depressed mothers: Maternal strain and symptom predictors of dysfunction. Journal of Abnormal Psychology 96, 190–198.

Harrington, R. C. (1995). Depressive disorder in childhood and adolescence. Chichester, NY: John Wiley & Sons.

–, Fudge, H., Rutter, M. L., Bredenkamp, D., Groothues, C., Pridham, J. (1993). Child and adult depression: A test of continuities with data from a family study. British of Psychiatry 162, 627–633.

–, –, –, Pickles, A., Hill, J. (1990). Adult outcomes of childhood and adolescent depression: I. Psychiatric status. Archives of General Psychiatry 47, 465–473.

Harris, P. L., Olthof, T., Terwogt, M. M. (1981). Children's knowledge of emotion. Journal of Child Psychology and Psychiatry 22, 247–261.

Harter, S. (1990a). Causes, correlates and the functional role of global self-worth: A life span perspective. In Sternberg, R., Kolligian, J. (Eds.), Competence considered (68–97). New Haven, CT: Yale University Press.

– (1990b). Adolescent self and identify development. In Feldman, S., Elliot, G. (Eds.), At the Threshold: The Developing Adolescent. Cambridge, MA: Havard University Press, 352–387.

– (1988). Manual: Self-Perception Profile for Adolescents. Denver, CO: University of Denver.

Hautzinger, M., Bopp, C., Gomez, Y., Kopp, A., Müller, K., Reis, A., Wershofen, S. (1992). Strukturiertes Klinisches Interview für Kinder. Mainz: Johannes Gutenberg-Universität Mainz.

–, Greif, S. (1981). Kognitionspsychologie der Depression. Stuttgart: Kohlhammer.
Hayward, C., Gotlib, I. H., Schraedley, P. K., Litt, I. F. (1999). Ethnic differences in the association between pubertal status and symptoms of depression in adolescent girls. Journal of Adolescent Health 25, 143–149.
Herjanic, B., Reich, W. (1982). Development of a structured psychiatric interview for children: Agreement between child and parent on individual symptoms. Journal of Abnormal Child Psychology, 10, 307–324.
Hirshfeld, D. R., Rosenbaum, J. F., Biederman, J., Boldue, E. A., Faraone, S. V., Snidman, N., Reznick, J. S., Kagan, J. (1992). Stable behavioral inhibition and its association with anxiety disorder. Journal of the American Academy of Child and Adolescent Psychiatry 31, 103–111.
Hoagwood, K., Jensen, P. S., Petti, T., Burns, B. J. (1996). Outcomes of mental health care for children and adolescents: I. A comprehensive conceptual model. Journal of the American Academy of Child and Adolescent Psychiatry 35, 1055–1063.
Hodges, K. (1994). Evaluation of depression in children and adolescents using diagnostic clinical interviews. In Reynolds, W. M., Johnston, H. F. (Eds.), Handbook of depression in children and adolescents. New York: Plenum Press, 183–208.
Hollon, S. D., Kendall, P. C. (1980). Cognitive self-statements in depression: Development of an automatic thoughts questionnaire. Cognitive Therapy and Research 4, 383–395.
Hops, H., Lewinsohn, P. M., Andrews, J. A., Roberts, R. E. (1990). Psychosocial correlates of depressive symptomatology among high school students. Journal of Clinical Child Psychology 3, 211–220.
Hwu, H. G., Yeh, E. K., Chang, L. Y. (1989). Prevalence of psychiatric disorders in Taiwan defined by the Chinese Diagnostic Interview Schedule. Acta Psychiatrica Scandinavica 79, 136–147.

Jacobsen, R. H., Lahey, B. B., Strauss, C. C. (1983). Correlates of depressed mood in normal children. Journal of Abnormal Child Psychology 11, 29–39.
Jaycox, L. H., Reivich, K. J., Gillham, J., Seligman, E. P. (1994). Prevention of depressive symptoms in school children. Behavior Research and Therapy 32, 801–816.

John, K., Gammon, G. D., Prusoff, B. A., Warner, V. (1987). The social adjustment inventory for children and adolescents (SAICA): Testing of a new semistructured interview. Journal of the American Academy of Child and Adolescent Psychiatry 26, 898–911.
Joiner, T. E., Wagner, K. D. (1995). Attribution style and depression in children and adolescents: A meta-analytic review. Clinical Psychology Review 15, 777–798.
Kagan, J., Snidman, N., Arcus, D., Reznick, J. S. (1994). Galen's prophecy: Temperament in human nature. New York: Basic Books.
Kahn, J. S., Kehle, T. J., Jenson, W. R., Clark, E. (1990). Comparison of cognitive-behavioral, relaxation, and self-modeling interventions for depression among middle-school students. School Psychology Review 19, 196–211.
Kandel, D. B., Davies, M. (1982). Epidemiology of depressive mood in adolescents: An empirical study. Archives of General Psychiatry 39, 1205–1212.
Kanfer, F. H. (1970). Self-regulation: Research, issues and speculations. In Neuringer, C., Michael, J. F. (Eds.), Behavior modification in clinical psychology. N. Y.: Appelton-Century-Crofts, 178–220.
Kaplan, S. L., Hong, G. K., Weinhold, C. (1984). Epidemiology of depressive symptomatology in adolescents. Journal of the American Academy of Child Psychiatry 23, 91–98.
Karam, E. G., Barakeh, M., Karam, A. N., El-Khouri, N. (1991). The Arabic Diagnostic Interview Schedule. Review Medical Liabanaise 3, 28–30.
Kashani, J. H., Rosenberg, T. K., Reid, J. C. (1989). Developmental perspectives in child and adolescent depressive symptoms in a community sample. American Journal of Psychiatry 146, 871–875.
–, Carlson, G. A., Beck, N. C., Hoeper, E. W., Corcoran, C. M., McAllister, J. A., Fallahi, C., Rosenberg, T. K., Reid, J. C. (1987). Depression, depressive symptoms, and depressed mood among a community sample of adolescents. American Journal of Psychiatry 144, 931–934.
Katz, M. M., Klerman, G. L. (1979). Introduction: Overview of the Clinical Studies Program of the NIMH Clinical Research Branch Collaborative Study on Psychobiology of Depression. American Journal of Psychiatry 136, 49–51.

Kazdin, A., Esveldt-Dawson, K., Sherick, R., Colbus, D. (1985). Assessment of overt behavior and childhood depression among psychiatrically disturbed children. Journal of Consulting and Clinical Psychology 53, 201–210.

Keller, M. B., Lavori, P. W., Mueller, T. I., Endicott, J., Coryell, W., Hirschfeld, R. M. A., Shea, T. (1992). Time to recovery, chronicity, and levels of psychopathology in major depression. A 5-year prospective follow-up of 431 subjects. Archives of General Psychiatry 49, 809–816.

–, Beardslee, W. R., Dorer, D. J., Lavori, P. W., Samuelson, H., Klerman, G. L. (1986). Impact of severity and chronicity of parental affective illness on adaptive functioning and psychopathology in children. Archives of General Psychiatry 43, 930–937.

Kendall, P. C., Stark, K. D., Adam, T. (1990). Cognitive deficit or cognitive distortion in childhood depression. Journal of Abnormal Child Psychology 18, 255–270.

Kendler, K. S., Neale, M. C., Kessler, R. C., Heath, A. C., Eaves, L. J. (1992). Childhood parental loss and adult psychopathology in women. Archives of General Psychiatry 49, 109–116.

Kessler, R. C., McGonagle, K. A., Zhao, S., Nelson, C. B., Hughes, M., Eshleman, S., Wittchen, H.-U., Kendler, K. S. (1994). Lifetime and 12-month prevalence of DSM-III-R psychiatric disorders in the United States: Results from the National Comorbidity Survey. Archives of General Psychiatry 51, 8–19.

King, C. A., Naylor, M. W., Segal, H. G., Evan T., Shain, B. N. (1993). Global self-worth, specific self-perceptions of competence, and depression in adolescents. Journal of the American Academy of Child and Adolescent Psychiatry 32, 745–752.

Klein, D. F. (1981). Anxiety reconceptualized. In Klein, D. F., Rabkin, J. G. (Eds.), Anxiety: New Research and changing concepts. New York: Raven Press, 235–262.

Kochanska, G. (1991). Patterns of inhibition to the unfamiliar in children of well and affectively ill mothers. Child Development 62, 250–263.

Kovacs, M., Devlin, B. (1998). Internalizing disorders in childhood. Journal of Child Psychology and Psychiatry 39, 47–63.

– (1996). Presentation and course of major depressive disorder during childhood and later years of the life span. Journal of the American Academy of Child and Adolescent Psychiatry 35, 705–715.

–, Akiskal, H. S., Gatsonis, C., Parrone, P. (1994). Childhood-onset dysthymic disorder: Clinical features and prospective naturalistic outcome. Archives of General Psychiatry 51, 365–374.

–, Goldston, D., Gatsonis, C. (1993). Suicidal behaviors and childhood-onset depressive disorders: A longitudinal investigation. Journal of the American Academy of Child and Adolescent Psychiatry 32, 8–20.

– (1992). Children's Depression Inventory. Toronto: Multi-Health Systems.

–, Gatsonis, C., Paulauskas, S. L., Richards, C. (1989). Depressive disorders in childhood: IV. A longitudinal study of comorbidity with and risk for anxiety disorders. Archives of General Psychiatry 46, 776–782.

–, Paulauskas, S. L., Gatsonis, C., Richards, C. (1988). Depressive disorders in childhood: III. Longitudinal study of comorbidity with and risk for conduct disorders. Journal of Affective Disorders 15, 205–217.

– (1985). The Interview Schedule for Children. Psychopharmacology Bulletin 21, 991–994.

–, Feinberg, T. L., Crouse-Novak, M., Paulauskas, S. L., Finkelstein, R. (1984). Depressive disorders in childhood: I. A longitudinal prospective study of characteristics and recovery. Archives of General Psychiatry 41, 229–237.

–, Beck, A. T. (1977). An empirical-clinical approach toward a definition of childhood depression. In Schulterbrandt, J. G., Raskin, A. (eds.), Depression in childhood (1–26). New York: Raven Press.

Kutcher, S. P. (1999). Pharmacotherapy of Depression: A Review of Current Evidence and Practical Clinical Directions. In Essau/Petermann, 437–458.

Lahey, B. B., Flagg, E. W., Bird, H. R., Schwab-Stone, M., Canino, G., Dulcan, M. K., Leaf, P. J., Davies, M., Brogan, D., Bourdon, K., Horwitz, S. M., Rubio-Stipec, M., Freeman, D. H., Lichtman, J., Shaffer, D., Goodman, S. H., Narrow, W. E., Weissman, M. M., Kandel, D. B., Jensen, P. S., Richters, J. E., Regier, D. A. (1996). The NIMH methods for the epidemiology of child and adolescent mental disorders (MECA) study: Background and methodology. Journal of the

American Academy of Child and Adolescent Psychiatry 35, 855–864.
Lang, M., Tisher, M. (1978). Children's Depression Scale. Victoria: Australian Council for Educational Research.
Lee, C. M., Gotlib, I. H. (1991). Adjustment of children of depressed mothers: A ten-month follow-up. Journal of Abnormal Psychology 100, 473–477.
–, – (1989). Clinical status and emotional adjustment of children of depressed mothers. American Journal of Psychiatry 40, 1055–1060.
Lefkowitz, M. M., Tesiny, E. P. (1980). Assessment of childhood depression. Journal of Consulting and Clinical Psychology 48, 43–50.
–, Burton, N. (1978). Depression in children: A critique of the concept. Psychological Bulletin 85, 716–726.
Leitenberg, H., Yost, L. W., Carroll-Wilson, M. (1986). Negative cognitive errors in children: Questionnaire development, normative data, and comparisons between children with and without self-reported symptoms of depression, low self-esteem, and evaluation anxiety. Journal of Consulting and Clinical Psychology 54, 528–536.
Lepine, J. P., Lellouch, J., Lovell, A., Teherani, M., Ata, C., Verdier-Taillefer, M. H., Rambourg, N., Lemperiere, T. (1989). Anxiety and depressive disorders in a French population: Methodology and preliminary results. Psychiatry and Psychobiology 4, 267–274.
Lewinsohn, P. M., Essau, C. A. (in Druck). Depression in adolescents. In Gotlib, I. H., Hammen, C. (Eds.), Handbook of depression. New York: The Guilford Press.
–, Pettit, J., Joiner, T. E., Jr., Seeley, J. R. (eingereicht). Phenomenology of adolescent depression.
–, Rohde, P., Seeley, J. R., Klein, D. N., Gotlib, I. H. (2000). Natural course of adolescent major depressive disorder in a community sample: Predictors of recurrence in young adults. American Journal of Psychiatry 157, 1584–1591.
–, –, Klein, D. N., Seeley, J. R. (1999). Natural course of adolescent major depressive disorder: I. Continuity into young adulthood. Journal of the American Academy of Child and Adolescent Psychiatry 38, 56–63.
–, –, Seeley, J. R. (1998a). Major depressive disorder in older adolescents: Prevalence, risk factors, and clinical implications. Clinical Psychology Review 18, 765–794.
–, –, – (1998b). Treatment of adolescent depression: Frequency of services and impact on functioning in young adulthood. Depression and Anxiety 7, 47–52.
–, Zinbarg, R., Seeley, J. R., Lewinsohn, M., Sack, W. H. (1997). Lifetime comorbidity among anxiety disorders and between anxiety disorders and other mental disorders in adolescents. Journal of Anxiety Disorders 11, 377–394.
–, Rohde, P., Seeley, J. R. (1995). Adolescent psychopathology: III. The clinical consequences of comorbidity. Journal of the American Academy of Child and Adolescent Psychiatry 34, 510–519.
–, Clarke, G. N., Seeley, J. R., Rohde, P. (1994). Major depression in community adolescents: Age of onset, episode duration, and time to recurrence. Journal of the American Academy of Child and Adolescent Psychiatry 33, 809–819.
–, Hops, H., Roberts, R. E., Seeley, J. R., Andrews, J. A. (1993). Adolescent psychopathology: I. Prevalence and incidence of depression and other DSM-III-R disorders in high school students. Journal of Abnormal Psychology 102, 133–144.
–, Rohde, P., Seeley, J. R., Hops, H. (1991). The comorbidity of unipolar depression: I. Major depression with dysthymia. Journal of Abnormal Psychology 100, 205–213.
–, Clarke, G. N., Hops, H., Andrews, J. (1990). Cognitive-behavioral treatment for depressed adolescents. Behavior Therapy 21, 385–401.
–, Hoberman, H., Teri, L., Hautzinger, M. (1985). An integrative theory of depression. In Reiss, S., Bootzin, R. (Eds.), Theoretical issues in behavioral therapy. San Diego, CA: Academic Press, 331–359.
–, Arconad, M. (1981). Behavioral treatment of depression: social learning approach. In Clarkin, J. F., Glazer, A. I. (Eds.), Depression: Behavioral and directive intervention strategies. New York: Garland STPM Press, 33–67.
– (1974). A behavioural approach to depresson. In Friedmann, R. J., Katz, M. M. (Eds.), The psychology of depression: Contemporary theory and research. Washington, DC: Winston, 157–185.
Liddle, B., Spence, S. H. (1990). Cognitive-behavior therapy with depressed primary school children: A cautionary note. Behavioral Psychotherapy 18, 85–102.

Lilienfeld, A. M., Lilienfeld, D. E. (1980). Foundations of epidemiology. New York: Oxford University Press.
–, S. O., Waldman, I. D., Israel, A. C. (1994). A critical examination of the use of the term and concept of comorbidity in psychopathology research. Clinical Psychology: Science and Practice 1, 71–83.
Lizardi, H., Klein, D. N., Ouimette, P. C., Riso, L. P., Anderson, R. L., Donaldson, S. K. (1995). Reports of the childhood home environment in early-onset Dysthymia and episodic Major Depression. Journal of Abnormal Psychology 104, 132–139.
Lustig, J. L., Wolchik, S. A., Weiss, L. (1999). The New Beginnings Parenting Program for Divorced Mothers: Linking Theory and Intervention. In Essau/Petermann (1999), 361–381.
Maier, W., Hallmayer, J., Lichtermann, D., Philipp, M., Klinger, T. (1991). The impact of the endogeneous subtype on the familial aggregation of unipolar depression. European Archives of Psychiatry and Clinical Neuroscience 240, 355–362.
Marton, P., Connolly, J., Kutcher, S., Korenblum, M. (1993). Cognitive social skills and social self-appraisal in depressed adolescents. Journal of the American Academy of Child and Adolescent Psychiatry 32, 739–744.
Mash, E. J., Dozois, D. J. A. (1996). Child psychopathology: A developmental-systems perspective. In Mash, E. J., Barkley, R. A. (Eds.), Child psychopathology. New York: The Guilford Press, 3–60.
–, Krahn, G. L. (1995). Research strategies in child psychopathology. In Hersen, M., Hammerman, R. T. (Eds.), Advanced abnormal child psychology. Hillsdale, NJ: Lawrence Erlbaum, 105–133.
Matson, J. L., Rotatori, A. F., Helsel, W. J. (1983). Development of a rating scale to measure social skills in children: The Matson Evaluation of Social Skills with Youngsters (MESSY). Behaviour Research and Therapy 21, 335–340.
McCauley, E., Kendall, K., Pavlidis, K. (1995). The development of emotional regulation and emotional response. In Goodyer, I. M. (Ed.), The depressed child and adolescent: Developmental and clinical perspectives. Cambridge: Cambridge University Press, 53–80.

–, Myers, K., Mitchell, J., Calderon, R., Schloredt, K., Treder, R. (1993). Depression in young people: Initial presentation and clinical course. Journal of the American Academy of Child and Adolescent Psychiatry 32, 714–722.
–, Mitchell, J. R., Burke, P., Moss, S. (1988). Cognitive attributes of depression in children and adolescents. Journal of Consulting and Clinical Psychology 56, 903–908.
McGee, R., Feehan, M., Williams, S. (1995). Long-term follow-up of a birth cohort. In Verhulst, F. C., Koot, H. M. (Eds.), The epidemiology of child and adolescent psychopathology. Oxford: Oxford University Press, 366–384.
–, –, –, Anderson, J. (1992). DSM-III disorders from age 11 to age 15 years. Journal of the American Academy of Child and Adolescent Psychiatry 31, 50–59.
–, –, –, Partridge, F., Silva, P. A., Kelly, J. (1990). DSM-III disorders in a large sample of adolescents. Journal of the American Academy of Child and Adolescent Psychiatry 29, 611–619.
–, Williams, S. (1988). A longitudinal study of depression in nine-year-old children. Journal of the American Academy of Child Psychiatry 27, 342–348.
Merikangas, K. R (1989). Comorbidity for anxiety and depression: Review of family and genetic studies. In Maser, J. D., Cloninger, C. R. (Eds.), Comorbidity of mood and anxiety disorders. Washington, DC: American Psychiatric Press, 331–349.
Metalsky, G. I., Joiner, T. E., Hardin, T. S., Abramson, L. Y. (1993). Depressive reactions to failure in a naturalistic setting: A test of the hopelessness and self-esteem theories of depression. Journal of Abnormal Psychology 102, 101–109.
Meyer, N. E., Dyck, D. G., Petrinack, R. J. (1989). Cognitive appraisal and attributional correlates of depressive symptoms in children. Journal of Abnormal Child Psychology 17, 325–336.
Minde, K. K., Minde, R. (1981). Psychiatric intervention in infancy. Journal of the American Academy of Child Psychiatry 20, 217–238.
Monck, E., Graham, P., Richman, N., Dobbs, R. (1994). Adolescent girls. II: Background factors in anxiety and depressive states. British Journal of Psychiatry 165, 770–780.

Moreau, D., Mufson, L., Weissman, M. M., Klerman, G. L. (1991). Interpersonal psychotherapy for adolescent depression: Description of modification and preliminary application. Journal of the American Academy of Child and Adolescent Psychiatry 30, 642–651.

Nada-Raja, S., McGee, R., Stanton, W. R. (1992). Perceived attachments to parents and peers and psychological well-being in adolescence. Journal of Youth and Adolescence 21, 471–485.

Nezu, A. M., Nezu, C. M., Perri, M. G. (1989). Problem-solving therapy for depression: Theory, research, and clinical guidelines. Chichester, NY: John Wiley & Sons.

Nolen-Hoeksema, S., Mumme, D., Wolfson, A., Guskin, K. (1995). Helplessness in children of depressed and nondepressed mothers. Developmental Psychology 31, 377–387.

–, Girgus, J. S. (1994). The emergence of gender differences in depression during adolescence. Psychological Bulletin 115, 424–443.

–, –, Seligman, M. E. P. (1992). Predictors and consequences of childhood depressive symptoms: A 5-year longitudinal study. Journal of Abnormal Psychology 101, 405–422.

– (1991). Responses to depression and their effects on the duration of depressive episodes. Journal of Abnormal Psychology 100, 569–582.

–, Girgus, J. S., Seligman, M. E. P. (1986). Learned helplessness in children: A longitudinal study of depression, achievement, and explanatory style. Journal of Personality and Social Psychology 51, 435–442.

Nottelmann, E. D., Jensen, P. S. (1999). Comorbidity of depressive disorders in children and adolescents: Rates, temporal sequencing, course and outcome. In Essau/Petermann (1999), 137–191.

Nolen-Hoeksema, S., Girgus, J. S. (1994). The emergence of gender differences in depression during adolescence. Psychological Bulletin, 115, 424–443.

– (1991). Responses to depression and their effects on the duration of depressive episodes. Journal of Abnormal Psychology, 100, 569–582.

Novaco, R. A. (1975). Anger control: The development and evaluation of an experimental treatment. Lexington, MA: D. C. Health.

Offord, D. R., Boyle, M. H., Racine, Y. A., Fleming, J. E., Cadman, D. T., Blum, H. M., Byrne, C., Links, P. S., Lipman, E. L., MacMillan, H. L., Grant, N. I. R., Sanford, M. N., Szatmari, P., Thomas, H., Woodward, C. A. (1992). Outcome, prognosis, and risk in a longitudinal follow-up study. Journal of the American Academy of Child and Adolescent Psychiatry 31, 916–923.

–, –, Szatmari, P., Rae-Grant, N. I., Links, P. S., Cadman, D. T., Byles, J. A., Crawford, J. W., Blum, H. M., Byrne, C., Thomas, H., Woodward, C. A. (1987). Ontario Child Health Study: Six-month prevalence of disorder and rates of service utilization. Archives of General Psychiatry 44, 832–836.

Orvaschel, H., Beeferman, D., Kabacoff, R. (1997). Depression, self-esteem, sex, and age in a child and adolescent clinical sample. Journal of Clinical Child Psychology 26, 285–289.

–, Lewinsohn, P. M., Seeley, J. R. (1995). Continuity of psychopathology in a community sample of adolescents. Journal of the American Academy of Child and Adolescent Psychiatry 34, 1525–1535.

–, Walsh-Allis, G., Ye, W. (1988). Psychopathology in children of parents with recurrent depression. Journal of Abnormal Child Psychology 16, 17–28.

Pappini, D., Roggman, L., Anderson, J. (1991). Early-adolescent perceptions of attachment to mother and father: A test of the emotional-distancing and buffering hypothesis. Journal of Early Adolescence 11, 258–275.

Parker, G., Tupling, H., Brown, L. B. (1979). A parental bonding instrument. British Journal of Medical Psychology 52, 1–10.

Patterson, G. R. (1975). Families: Applications of social learning to family life. Champaign, IL: Research Press.

Petersen, A. C., Sarigiani, P. A., Kennedy, R. E. (1991). Adolescent depression: Why more girls? Journal of Youth and Adolescence 20, 247–271.

Piacentini, J., Shaffer, D., Fischer, P. W. (1993). The Diagnostic Interview Schedule for Children – Revised version (DISC-R): II. Concurrent criterion validity. Journal of the American Academy of Child and Adolescent Psychiatry 32, 658–665.

Pine, D. S., Cohen, P., Gurley, D., Brook, J., Ma, Y. (1998). The risk for early-adulthood anxiety and depressive disorders in adolescents with anxiety and depressive disorders. Archives of General Psychiatry 55, 56–64.

Pössel, P., Horn, A. B., Hautzinger, M. (2003). Erste Ergebnisse eines Programms zur schulbasierten Prävention von depressiven Symptomen bei Jugendlichen. Zeitschrift für Gesundheitspsychologie 11, 10–20.

–, –, –, Groen, G. (2004b). School-based Universal Primary Prevention of Depressive Symptoms in Adolescents: Results of a 6-Month Follow-up. Journal of the American Academy of Child and Adolescent Psychiatry 43, 1003–1010.

–, –, –, Seemann, S. (2004a). Trainingsprogramm zur Prävention von Depressionen bei Jugendlichen. LARS & LISA: Lust An Realistischer Sicht & Leichtigkeit Im Sozialen Alltag. Hogrefe: Göttingen.

–, Baldus, Ch., Horn, A. B., Groen, G., Hautzinger, M. (in Druck). Influence of general self-efficacy on the effects of a school-based universal primary prevention program of depressive symptoms in adolescents. Journal of Child Psychology and Psychiatry.

Poiltano, M., Stapleton, L., Correll, J. (1992). Differences between children of depressed and nondepressed mothers: Locus of control, anxiety and self-esteem: A research note. Journal of Child Psychology and Psychiatry and Applied Discipline 33, 451–455.

Poznanski, E., Zrull, J. P. (1970). Childhood depression: Clinical characteristics of overtly depressed children. Archives of General Psychiatry 23, 8–15.

Puig-Antich, J., Kaufman, J., Ryan, N. D., Williamson, D. E., Dahl, R. E., Lukens, E., Todak, G., Ambrosini, P., Rabinovich, H., Nelson, B. (1993). The psychosocial functioning and family environment of depressed adolescents. Journal of the American Academy of Child and Adolescent Psychiatry 32, 244–253.

–, Lukens, E., Davies, M., Goetz, D., Brennan-Quattrock, J., Todak, G. (1985). Psychosocial functioning in prepubertal children with major depressive disorders: I. Interpersonal relationships during the depressive episode. Archives of General Psychiatry 42, 500–507.

–, Novacenko, H., Davies, M., Chambers, W. J., Tabrizi, M. A., Krawiec, V., Ambrosini, P. J., Sachar, E. J. (1984). Growth hormone secretion in prepubertal major depressive children: I. Sleep related plasma concentrations during a depressive episode. Archives of General Psychiatry 41, 455–460.

– (1982). Major depression and conduct disorder in prepuberty. Journal of the American Academy of Child Psychiatry 21, 118–128.

–, Gittelman, R. (1982). Depression in childhood and adolescence. In Paykel, E. S. (Ed.), Handbook of affective disorders. Edinburgh: Churchill Livinstone, 379–392.

–, Chambers, W. (1978). The Schedule for Affective Disorders and Schizophrenia for school-aged children. New York: State Psychiatric Institute.

Racusin, G. R., Kaslow, N. J. (1991). Assessment and treatment of childhood depression. In Keller, P. A., Heyman, S. R. (Eds.), Innovations in clinical practice: A source book. Sarasota, FL: Professional Resource Press, 223–243.

Radke-Yarrow, M., Sherman, T. (1990). Hard growing: Children who survive. In Rolf, J., Masten, A. S., Cicchetti, D., Nuechterlein, K. H., Weintraub, S. (Eds.), Risk and protective factors in the development of psychopathology. Cambridge, England: Cambridge University Press, 97–119.

Radloff, L. S. (1991). The use of the Center for Epidemiologic Studies Depression Scale in adolescents and young adults. Journal of Youth and Adolescence 20, 149–166.

Rao, U., Ryan, N. D., Birmaher, B., Dahl, R. E., Williamson, D. E., Kaufman, J., Roa, R., Nelson, B. (1995). Unipolar depression in adolescents: Clinical outcome in adulthood. Journal of the American Academy of Child and Adolescent Psychiatry 34, 566–578.

Regier, D. A., Meyer, J. K., Kramer, M., Robins, L. N., Blazer, D. G., Hough, R. L., Eaton, W. W., Locke, B. Z. (1984). The NIMH Epidemiologic Catchment Area (ECA) Program: Historical context, major objective, and study population characteristics. Archives of General Psychiatry 41, 934–941.

Rehm, L. P. (1981). A self-control therapy program for treatment of depression. In Clarkin, J. F., Glazer, A. I. (Eds.), Depression: Behavioral and directive intervention strategies. New York: Garland STPM Press, 68–109.

– (1977). A self-control model of depression. Behavior Therapy 8, 787–804.

Reinherz, H. Z., Giaconia, R. M., Lefkowitz, E. S., Pakiz, B., Frost, A. K. (1993a). Prevalence of psychiatric disorders in a community population of

older adolescents. Journal of the American Academy of Child and Adolescent Psychiatry 32, 369–377.
–, –, Pakiz, B., Silverman, A. B., Frost, A. K., Lefkowitz, E. S. (1993b). Psychosocial risks for major depression in late adolescence: A longitudinal community study. Journal of the American Academy of Child and Adolescent Psychiatry 32, 1155–1163.
–, Stewart-Berghauer, G., Pakiz, B., Frost, A. K., Moeykens, B. A., Holmes, W. M. (1989). The relationship of early risk and current mediators to depressive symptomatology in adolescence. Journal of the American Academy of Child and Adolescent Psychiatry 28, 942–947.
Renouf, A. G., Harter, S. (1990). Low self-worth and anger as components of the depressive experience in young adolescents. Development and Psychopathology 2, 293–310.
Reynolds, C. R., Kamphaus, R. W. (1992). BASC: Behavior Assessment System for Children Manual. Circle Pines, MN: American Guidance Service.
–, W. M. (1994). Assessment of depression in children and adolescents by self-report questionnaires. In Reynolds, W. M., Johnston, H. F. (Eds.), Handbook of depression in children and adolescents. New York: Plenum Press, 209–234.
– (1989). Reynolds Child Depression Scale: Professional Manual. Odessa, FL: Psychological Assessment Resources.
– (1987). Assessment of depression in adolescents: Manual for the Reynolds Adolescent Depression Scale (RADS). Odessa, FL: Psychological Assessment Resources.
–, Coats, K. E. (1986). A comparison of cognitive-behavioral therapy and relaxation training for the treatment of depression in adolescents. Journal of Counseling and Clinical Psychology 54, 653–660.
Rice, D. P., Miller, L. S. (1998). Health economics and cost implications of anxiety and other mental disorders in the United States. British Journal of Psychiatry 173, 4–9.
Rie, H. E. (1966). Depression in childhood: A survey of some pertinent contributions. Journal of the American Academy of Child Psychiatry 5, 653–685.

Robins, C. J., Hinkley, K. (1989). Social-cognitive processing and depressive symptoms in children: A comparison of measures. Journal of Abnormal Child Psychology 17, 29–36.
–, L. N., Regier, D. A. (Eds.) (1991). Psychiatric disorders in America: The Epidemiologic Catchment Area Study. New York: The Free Press.
Robinson, N. S., Garber, J., Hilsman, R. (1995). Cognitions and stress: Direct and moderating effects on depressive versus externalizing symptoms during the junior high school transition. Journal of Abnormal Psychology 104, 453–463.
Rochlin, G. (1959). The loss complex. Journal of the American Psychoanalytic Association 7, 299–316.
Rohde, P., Clarke, G. N., Lewinsohn, P. M., Seeley, J. R., Kaufman, N. (in Druck). Impact of comorbidity on a cognitive-behavioral group treatment for adolescent depression. Journal of the American Academy of Child and Adolescent Psychiatry.
–, Lewinsohn, P. M., Seeley, J. R. (1991). Comorbidity of unipolar depression: II. Comorbidity with other mental disorders in adolescents and adults. Journal of Abnormal Psychology 100, 214–222.
Rossmann, P. (1993). Depressionstest für Kinder – DTK. Bern: Huber.
Rubin, K. H., Both, L., Zahn-Waxler, C., Cummings, E. M., Wilkinson, M. (1991). Dyadic play behaviors of children of well and depressed mothers. Development and Psychopathology 3, 243–251.
Rudolph, K., Hammen, C., Burge, D. (1997). A cognitive-interpersonal approach to depressive symptoms in preadolescent children. Journal of Abnormal Child Psychology 25, 33–45.
Rutter, M. (1994a). Beyond longitudinal data: Causes, consequences, changes and continuity. Journal of Consulting and Clinical Psychology 62, 928–940.
Rutter, M. (1994b). Comorbidity: Meanings and mechanisms. Clinical Psychology: Science and Practice 1, 100–103.
Rutter, M. (1986). The developmental psychopathology of depression: Issues and perspectives. In Rutter, M., Izard, C. E., Read, P. B. (Eds.), Depression in young people. New York: The Guilford Press, 3–30.
Ryan, R. D., Puig-Antich, J., Ambrosini, P., Rabinovich, H., Robinson, D., Nelson, B., Iyengar, S., Twomey, J. (1987). The clinical picture of major depression in children and adolescents. Archives of General Psychiatry 44, 854–861.

Sameroff, A. J., Seifer, R., Baldwin, A., Baldwin, C. (1993). Stability of intelligence from preschool to adolescence: The influence of social and family risk factors. Child Development 64, 80–97.

Sandler, J., Jaffee, N. G. (1965). Notes on childhood depression. International Journal of Psychoanalysis 46, 88–96.

Sanford, M., Szatmari, P., Spinner, M., Munroe-Blum, H., Jamieson, E., Walsh, C., Jones, D. (1995). Predicting the one-year course of adolescent major depression. Journal of the American Academy of Child and Adolescent Psychiatry 34, 1618–1628.

Sarigiani, P. A., Wilson, J. L., Petersen, A. C., Vicary, J. R. (1990). Self-image and educational plans for adolescence from two contrasting communities. Journal of Early Adolescence 10, 37–55.

Sartorius, N., Goldberg, D., de Girolamo, G., Costa e Silva, J., Lebcrubier, Y., Wittchen, H.-U. (1990) (Eds.), Psychological disorders in general medical settings. Bern: Hogrefe & Huber Publishers.

Seeley, J. R., Lewinsohn, P. M., Rohde, P. (1997). Comorbidity between conduct disorder and major depression during adolescence: Impact on phenomenology, associated clinical characteristics, and continuity into young adulthood. Poster presented at the International Society for Research in Child and Adolescent Psychopathology. Paris.

Seligman, M. E. P. (1975). Helplessness: On depression, development, and death. San Francisco: Freeman.

Shaffer, D., Gould, M. S., Brasic, J., Ambrosini, P., Fisher, P., Bird, H., Aluwahlia, S. (1983). A children's global assessment scale (CGAS). Archives of General Psychiatry 40, 1228–1231.

Sines, J. O., Pauker, J. D., Sines, L. K., Owen, D. R. (1969). Identification of clinically relevant dimensions of children's behavior. Journal of Consulting and Clinical Psychology 33, 728–734.

Sours, J. A. (1978). The application of child analytic principles to forms of child psychotherapy. In Glenn, J. (Ed.), Child analysis and therapy. Northvale, NJ: Jason Aronson, 615–646.

Spence, S. H., Sheffield, J. (2000). Problem solving for life program: Preventing depression in Australian youth. Reaching Today's Youth 4, 67–72.

–, –, Donovan, C., Price, C. (1997). Problem solving for life manual. Brisbane: University of Queensland.

Stark, K. D., Reynolds, W. M., Kaslow, N. J. (1987). A comparison of the relative efficacy of self-control therapy and a behavioral problem-solving therapy for depression in children. Journal of Abnormal Child Psychology 15, 91–113.

Steinhausen, H.-C., Winkler Metzke, C., Meier, M., Kannenberg, R. (1998). Prevalence of child and adolescent psychiatric disorders: The Zürich epidemiological study. Acta Psychiatrica Scandinavica 98, 262–271.

– (1997). Kinder psychisch kranker Eltern – Einführung in den Themenschwerpunkt. Kindheit und Entwicklung 6, 132.

Stiensmeier-Pelster, J., Schürmann, M., Eckert, C., Pelster, A. (1994). Der Attributionsstilfragebogen für Kinder und Jugendliche (ASF-KJ): Untersuchungen zu seinen psychometrischen Eigenschaften. Diagnostica, 40, 329–343.

–, –, Duda, K. (1991). Das Depressionsinventar für Kinder und Jugendliche (DIJK): Untersuchungen zu seinen psychometrischen Eigenschaften. Diagnostica 37, 149–159.

Stone, N. (1993). Parental abuse as a precursor to childhood onset depression and suicidality. Child Psychiatry and Human Development 24, 13–24.

Strauss, B. M., Kaechele, H. (1998). The writing on the wall – comments on the current discussion about empirically validated treatments in Germany. Psychotherapy Research 8, 158–170.

Strober, M., Lampert, C., Schmidt, S., Morrell, W. (1993). The course of major depressive disorder in adolescents: I. Recover and risk of manic switching in a follow-up psychotic and nonpsychotic subtypes. Journal of the American Academy of Child and Adolescent Psychiatry 32, 34–42.

Sylvester, C., Hyde, T. S., Reichler, R. J. (1988). Clinical psychopathology among children of adults with panic disorder. In Dunnar, D. L., Gershon, E. S., Barrett, J. (Eds.), In relatives at risk for mental disorders. New York: Raven Press, 87–102.

Teasdale, J. D. (1988). Cognitive vulnerability to persistent depression. Cognition and Emotion 2, 247–274.

Tems, C. L., Stewart, S. M., Skinner, J. R., Hughes, C. W., Emslie, G. (1993). Cognitive distortions in depressed children and adolescents: Are they state dependent or traitlike? Journal of Clinical Child Psychology 223, 316–326.

Teti, D. M., Gelfand, D. M., Messinger, D. S., Isabella, R. (1995). Maternal depression and the quality of early attachment: An examination of infants, preschoolers, and their mothers. Developmental Psychology 31, 364–376.

–, –, Pompa, J. (1990). Depressed mothers' behavioral competence with their infants: Demographic and psychosocial correlates. Development and Psychopathology 2, 259–270.

Toolan, J. M. (1962). Depression in children and adolescence. American Journal of Orthopsychiatry 32, 404–414.

Trad, P. V. (1987). Infant and childhood depression: Developmental factors. Chichester, NY: John Wiley & Sons.

Velez, C. N., Johnson, J., Cohen, P. (1989). A longitudinal analysis of selected risk factors for childhood psychopathology. Journal of the American Academy of Child and Adolescent Psychiatry 28, 851–864.

Verhulst, F. C., van der Ende, J. (1997). Factors associated with child mental health service use in the community. Journal of the American Academy of Child and Adolescent Psychiatry 36, 901–909.

–, –, Ferdinand, R. F., Kasius, M. C. (1997). The prevalence of DSM-III-R diagnoses in a National sample of Dutch adolescents. Archives of General Psychiatry 54, 329–336.

–, – (1993). Comorbidity in an epidemiological sample: A longitudinal perspective. Journal of Child Psychology and Psychiatry 34, 767–783.

Vernberg, E. M. (1990). Psychological adjustment and experiences with peers during early adolescence: Reciprocal, incidental, or unidirectional relationships? Journal of Abnormal Child Psychology 18, 187–198.

Warner, V., Weissman, M. M., Fendrich, M., Wickramaratne, P., Moreau, D. (1992). The course of major depression in the offspring of depressed parents: Incidence, recurrence, and recovery. Archives of General Psychiatry 49, 795–801.

Weinberg, W., Rutman, J., Sullivan, L., Penick, E., Dietz, S. (1973). Depression in children referred to an educational diagnostic center: Diagnosis and treatment. Journal of Pediatrics, 83, 1065–1077.

Weissman, M. M., Gammon, G. D., John, K., Merikangas, K. R., Prusoff, B. A., Scholomskas, D. (1987). Children of depressed parents: Increased psychopathology and early onset of major depression. Archives of General Psychiatry 44, 847–853.

–, Kidd, K. K., Prusoff, B. A. (1982). Variability in rates of affective disorders in relatives of depressed and normal probands. Archives of General Psychiatry, 39, 1397–1403.

–, Paykel, E. S. (1974). The depressed woman: A study of social relationships. Chicago: University of Chicago Press.

Weisz, J. R., Moore, P. S., Southam-Gerow, M. A., Weersing, V. R., Valeri, S. M., & McCarty, C. A. (1999a). Therapist manual: Primary and secondary control enhancement training program. Los Angeles: University of California at Los Angeles.

–, Valeri, S. M., McCarty, C. A., Moore, P. S. (1999b). Interventions for child and adolescent depression: Features, effects, and future directions. In Essau/Petermann (1999), 383–435.

–, Thurber, C. A., Sweeney, L., Proffitt, V. D., LeGagnoux, G. L. (1997). Brief treatment of mild to moderate child depression using primary and secondary control enhancement training. Journal of Consulting and Clinical Psychology 65, 703–707.

–, Donenberg, G. R., Han, S. S., Weiss, B. (1995). Bridging the gap between laboratory and clinic in child and adolescent psychotherapy. Journal of Consulting and Clinical Psychology 63, 688–701.

–, Sweeny, L., Proffitt, V. D., Carr, T. (1993). Control-related beliefs and self-reported depressive symptoms in late childhood. Journal of Abnormal Psychology 102, 411–418.

–, Rudolph, K. D., Granger, D. A., Sweeney, L. (1992). Cognition, competence, and coping in child and adolescent depression: Research findings, developmental concerns, therapeutic implications. Development and Psychopathology 4, 627–653.

–, Stevens, J. S., Curry, J. F., Cohen, R., Craighead, W. E., Burlingame, W. V., Smith, A., Weiss, B., Parmelee, D. X. (1989). Control-related cognitions and depression among in-patient children and adolescents. American Academy of Child and Adolescent Psychiatry 28, 358– 363.

–, Weiss, B., Wasserman, A. A., Rintoul, B. (1987). Control-related belief and depression among clinic-referred children and adolescents. Journal of Abnormal Psychology 96, 149–158.

–, Rothbaum, F. M., Blackburn, T. M. (1984). Standing out and standing in. The psychology of control in America and Japan. American Psychologist 39, 955–969.

Weller, E. B., Weller, R. A. (1984). Current perspectives on Major Depressive Disorders in children. Washington, D. C.: American Psychiatric Press.

Wells, J. E., Buahnell, J. A., Harnblow, A. R., Joyce, P. R., Oakley-Browns M. A. (1989). Christchurch Psychiatric Epidemiology Study, part I: Methodology and lifetime prevalence for specific psychiatric disorders. Australian and New Zealand Journal of Psychiatry 23, 315–326.

Whitaker, A., Johnson, J., Shaffer, D., Rapoport, J. L., Kalikow, K., Walsh, B.T., Davies, M., Braiman, S., Dolinsky, A. (1990). Uncommon troubles in young people: Prevalence estimates of selected psychiatric disorders in a nonreferred population. Archives of General Psychiatry 47, 487–496.

Wickramaratne, P. J., Weissman , M. M., Leaf, P. J., Holford, T. R. (1989). Age, Period and cohort effects on the risk of major depression: Results from five United States communities. Journal of Clinical Epidemiology 42, 333–343.

Widiger, T. A., Ford-Black, M. M. (1994). Diagnoses and disorders. Clinical Psychology: Science and Practice 1, 84–87.

Williamson, D. E., Birmaher, B., Anderson, B. P., Al-Shabbout, M., Ryan, N. D. (1995). Stressful life events in depressed adolescents: The role of dependent events during the depressive episode.

Journal of the American Academy of Child and Adolescent Psychiatry 34, 591–597.

Wittchen, H.-U., Nelson, C. B., Lachner, G. (1998). Prevalence of mental disorders and psychosocial impairments in adolescents and young adults. Psychological Medicine 28, 109–126.

–, Vossen, A. (1995). Implikationen von Komorbidität bei Angststörungen: Ein kritischer Überblick. Verhaltenstherapie 5, 120–133.

–, Essau, C. A. (1993a). Epidemiology of anxiety disorders. In Wilner, P. J. (Ed.), Psychiatry. Philadelphia: J. B. Lippincott Company, 1–25.

–, – (1993b). Epidemiology of panic disorder: Progress and unresolved issues. Journal of Psychiatric Research 27, 47–68.

–, –, Zerssen, D. von, Krieg, C., Zaudig, M. (1992). Lifetime and six-month prevalence of mental disorders in the Munich Follow-up Study. European Archives of Psychiatry and Clinical Neuroscience 241, 247–258.

–, –, Krieg, C. (1991). Anxiety Disorders: Similarities and differences of treated and untreated groups. British Journal of Psychiatry 159, 23–33.

–, – (1990). Assessment of symptoms and psychosocial disabilities in primary care. In Sartorius, N., Goldberg, D., deGirolamo, G., Costa e Silva, J., Lebcrubier, Y., Wittchen, H.-U. (Eds.), Psychological disorders in general medical settings. Bern: Hogrefe & Huber Publishers, 111–136.

Worchel, F., Little, V., Alcala, J. (1990). Self-perceptions of depressed children on tasks of cognitive abilities. Journal of School Psychology 28, 97–104.

World Health Organization (1993). International Classification of Mental and Behavioral Disorders. Geneva: World Health Organization.

Wüthrich, C., Mattejat, F., Remschmidt, H. (1997). Kinder depressiver Eltern. Kindheit und Entwicklung 6, 141–146.

Sachverzeichnis

Adolescent Coping with Depression Course 164, 166, 195
aggressives Verhalten 68
Agoraphobie 67, 70, 76, 199
Allgemeinbevölkerung 26–28, 46, 81, 95, 99, 134, 145
Allgemeinmediziner 85, 87
Alter 59, 68
Altersgruppen 59f, 61, 64, 137
American Psychiatric Association 12
American Psychological Association 188
Angst 58, 70, 72, 76, 105, 107, 109, 133f, 162f
Angststörungen 58, 65–71, 73–75, 91f, 95–97, 121f, 127, 128, 165, 193
Anger management training 181
Arbeitslosigkeit 55
Assoziatives Netzwerk-Modell 110
Attribution 76, 107f, 117, 140, 142, 144
Attributionsmuster 107f
Attributionsstil 117, 138f, 141, 144f, 153f, 199
Auftretensraten 62
Autonomie 105

Beeinträchtigt 81
Beeinträchtigung 17, 30
Begleitmerkmale 81
belastende Ereignisse 55
Belastungen 13, 57–59, 85, 97, 162, 191
Beobachtungsstudie 130
Berksons Verzerrungen 71
Bewältigungsstrategien 55, 117f, 147, 155, 157, 172f
Bezugspersonen 38
Bipolar I 24f
Bipolar II 24f
Bremer Jugendstudie 26, 43, 47–49, 56, 60, 65, 67–70, 73, 80, 82, 92, 96, 121, 143, 149, 151, 206, 209

Charakteristika des Kindes 84
– der Eltern 85
chronisch 19, 22–23, 93, 126f, 131f, 147, 154, 201
Codierungsregeln 30, 199
Competency-Based-Model 113

Copingstrategien 56
Copingfähigkeiten 58
Cross-National Collaborative Group 52f, 64

Delirium 28
Depression 11f, 30, 41, 61
depressionsfördernde Diathese 57f
Depressionsraten 47, 59, 62
depressive Episode 20
–, Störungen 12, 19f, 35, 65f
–, Verstimmung 22
doppelte Depression 96
Diathese-Stress-Modell 153
Diagnose 19f, 23
diagnostische Kriterien 20, 30, 69, 96
–, Interviews 30
–, Interviewschemata 30, 32
–, Hierarchien 67
Differentielle-Aufmerksamkeits-Hypothese 111
Dunedin Multidisciplinary Health and Developmental Study 92
Dyade 184
Dysfunktion 30, 84, 123f, 137, 152
dysfunktionale familiäre Interaktionsprozesse 187
–, interpersonale Beziehung 185
–, Kognition 116
–, Problemlösungsstrategien 97
–, Verhaltensweisen 119
Dysthymia 18
dysthyme Störung 18, 36, 71

Echolalie 22
Echopraxie 22
Einzelsitzung 169, 180, 182
Elternbindung 57
Eltern-Kind-Interaktion 129
Emotionen 60
Emotionsausdruck 98
Entscheidungsprozesse 84
Entspannungstraining 162
Entwicklungsmerkmale 54
Entwicklungsübergänge 54

Entwicklungsverlauf 153
Epidemiologie 9, 46, 64, 200
epidemiologische Untersuchungen 46
–, Studien 48, 92
Episode 13, 18, 20–25, 27, 51, 56, 69, 79f, 82–84, 88–95, 97, 109, 111, 116–118, 126, 145, 147, 149, 152, 157, 165, 200
Erfassung 30, 38
Erhebungsinstrumente 30
Erhebungsprozesse 187
Erwartungsangst 76

familiäre Häufung 47
familiäre Interaktion 133
–, Interaktionsstörungen 132
–, Situation 54
Familienbeziehungen 127
Familienevaluation 40
familiengenetische Studien 77
Familienleben 54
Familienstudien 47, 52
Familientherapie 185
Family Therapy for Depressed Adolescents 185
Follow-up-Zeitpunkt 95f, 100, 129, 192, 200
Forschungstherapie 193
Fragebögen 36
Fremdbeurteilungsskalen 38
Funktionsbereiche 42
Funktionstüchtigkeit 19

Geburteneffekt 13
Geburtskohorten 53
gehemmtes Temperament 58
gelernte Hilflosigkeit 106
Genesung 74, 96
genetische Faktoren 47, 118
–, Übertragung 122
Geschlechtsunterschiede 55f
Gesundheitssystem 189
Gewichtszunahme 20, 60
Gewichtsverlust 20, 60
Gleichaltrige 79
goldener Standard 30, 42
Gruppentherapie 191
gut etablierte psychologische Intervention 190

halbstrukturiert 32
halbstrukturierte Interviews 31
Hauptaufzeichnung 39
Häufigkeit 26, 34, 54, 61, 80, 87, 162, 200

Heterogenität 60
Hilflosigkeit 76
Hilflosigkeits-Hoffnungslosigkeits-Theorie 77f
Hochrisiko-Studien 92
hochstrukturierte Interviews 31
Hoffnungslosigkeits-Depression 108

Inanspruchnahme 46, 73f, 79, 81–84, 86f, 89
Index-Depression 95
Integratives Modell 116, 125f
Internationale Klassifikation Psychischer Störungen 19
Interviewverfahren 49
Interviewschema 31
Interpersonal Family Therapy 187
interpersonale Faktoren 119
–, Psychotherapie 186
Intoxikation 28
Inzidenz 47, 93, 200

Jugendalter 13, 35, 47, 54, 56, 68, 94, 118
Jugendliche 20

katatone Merkmale 22
Kinder 20, 48
Kindheit 20
Klassifikation 19
Klassifikationssystem 19
Kliniker 32, 36
Koharteneffekt 13, 201
Kognition 19
kognitive Entwicklung 54
–, Faktoren 137
–, Fehler 106
–, Schemata 105
–, Theorie 105
–, Triade 106
–, Umstrukturierung 189, 201
–, Verzerrung 105
komorbid 47, 71
Komorbidität 65, 67f, 71–74, 77f, 82, 92, 96, 98, 173, 193, 201
Komorbiditätsmuster 66, 68, 78
Komorbiditätsraten 9, 67, 71, 78, 193
Konsequenzen 19, 25, 73, 109, 113, 138, 161, 175, 178, 189, 202
Kontrollerwartung 76
Kontrollüberzeugung 109

Längsschnittstudien 77, 81, 88, 200
larvierte Depression 11, 12

Sachverzeichnis

Lebensereignisse 58, 147–152
Lebenszeit 32
Lebenszeithäufigkeiten 47
Lebenszeit-Prävalenzen 47

Major Depression 18–22, 24, 34, 47, 70f
maskierte Depression 66
melancholische Merkmale 22
Missbrauch 128
Moderator 126, 157
möglicherweise effektive psychologische Interventionen 190
Müdigkeit 19, 21, 26, 36, 61, 124
multiaxiale Systeme 19, 201
multifaktorielles Modell 118
Mutter-Kind-Beziehung 128, 133, 180
Mutter-Kind-Interaktion 128–130

negatives Selbstbild 11
New Beginnings Program 178
niedergedrückt 19, 22, 26–28
niedergedrückte Stimmung 19, 60f
niedergeschlagene Erscheinung 11

Oregon Adolescent Depression Project 26, 82, 92
Ontario Child Health Study 92

Panikattacken 75
Panikstörung 67, 70, 202
Pathogenetische Mechanismen 76
Peer Bindung 134f
persönliche Hilflosigkeit 138
Placeboeffekte 190
positive Verstärkung 113
postpartaler Beginn 22f
Prävalenz 27, 47, 121
Prävalenzraten 47f
Prävention 61, 144–146, 161, 164, 174, 178, 182
Präventionsstrategie 183
Präventionsprogramm für Kinder depressiver Eltern 182
Präventionsprogramme 178, 196
primäre Kontrolle 169
Primary and Secondary Control Enhancement Training Program 169
Problemlösung 108
Problemlösungsdefizit 109
Problemlösungsmodelle 108
Problemlösungsverhalten 154
Problem Solving for Life Program 174
professionelle Hilfe 82

psychiatrische Behandlung 82
psychische Störung 28, 40f, 52, 74, 85, 87f, 96, 132–136, 149, 200, 202
psychoanalytischer Ansatz 114
psychologische Behandlung 82
psychometrische Eigenschaften 44, 202
Psychopathologie 41, 66, 78, 85, 117, 121f, 126, 132, 193
psychosoziale Bedingungen 193
psychosoziale Beeinträchtigung 42f, 86
psychosoziale Probleme 30
pubertäre Entwicklung 50

Rating 31f, 36f, 129, 142
Rating-Skalen 30, 44, 200, 203
Rekurrierende Depression 79
Reizbarkeit 20, 60
Reliabilität 31
Remission 21f, 88, 95, 202
repräsentativ 27, 46,
Risikofaktor 72, 79, 92, 105, 115–117, 132, 134f, 148, 157, 164, 182, 202
Rückfallhäufigkeit 99
Rückfallrisiko 99

Schlaflosigkeit 36
Schlafstörungen 19, 60
Schizophrenie 24
schizophreniforme Störung 24
SCL-90-R 81
sekundäre Kontrolle 169, 172
Selbstachtung 115
Selbstbelohnung 112
Selbstbeobachtung 112
Selbstbestrafung 112
Selbstbeurteilung 38f
Selbstbeurteilungs-Fragebögen 30, 36, 41
Selbstkontrollmodell 112
Selbstkontrolltheorie 141
Selbstkontrolltherapie 161, 189
Selbstverletzung 60
Somatoforme Störungen 65
somatisch 19
soziale Kompetenz 30, 41
–, Unterstützung 153
Sozialisationserfahrungen 123
Sozialkompetenztraining 189
sozioökonomischer Status 99
Soziotropie 105
Spieltherapie 184f

Stichproben 27
Störung 28
Störung des Sozialverhaltens 66, 193
Störungsbeginn 68
Stress-Generations-Modell 153
strukturierte diagnostische Interviews 44
Substanz 21
Substanzinduzierte Affektive Störung 28
Substanzkonsum 65
Suizid 19
Suizidgedanken 19, 26, 36
Suizidplan 80
Suizidversuch 21, 80
Suizidvorstellung 21
Switch-Rates 100
Symptome 20, 28
Symptom Progression Model 76

Taxonomie 30
Temperament 119
Therapieerfolg 74
Training sozialer Kompetenzen 162
traurig 19
Trennungsangst 68
Trotzverhalten 68
tripartite model 75, 78

Überbehütung 128
Übereinstimmung 34f, 44, 72, 138
Übergeneralisierung 106, 139
Überzeugung 84, 138f, 202
–, Kontrollüberzeugung 109, 120, 143, 163, 201
Übung 174
Umweltfaktoren 118

universelle Hilflosigkeit 138f, 204
„unterschwellige" Depression 81

Verlauf 9, 24, 88–98, 100f, 122, 126, 144, 146, 152, 164, 172, 200
Verlaufsmaße 88
Verlaufsstudie 88, 101
Verhalten 19, 40
Verhaltensbeobachtung 38, 40, 44f, 204
Verhaltensprobleme 94
Verhaltensstörungen 11, 66, 68, 73
Verhaltenstherapie 161
verminderte Denkfähigkeit 21, 27, 61
verminderte Konzentrationsfähigkeit 21, 61
vermindertes Interesse 21, 61, 75
Vernachlässigung 118, 134
vertrauenswürdige Person 118
Verstärker-Verlust-Modell 113
Videoaufzeichnungen 39
Vulnerabilität 12, 111, 117, 121f, 124, 145, 154, 204
Vulnerabilitätsfaktoren 116, 204
Vulnerabilitätsmechanismen 76

Wahnvorstellungen 21
wahrgenommene Kontrolle 118, 142–144, 201
–, Kompetenz 118, 138, 143, 201
Wertlosigkeitsgefühle 27, 61

Zeitpunkt 79
Zufallsauswahl 74
Zurückweisung 22, 105, 114, 134
zweidimensionales Kontrollmodell 109
Zyklothymia 25
zyklothyme Störung 25

Basiswissen Angst bei Kindern

Cecilia A. Essau
Angst bei Kindern und Jugendlichen
Mit 97 Übungsaufgaben.
3. Auflage 2023.
ca. 303 S. ca. 32 Abb. ca. 35 Tab.
utb-M (978-3-8252-5953-2) kt
erscheint ca. Juli 2023

Angststörungen gehören zu den häufigsten psychischen Störungen bei Kindern und Jugendlichen. Neuere Studien ergaben, dass ca. 10% aller Kinder und Jugendlichen davon betroffen sind. Mit diesem Buch erhalten angehende Psychologen, Psychotherapeuten, aber auch Pädagogen, Lehrer, Sozialpädagogen und Mediziner in psychiatrischer Fachausbildung einen hervorragenden Überblick über das psychologische Basiswissen zur Angst bei Kindern und Jugendlichen, zur Symptomatologie und zu den Möglichkeiten therapeutischer Prävention und Intervention.

www.reinhardt-verlag.de

Zahlen verstehen

Landerl/Vogel/Kaufmann
Dyskalkulie
Modelle, Diagnostik, Intervention
Mit 33 Übungsfragen.
4., überarb. u. erw. Aufl. 2022.
256 Seiten. 23 Abb. 5 Tab.
utb-M (978-3-8252-5734-7) kt

Dyskalkulie bezeichnet ein mangelhaftes oder falsches Verständnis von Mengen, Zahlen und mathematischen Operationen. Zahlreiche SchülerInnen, Kinder wie Jugendliche, sind davon betroffen.
Die AutorInnen erklären neurokognitive Modelle des Zahlenverständnisses und des Rechnens und erläutern Methoden der Dyskalkuliediagnostik. Interventionsstrategien und Trainingsprogramme werden kritisch beleuchtet. Die 4. Auflage wurde aktualisiert und um aktuelle Befunde erweitert.

ℝ/ reinhardt
www.reinhardt-verlag.de

Legasthenie: Das Standardlehrbuch

Klicpera / Schabmann /
Gasteiger-Klicpera / Schmidt
Legasthenie – LRS
Modelle, Diagnose, Therapie
und Förderung
Mit 100 Übungsfragen.
6., aktual. Aufl. 2020.
345 Seiten. 20 Abb.
utb-M (978-3-8252-5482-7) kt

Das Thema Legasthenie ist ein Dauerbrenner in der Lehrerausbildung. Mit Fragen zur Lese und Rechtschreibschwäche (LRS) muss sich jeder angehende Lehrer auseinandersetzen: Wie häufig treten Lese-Rechtschreibschwierigkeiten auf und wie erkennt man sie? Wie entwickelt sich LRS? Wie kann man die Kinder fördern?
Das Lehrbuch antwortet anschaulich auf diese Fragen. Dabei werden Erklärungsansätze der Informationsverarbeitung, der akustischen Wahrnehmung, Neurologie, Biologie sowie soziale Ursachen diskutiert.

www.reinhardt-verlag.de

Gesundheitspsychologie

Knoll / Scholz / Rieckmann
**Einführung in die
Gesundheitspsychologie**
Mit einem Vorwort
von Ralf Schwarzer.
Mit 52 Fragen zum Lernstoff.
4., aktual. Aufl. 2017.
256 Seiten. 26 Abb. 5 Tab.
utb-M (978-3-8252-4745-4) kt

Diese Einführung informiert über gesundheitspsychologische Theorie und Forschung: Welche Faktoren beeinflussen die Gesundheit (z. B. Stress)? Wie entsteht Risikoverhalten (z. B. Rauchen)? Wie kann man schädliches Verhalten ändern? Am Beispiel von Herzerkrankungen und Krebs wird gezeigt, wie gesundheitspsychologisches Wissen bei Vorsorge und Therapie umgesetzt wird. Gesundheitsprogramme werden kritisch beleuchtet. Ideal für Einsteiger, die das Fach Gesundheitspsychologie kennen lernen wollen!

ℝ/ reinhardt
www.reinhardt-verlag.de

Wunderwerk Gehirn

Kasten / Müller-Alcazar
Einführung Neuropsychologie
Mit 92 Übungsfragen.
2., überarb. u. erw. Aufl. 2023.
375 Seiten. 56 Abb. 5 Tab.
utb-M (978-3-8252-5860-3) kt

Verliebtsein, Problemlösen, Depressionen: All dies beruht auf der Funktion von Nervenzellen. Die Neuropsychologie erforscht die neuronalen Grundlagen menschlichen Erlebens und Verhaltens und leitet aus den Ergebnissen Methoden der Diagnostik, Therapie und Rehabilitation ab.
Dieses Lehrbuch vermittelt einen Überblick über Aufbau und Funktion von Nervenzellen und Gehirn und führt in die klinischen Anwendungsbereiche der Neuropsychologie ein.

www.reinhardt-verlag.de

Heilsame Kreativität

Karl-Heinz Menzen
Grundlagen der Kunsttherapie
6., durchges. Aufl. 2023.
353 Seiten. 123 Abb. 8 Tab.
utb-M (978-3-8252-6058-3) kt

Kunsttherapie kann die Lebensqualität bei Krankheit oder Behinderung erheblich steigern. Sie hilft den Menschen, ihre Ängste und Hoffnungen auszudrücken, sich und ihre Umgebung neu zu erfahren. Heute wird Kunsttherapie häufig im rehabilitativen Bereich angewandt: nach Unfällen, Traumata, bei Behinderung oder kindlichen Entwicklungsstörungen.

Das Buch stellt die verschiedenen kunsttherapeutischen Verfahren systematisch vor. Es führt in die kunsttherapeutische Praxis ein und veranschaulicht sie mit zahlreichen Bildern und Fallbeispielen.

 reinhardt
www.reinhardt-verlag.de

Bindung – kurz und bündig

Lengning / Lüpschen
Bindung
2., überarb. Aufl. 2019.
112 Seiten. 6 Abb. 4 Tab.
Innenteil zweifarbig.
utb-Profile (978-3-8252-5196-3) kt

Menschliche Beziehungen lassen sich mit der Bindungstheorie besser verstehen. Kenntnisse auf diesem Gebiet sind für psychologische, soziale und pädagogische Ausbildungsfächer und Arbeitsfelder unverzichtbar. Das Buch führt kompakt in Bindungstheorie und -forschung ein. Es stellt Verfahren zur Erfassung der Feinfühligkeit und der Bindungsqualität dar und erklärt den Zusammenhang zwischen Bindung und Emotionen. Abschließend werden Bindungsstörungen, ihre Behandlung und geeignete Präventionsmaßnahmen beschrieben.

www.reinhardt-verlag.de

Der Lehrbuchklassiker

Thomas Hülshoff
Emotionen
Eine Einführung für beratende, therapeutische, pädagogische und soziale Berufe
4., aktual. Aufl. 2012.
336 Seiten. 33 Abb. 2 Tab.
utb-M (978-3-8252-3822-3) kt

Blinde Wut oder panische Angst, himmelhochjauchzende Freude oder tiefe Depression – Gefühle bestimmen unser Leben ganz wesentlich. Das bewährte Lehrbuch ist eine fundierte und verständliche Einführung in die Emotionspsychologie. Der Autor bezieht aktuelle neurophysiologische Erkenntnisse und biologische Wurzeln unserer Emotionen ebenso ein wie ihre soziale Bedeutung und den kulturellen und familiären Kontext. Mit Fallbeispielen, Übungen sowie zahlreichen Abbildungen.
In der 4. Auflage wurden Abschnitte zu Spiegelneuronen und Psychoedukation ergänzt.

 reinhardt
www.reinhardt-verlag.de

Aus der Reihe utb-basics

Werner Wicki
Entwicklungspsychologie
Mit 35 Übungsaufgaben.
2., aktual. u. erw. Aufl. 2015.
168 Seiten. 26 Abb. 2 Tab.
Innenteil zweifarbig.
utb-Basics (978-3-8252-4475-0) kt

Die Entwicklungspsychologie gehört zu den grundlegenden Fächern im Psychologiestudium. Dieses Lehrbuch gibt Studienanfängern einen ausgewogenen Einblick in Theorien, Methoden und Forschungsergebnisse der Entwicklungspsychologie – von der frühen Kindheit bis ins späte Erwachsenenalter. Entwicklungsvoraussetzungen und -bedingungen werden eingehend anhand der Funktionen Wahrnehmung, Denken, Problemlösen, Gedächtnis, Bindung, soziale Entwicklung u.a. diskutiert.
Passend zum Lehrbuch gibt es digitale Lernkarten für die Prüfungsvorbereitung.

www.reinhardt-verlag.de

Pflichtlektüre vor der Klausur

Fritz / Hussy / Tobinski
Pädagogische Psychologie
Mit 73 Abbildungen, 9 Tabellen
und 91 Kontrollfragen.
3. Auflage 2018.
256 Seiten. Innenteil zweifarbig.
utb-Basics (978-3-8252-5019-5) kt

Mit dieser kompakten Einführung in die Pädagogische Psychologie können sich Studierende optimal auf die Prüfung vorbereiten. Das Buch gibt einen Überblick über menschliches Erleben, Verhalten und Handeln im pädagogischen Kontext und erklärt Prozesse der Erziehung, des Unterrichts und der Bildung. Anschaulich und kritisch werden psychologische Theorien, empirische Belege und ihre Relevanz für die Praxis in Unterricht und Erziehung vorgestellt.
Passend zum Lehrbuch gibt es digitale Lernkarten für die Prüfungsvorbereitung.

www.reinhardt-verlag.de

Familienkonflikte vor Gericht

Dettenborn / Walter
Familienrechtspsychologie
4., vollst. überarb. u. erw. Aufl. 2022.
515 Seiten. 29 Abb. 8 Tab.
utb-L (978-3-8252-8811-2) kt

Wenn familiäre Konflikte vor Gericht gelöst werden müssen, ist psychologische Kompetenz für alle beteiligten Berufsgruppen unverzichtbar. Das vorliegende Buch macht den Leser vertraut mit den rechtlichen Grundlagen und der psychologischen Tragweite einzelner Konfliktthemen wie Sorgerecht, Umgangsrecht, Adoption oder Herausnahme von Kindern aus der Familie. Es zeigt anschaulich, wie diese theoretischen Grundkenntnisse in die Praxis der Jugendhilfe, Verfahrenspflege, Beratung und Gutachtertätigkeit eingebracht werden können.

www.reinhardt-verlag.de

Grundwissen ADHS für's Studium

Caterina Gawrilow
Lehrbuch ADHS
Modelle, Ursachen, Diagnose, Therapie
Mit 47 Vertiefungsfragen.
3., aktual. Aufl. 2023.
193 Seiten. 16 Abb. 10 Tab.
utb-M (978-3-8252-5999-0) kt

Fragen zum Thema ADHS betreffen viele Studiengänge: Welche Symptome sind typisch? Wie diagnostiziert man ADHS? Wie entwickelt sich ADHS über die Lebensspanne? Neben diesen Themen werden insbesondere psychologische und medizinische Therapiemaßnahmen kritisch beleuchtet. Dabei richtet sich der Fokus auf Interventionsmöglichkeiten in der Schule und auf die Unterstützung der Betroffenen im Alltag. Die ideale Seminarlektüre, mit der sich Studierende in Psychologie, Pädagogik und Lehramt effizient auf ihre Prüfung vorbereiten können.

www.reinhardt-verlag.de

Das Standardwerk

Fischer / Riedesser
Lehrbuch der Psychotraumatologie
6. Auflage 2023.
ca. 470 Seiten. ca. 25 Abb. ca. 21 Tab.
utb-L (978-3-8252-8831-0) kt
erscheint ca. Juli 2023

Seelische Verletzungen, ihre Ursachen und Folgen, Prävention, Rehabilitation und therapeutische Möglichkeiten – von diesen Fragen und Problemen handelt dieses Standardwerk der Psychotraumatologie. Die Autoren stellen ein allgemeines Verlaufsmodell vor, analysieren die Unterschiede des individuellen Traumaerlebens sowie spezielle traumatisierende Situationen wie z. B. Mobbing, Gewaltkriminalität, Kriegstraumata, Flucht und Vertreibung. Verschiedene Therapieformen werden erklärt und kritisch eingeordnet.

www.reinhardt-verlag.de